すごいぞ！私鉄王国・関西

黒田一樹

140B

梅田駅を３線同時発車。威光を御乗客に見せつけるように速度差なく十三駅へと向かってくる阪急電車。

9407

急行
橋本
6036

住吉大社付近を走るラピート（右上）、千早口へと向かう6000系（右下）、紀ノ川の鉄橋を渡る7100系（左）。
時空を超越して、海へ、山へ、空へ。南海電車はゆく。
すべてにおいて極端なコントラストを描きながら。

速さこそ電車の証。タイトなビートを刻む阪神電車の最新モードは、帰ってきたジェットシルバーこと5700系。淀川を渡り、終点梅田を目指す。

501.1キロ。縦横無尽なネットワークを広げる近鉄電車に乗ると、どこに着くのか不安混じりの期待感を覚える。新色にリニューアルしたACEは名古屋駅に到着（上）。5200系は大阪線三本松付近の田園風景の中を駆け抜ける（下）。

特急 出町柳
8003

天満橋を発車し、京都を目がけて離陸するかの如き京阪特急エレガントサルーン。この後に疾走するのは、滑走路のような複々線。

はじめに

40年来、東京に住むわたしは「世界征服」を掲げ、これまでに地下鉄が運行されている世界の約180都市のうち、117の都市を訪ね歩いてきました。その中で、日本の都市交通は、単に鉄道網が緻密なだけにとどまらず、社会的地位や収入とあまり関係なく誰もが鉄道を利用し、人々の生活に鉄道が深く入り込んでいる点が、世界的に見てもユニークであると感じています。

首都圏や関西圏の街（あるいは「町」）は、輸送インフラである鉄道が同時にディベロッパーとして独自の「沿線文化」を花開かせてきました。その結果、不動産情報誌などがよく「住みたい街」や「住みたい沿線」のランキングなどを発表しては盛り上がっています。ただ、ほぼ上位が固定化しているこれらのランキングは往々にして、漠然とした高級感や、メディアに採り上げられるカフェやレストランを根拠とする単なる印象評価だったりする点において、多面的かつ客観的な分析に基づくとはいえず、経営コンサルタントを生業とするわたしとしては、物足りなさを禁じ得ません。

なぜその街、沿線、そして鉄道は魅力的なのか。東京在住のわたしは、関西私鉄沿線在住の方と話すと、その地元愛の「熱さ」にハッとすることがしばしばあります。沿線住民の方々は、時に誇らしげに、時に自嘲気味に、駅や電車や沿線名物の話をあたかも「世界標準」であるかのように自慢（…そう、やっぱり自慢だ！）します。その熱さたるや、関東人の比ではありません。

もともと関西は「私鉄王国」の異名をとっており、その華やかさやスピード感、充実したサービスは、わたしを含む関東の鉄道好きの羨望を集めていました。確かに近年は、首都圏一極集中による関西経済そのものの沈滞化や、ＪＲ西日本との熾烈な競争により、関西私鉄各社にかつての勢いはなくなっています。それでも東京人に「すごいぞ！」と思わせるこの沿線住民の「熱さ」こそは、今なお関西が私鉄王国である何よりの証左ではないでしょうか。

大阪と東京とでは、そもそも街の構造が異なります。東京は山手線の主要駅から放射状に私鉄の各路線が伸びています。車両も国鉄の影響を多分に受けています。

一方、民営化以前の大阪の国鉄は東京の支配下にありました。たとえば草津～西明石間の長大な複々線も、現在新快速が走る外側の線路は東京の管轄下にあり、大阪側の裁量で自由に列車を走らせられなかったのです。車両も東京のお古がメイン。そりゃ関西の収入と、東京の収入に差がある事情はわかりますが、圧倒的なまでのインフラを持て余しているのが、民営化以前の大阪の国鉄の姿でした。

さて、国鉄に対して従属的ともいえた関東私鉄と較べると、ほとんどが国鉄～ＪＲとの競合関係にある関西私鉄には、国鉄への対抗心や独立の気概が満ちていました。巨象である国鉄と較べると、小回りが利いて意思決定の速い私鉄は、待たずに乗れる豪華なノンストップ特急や冷房化、自動改札などで対抗して「私鉄王国」の名をほしいままにしたのです。

また、阪急梅田駅や南海難波駅をはじめとする巨大なターミナルも関西私鉄の特徴です。首都圏は乗車人数が多いわりに、山手線に隣接するターミナルは手狭で、乗換客でパンクしてしまうため、この救済策として地下鉄と私鉄の相互乗り入れが発達しました。しかし関西圏では、ターミナルの容量に余裕があることと、大阪市交通局の市内交通市営主義もあって、阪急と堺筋線の乗り入れなどはあるにせよ、直通運転は発達しなかったのです。これがますます私鉄のクローズドな沿線文化を爛熟させる原因となりました。

時代が変わったのは国鉄の民営化以降です。「アーバンネットワーク」のコンセプトを掲げたJR西日本は、圧倒的な路線網と複々線のインフラを活かした直通運転を主体として利便性を高め、関西私鉄への攻勢に転じました。和歌山方面から新大阪・京都に直通したり、奈良から神戸や宝塚に直通したり。関西私鉄の「ターミナル」の時代を、JRは「ネットワーク」の時代へと転換させた上で、京都駅や大阪駅の巨大化を図っています。

もちろん私鉄も黙ってはいません。インフラでは勝てないので、スピードよりも沿線の駅をこまめに拾う戦略へとシフトを迫られたものの、近鉄・阪神・山陽の直通運転などにネットワーク化への兆しが芽生えています。また、乗客数が減って余裕が出た分、豪華な特急を走らせたりと、快適で附加価値の高いサービスを提供しようとしています。

ところで、関東私鉄は「小田急線」「西武線」のように「○○線」の呼び名が主流ですが、関西私鉄は「阪急電車」「南海電車」のように「○○電車」の呼び名が主流です。わたしは京阪電車の方と一緒に仕事をした経験がありますが、電話に出るときも「京阪電車です」と名乗ったり、領収書の宛名も「京阪電車」だったりと、そもそもが汽車を由来とする「鉄道」より、路面電車を由来とする「電車」としての文化の定着を感じます。車両もJRの狭軌・4扉の20メートル車体に対して、阪急・阪神・京阪は標準軌・3扉の19メートル車体と、いかにも「電車」らしい点が特徴です。

また、関東の場合、特に近年は20年を過ぎた車両はベテラン扱いですが、関西私鉄は物持ちがよく、40年選手も平然と走っています。関東ではステンレスやアルミの軽合金無塗装車両が主流になってしまいましたが、関西私鉄は多くが塗装を堅持しているのも嬉しい限り。だいたい、大学で美学を専攻したわたしは、子供が電車の絵を描くときに、灰色のクレヨンが真っ先にすり減っていくのはかわいそうで仕方がないと感じています（一時期「キレる子供」が社会問題になりましたが、これは無塗装の電車が原因ではないかとわたしは本気で思っています）。

さて、関西私鉄は直接的にはＪＲと競合していますが、実は私鉄同士にも競争原理は働いています。これはなにも阪神間で阪神と阪急、京阪間で京阪と阪急が、それぞれＪＲと三つ巴で競っているといったレベルではありません。それぞれの私鉄は独自のサービス、独自の車両、独自のターミナル、独自の文化で、どれだけ沿線が魅力的で、住むに値する、乗るに値するかを競ってきました。多くの私鉄が球団を持ったり、遊園地をつくったりしてきたのもその一環です。

これだけ個性溢れる私鉄がある大阪を、東京の鉄道ファンは羨ましく思っていますが、わたしはふと考えました。「阪急＝高級、阪神＝庶民的」のような、ありがちでステレオタイプな沿線像や鉄道像ではなく、沿線住民ではないどころか関西に住んだこともない、東京人ならではの、客観的でニュートラルな立場と、経営コンサルタントとしての分析的視点から、もっと本質的に関西私鉄の魅力に迫れないだろうかと。

このアイデアに夢中になったわたしは、何度も関西を訪ねては電車に乗り、歩き、取材を重ねました。すると、それぞれの私鉄を読み解き、語るためのキーワードが見えてきたのです。それこそ「阪急＝創業者、南海＝バロック、阪神＝スピード、近鉄＝エキゾチシズム、京阪＝名匠」。

さあ、本書とこれらのキーワードを抱き、私鉄王国・関西をもっと深く味わい、愉しんでみませんか。各私鉄には「やってみよう」コーナーもあります。普段なんとなく乗っている電車でニヤリとできる瞬間が増えたら、あなたの日常はもっと楽しくなります。そしてあなたが、いつもの電車に、あるいはいつもと違う電車にさらなる熱い愛着を抱き、東京人の私を妬ませてくださったとしたら、筆者としてこんなに嬉しいことはありません。

すごいぞ！私鉄王国・関西

目次

・本書の取材・撮影は2012年から2016年にかけて行いました。

・写真は内容によって、取材時のものを使用している場合があります。

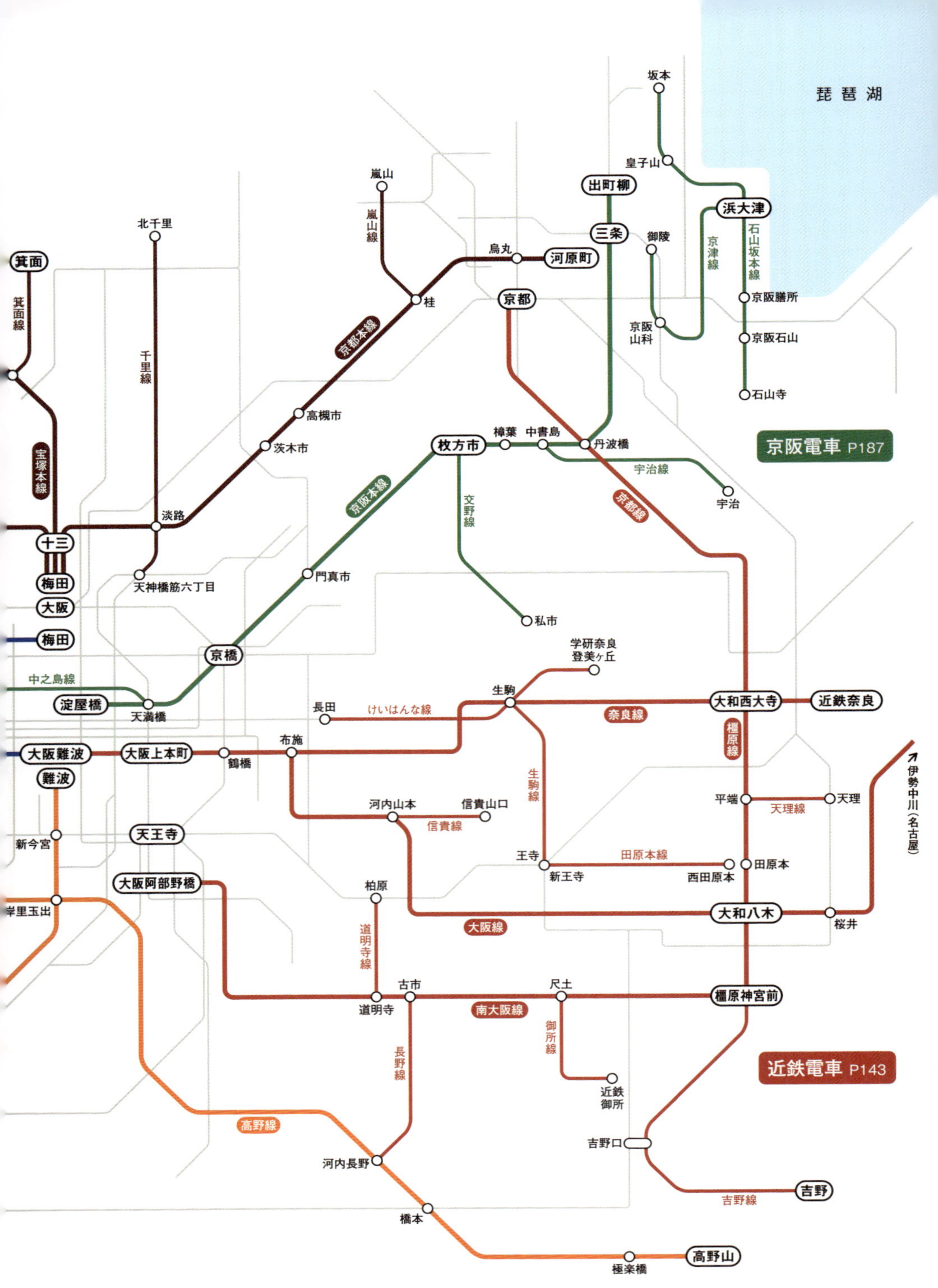
琵琶湖
坂本
皇子山
出町柳
浜大津
石山坂本線
三条
御陵
京津線
京阪膳所
京阪石山
石山寺
京阪山科
嵐山
嵐山線
北千里
箕面
箕面線
烏丸
河原町
京都
桂
京都本線
千里線
高槻市
茨木市
宝塚本線
淡路
十三
梅田
大阪
梅田
天神橋筋六丁目
京阪電車 P187
樟葉
中書島
丹波橋
枚方市
宇治線
宇治
京阪本線
交野線
京都線
門真市
私市
京橋
中之島線
淀屋橋
天満橋
学研奈良登美ヶ丘
生駒
長田
けいはんな線
大和西大寺
近鉄奈良
奈良線
橿原線
大阪難波
大阪上本町
鶴橋
布施
難波
伊勢中川(名古屋)
生駒線
河内山本
信貴山口
信貴線
平端
天理
天理線
新今宮
天王寺
王寺
新王寺
田原本線
西田原本
田原本
大阪阿部野橋
柏原
岸里玉出
大和八木
桜井
大阪線
道明寺線
古市
尺土
道明寺
南大阪線
橿原神宮前
御所線
長野線
近鉄御所
近鉄電車 P143
高野線
吉野口
河内長野
吉野
吉野線
橋本
高野山
極楽橋

これぞ競合の歴史

私鉄王国 関西路線図

※内容に合わせて省略しています。

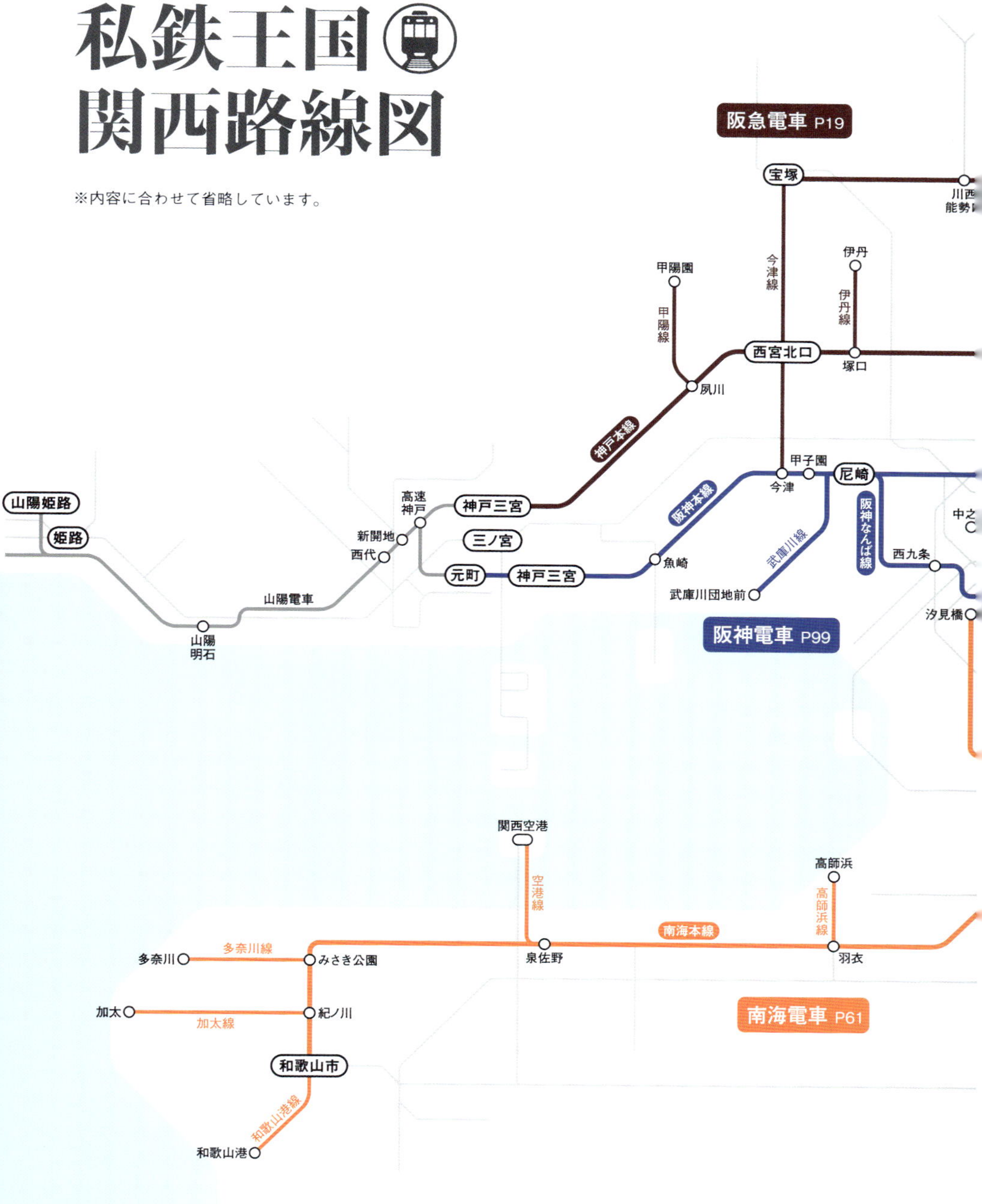

阪急電車

HANKYU

阪急電鉄株式会社
創業：１９０７年
本社：大阪市北区（本店は池田市）
営業キロ：１４３・６キロ

箕面有馬電気軌道として明治40年（１９０７）に設立。明治43年（１９１０）宝塚線、大正９年（１９２０）に神戸線が開通。戦時中に京阪と一時的に合併、京阪神急行電鉄となる。そのうち新京阪線は京阪神急行電鉄に残り、現在の京都線となった。関西の私鉄最大のターミナル、現梅田駅が移転開業した昭和48年（１９７３）に「阪急電鉄」と社名変更。２００６年、阪急電鉄の持株会社であった阪急ＨＤと阪神電気鉄道が経営統合し誕生した阪急阪神ＨＤのもと、阪急電鉄と阪神電気鉄道は兄弟会社となった。

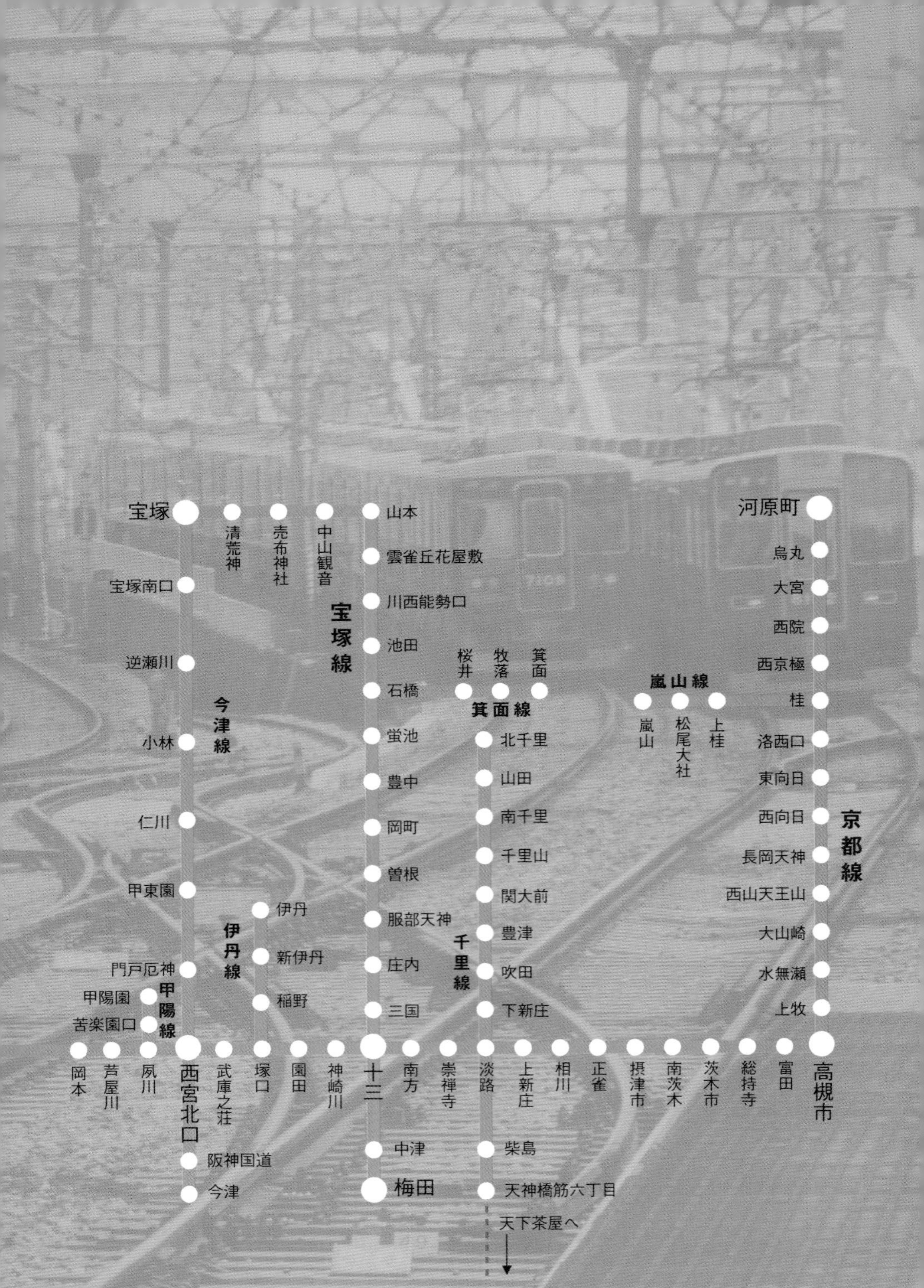
宝塚
清荒神
売布神社
中山観音
山本
雲雀丘花屋敷
川西能勢口
宝塚線
池田
石橋
蛍池
豊中
岡町
曽根
服部天神
庄内
三国
十三
中津
梅田
宝塚南口
逆瀬川
今津線
小林
仁川
甲東園
門戸厄神
西宮北口
阪神国道
今津
伊丹
伊丹線
新伊丹
稲野
甲陽園
甲陽線
苦楽園口
夙川
芦屋川
岡本
武庫之荘
塚口
園田
神崎川
南方
崇禅寺
淡路
上新庄
相川
正雀
摂津市
南茨木
茨木市
総持寺
富田
高槻市
桜井
牧落
箕面
箕面線
北千里
山田
南千里
千里山
関大前
豊津
千里線
吹田
下新庄
柴島
天神橋筋六丁目
天下茶屋へ
嵐山線
嵐山
松尾大社
上桂
河原町
烏丸
大宮
西院
西京極
桂
洛西口
東向日
西向日
京都線
長岡天神
西山天王山
大山崎
水無瀬
上牧

創業者の顔が見える鉄道。

関西の４私鉄はもとより、関東の私鉄各社、はたまた民営化後のＪＲに至るまで、日本の鉄道経営は、「阪急型コングロマリット」に追いつけ追い越せで進化してきたといっても過言ではない。阪急電車こそは、私鉄王国・関西のブランドイメージにおいて他の追随を許さない雄であり、鉄道経営の範である。なぜ阪急電車は関西私鉄のイメージリーダーとして君臨しているのか。それはそこに一種の「阪急イズム」と呼ぶべき思想が、哲学が、創業から世紀を超えた今も生き続けているからではないだろうか。そして、その阪急イズムの源こそ、誰あろう阪急の創業者、小林一三である。

迫力の三線同時入線。十三駅

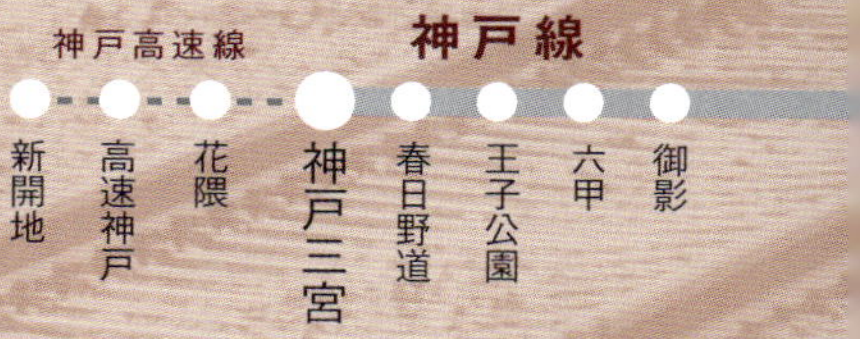

関西私鉄の正面玄関、梅田駅。

梅田駅の歴史。

梅田駅こそ阪急電車の、いや関西私鉄の正面玄関だ。関西私鉄は多かれ少なかれ、阪急型のコングロマリット経営を範としてきた。だとすれば、阪急の始発駅である梅田は、やはり私鉄王国をひもとく本書の冒頭を飾るにふさわしい。

　梅田から阪急電車に乗るには、まずは阪急前交差点から、旧来の外観を残しつつ２０１２年11月に新装なった阪急百貨店―世界初の私鉄経営の百貨店―を仰ぎ見る「作法」を忘れてはならない。なぜならここは昭和48年（１９７３）まで、先代の地上駅の梅田駅があった場所だからである。

　明治43年（１９１０）に開業した初代駅は、現在の阪急前交差点あたりにあり、発車してすぐに北へ90度曲がると、地上を走る国鉄をガードでまたいで十三方面へと向かった（右下図）。初代はなんと片面１線のホームである。

　大正９年（１９２０）の神戸線開通に伴い４線ホームに拡張された梅田駅は、さらに十三まで複々線にした大正15年（１９２６）、国鉄と直交する高架４線ホームとして面目を一新する。

　その３年後には梅田阪急ビルが竣工し、阪急百貨店が開業した。アーチ型の天井に、モザイクタイルによる壁画やシャンデリアをあしらった名高いコンコースの完成もこの時である。これが後述する

名高いコンコースの天井（左）が完成した梅田駅。当時の地図（右）は、国鉄を乗り越える阪急電車の姿を描いている。

昭和初期の阪急百貨店。「宝塚少女歌劇」「神戸ゆき特急 30 分」などの広告を掲げる関西私鉄スタイルはもう始まっていた。

阪急の創業者、小林一三の趣味であったことは論を俟《ま》たない。

　だが、直後の昭和6年（1931）に茶々が入る。国鉄を高架化するので駅を地上に切り替えよ、もちろん費用は全額阪急持ちで、というのだ。紆余曲折を経て昭和9年、梅田駅のホームは地上に降りる。6線のホームを鉄骨アーチの大屋根で覆った壮麗さは今も語り草だ。

　この駅舎を何代目とするかで議論が分かれる。先述のコンコースは高架ホームの時代も地上のまま機能していたからだ。

　昭和34年（1959）には現在と同じく三複線の9線9面ホームとなったものの、6両編成がやっとの地上駅は、高度経済成長期にさしかかるといよいよ余裕がなくなった。そこで昭和48年（1973）に国鉄の線路より北に移転・拡張したのが現在の駅である。この時、コンコースを彩っていた壁画やシャンデリアは残り、昭和52年（1977）には隣接する旧駅跡地に、いまだ記憶に新しい「バロックドーム」が完成（P30）。荘厳さはさらに増し、旧駅の「神格化」が進んだ。新駅とは距離が離れたにもかかわらず、こんなある意味では大仰な改装をやってのけてしまうところに、わたしは阪急電車に受け継がれる創業者へのリスペクトを感じずにはいられなかった。

　ところが百貨店の改築に際し、旧コンコースのシャンデリアと壁画は13階のレストラン街へと移設され、バロックドームは取り壊された。現在の明るく広いコンコースに歩み入ると一種の喪失感が押し寄せるのは、単なるノスタルジーではなく、駅にしては過剰なまでのあの荘厳さが、「阪急らしさ」とは何かを体感させる装置だったと思うからだ。

日本一のスケールを誇る10面9線の頭端駅にずらりと並んだマルーンの電車や、磨き上げられた黒光りする床を見よ！

静かなるターミナル。

その梅田駅の改札をくぐると目に飛び込んでくるのは、10面9線の威容を誇る私鉄最大どころか日本最大の頭端《とうたん》駅である。京都・宝塚・神戸の各線に3線ずつ、ずらりと並ぶマルーンの電車を見よ！　圧倒されずにいられようか。

ホームの床は一見何の色気も素っ気も変哲もない黒色だが、天井の蛍光灯や、マルーンの車体を映し込むこの黒光りはなんだ。大理石素材やタイルだったら反射するのはよくわかる。しかし、そうではないにもかかわらず、この輝き。まるで古刹の磨き上げられた木の床ではないか。特殊なニスを使っているときく。

忘れてはいけないのは、梅田駅は10面9線もの規模を誇る点だ。つまり、3方面のホームに列車がひっきりなしに発着する。さもなければ40年前に多額の費用をかけ、わざわざ400メートルも北に移転してまで駅を拡張する必要はなかったはずだ。調べてみると、ピークである朝の7時台などは50本、日中でも42本の電車が発車している。実に2分に1本以上の割合である。

これを踏まえて梅田駅に立つと、その静けさに驚かないだろうか。その一つの理由に、アナウンスがあるとわたしは思う。

わかりきったことに関するアナウンスがない静けさ。

【到着】「みなさま、間もなく1号線に電車が到着します。危険ですので、黄色い線の内側にお下がりください」

「ただいま1号線に到着の電車は特急、京都河原町ゆきです。停車駅は、十三、淡路、茨木市、高槻市、長岡天神、桂、烏丸です」

【発車】「お待たせしました。1号線、特急、京都河原町ゆき、ただいま発車します」

これだけ、である。やれ足下の乗車位置がどうのこうの、それ地下鉄はお乗り換えだの、次発の電車はどうだこうだといった、みればわかることに関するアナウンスはない。列車は粛々と入線し、何事もなかったかのように発車する。

４列車を表示する発車案内器や、ずらりと並んだ自動改札。関西私鉄のターミナル主義を象徴するのが阪急梅田駅の姿だ。

実は２０１２年の夏までは、入線時には「ただいま1号線に…」からしかなかったのだから、だいぶこれでもやかましくなったのである。駅とは駅員がスピーカーからがなり立て、発車メロディがあちこちで鳴り響く騒々しい場所、との既成概念は、こと梅田駅においては覆される。

阪急がＪＲや他の私鉄と一線を画すアイデンティティとして、こうした壮麗なターミナルやアナウンスに、今なお残る「御乗客」なる語が象徴するサービス精神がある。「阪急イズム」を存分に体現するこの梅田駅のたたずまいこそ、阪急をして関西私鉄の雄たらしめている。

ちなみに、アナウンスにある「1号線」というホームの呼び方。「1番線」でも「1番ホーム」でも「1番のりば」でもなく、一般には路線名に使われる「1号線」。これも阪急の伝統である。

小林一三が夢を叶えた宝塚線。

都市間路線と郊外路線の違い。

鉄道路線はさまざまな場所を経由しながら2地点を結ぶ。もちろん建設の背景には、一様ではないさまざまな目的がある。それでも、いささか乱暴ではあるが、その性格は「市内路線」「都市間路線」「郊外路線」の三つに大別できる。

大阪でいえば市内路線は地下鉄であり、都市間路線は阪急なら京都線や神戸線である。大阪に住んだり働いたりしていて、日中の市内での移動はもとより、京都や神戸に用事ができることはよくある。市内路線や都市間路線は誰でも乗る機会がそれなりにあるので、昼夜を問わずそこそこ人が乗っており、定期券利用率は低く、始発から終点までまんべんなく電車が混んでいる。

一方の郊外路線の代表選手が阪急宝塚線である。ラッシュ時は沿線住民が詰めかけるのに対し、日中はガラガラ。途中駅から梅田へのスムーズなアクセスは考慮されていても、例えば服部天神あたりから宝塚に行こうとすると、普通雲雀丘花屋敷《ひばりがおかはなやしき》ゆきに乗り、終点の雲雀丘花屋敷で急行に追いつかれたと思ったら、宝塚まで各駅に停まる。これが都市間路線である京都線や神戸線なら、梅田だけでなく、河原町や三宮に行くのにも高槻市なり西宮北口なりで特急に乗り換えてスムーズに行けるのに、である。

十三駅と豊中以遠各駅に停まる宝塚線急行の停車駅からは、郊外路線における、住宅地である各駅同士のイーブンな力関係が読み取れる。併せてダイヤ面でも、急行と普通との乗り継ぎが前提の「緩急結合」ではなく、乗り通しが前提の「緩急分離」が一般的だ。

いうなれば、郊外路線とは高層オフィスビルのエレベーターなのだ。自分のオフィスと1階（＝ターミナル駅）しか関係なく、途中階から途中階への用事や、途中階から最上階への用事はまずあり得ない、との割り切りである。

では、都市間路線と郊外路線のどちらが儲かるか。

山本駅に入線する5100系。郊外電車であるがゆえ、宝塚線は阪急コングロマリットの原点となった。

①都市間路線は両都市間の利用客が多いので客単価が高い。

②郊外路線は定期券利用率が高いので客単価が低い。

③郊外路線は、ラッシュ時に合わせた駅や線路が日中や休日に寝ているため、有形固定資産回転率が低い。

従って、理論上はもう圧倒的に都市間路線が儲かるのだ。にもかかわらず、阪急電車の原点は典型的な郊外路線である宝塚線にある。いや、「宝塚線こそが阪急電車である」と言ってしまおう。

宝塚線の停車駅案内。優等列車が途中から各駅に停まるのがいかにも郊外路線。

宝塚線の誕生。

阪急電車の歴史をひもとくと、前身の箕面有馬電気軌道の設立（明治39年・1906）は、なんと現在の競合路線であるJR福知山線の前身、尼崎から池田を経由して舞鶴を結んだ「阪鶴《はんかく》鉄道」にさかのぼる。

現在同様、阪鶴鉄道に乗って大阪へ行くには尼崎から官鉄（国鉄）に乗り入れなければならず、ダイヤの自由度は低かった。そのうえ池田〜尼崎間にはめぼしい市街地もない。そこで計画した川西池田から直接梅田に向かう分岐線が阪急宝塚線、もっといえば阪急電車のルーツである。

だが、鉄道国有化に向けた動きにより、阪鶴鉄道には国鉄による買収の運命が見えてきた。このまま梅田行きの分岐線を開業したら、「お上からの独立」を掲げてつくるはずの分岐線までも手放すことになってしまう。そこで「鉄道法」に準拠する長距離輸送ではなく、「軌道法」に準拠し近距離輸送に特化した路面電車にしようとして設立したのが、箕面有馬電気「鉄道」改メ箕面有馬電気「軌道」だったのだ。

この軌道法準拠は、いうなれば一種の企業防衛である。ちょうど100年後の2006年、再び企業防衛策として阪急阪神ホールディングスが誕生した経緯を見ると、「歴史は繰り返す」と思わざるを得ない。

このように阪急電車には、箕面有馬電気軌道の当初から「お上からの独立」の気概があった点は興味深い。壮大なターミナルが象徴するこの気概こそは、特に関東と対比した場合の関西私鉄全体における大きな特徴であり、国鉄を横目に「私鉄王国」を築き上げたエナジーに他ならない。

元銀行マン、小林一三の戦略。

さて、阪鶴鉄道が国鉄に買収される前年に箕面有馬電気軌道の路線開通の免許があっさり下りたまではよかったが、なにしろ大阪からの行先が箕面や有馬では都市間電車とは言い難い。開業後の収益性が疑問視された同社が資金調達に苦しむのは想像に難くないが、当時は恐慌まで追い討ちをかけていた。そこに登場するのが、恐慌により不遇を託っていた元銀行員、小林一三《いちぞう》だった。

さすがは歌劇の街らしい表情をみせる宝塚駅前。

　阪鶴鉄道の監査役および箕面有馬電気軌道の専務に就任した小林一三は、資金調達のため投資家向け企業パンフレットを製作する。今でいうIR（Investor Relations）だ。

　そこには、鉄道敷設前に安価で土地を調達し、開業後は途中駅での住宅開発や終着駅でのレジャー建設によって沿線の附加価値を高め、建設費を回収して投資家に配当金を還元するまでのビジョンがQ&A形式で描かれていた。題して「最も有望なる電車」。こうして一三は北浜銀行の頭取になっていた、かつての上司からの出資を取り付けることに成功した。

　さらに一三は一般消費者向けにもパンフレットを製作した。

「美しき水の都は昔の夢と消えて、空暗き煙の都に住む不幸なる我が大阪市民諸君よ！出産率10人に対し死亡率11人強に当る大阪市民の衛生状態に注意する諸君は、慄然として都会生活の心細きを感じ給ふべし。同時に田園趣味に富める楽しき郊外生活を懐ふの念や切なるべし」と挑発的に始まり、「大阪市民諸君！往け、北摂風光絶佳の地、往きて而して卿等の天与の寿と家庭の和楽を完うせん哉」と結ぶアジテーション。郊外田園都市生活というまったく斬新なライフスタイルを提唱した、このおそらく日本初の不動産パンフレットは、タイトルも「如何なる土地を選ぶべきか、如何なる家屋に住むべきか」と啓蒙ぶりも甚だしい。

　この分譲住宅は、これまた画期的な月賦販売を行った。ターゲットを船場の旦那衆ではなく、北畠や帝塚山あたりを夢見つつ手の出ない、アッパーミドルのサラリーマンに絞っていたからである。

現在はレストランへと移設された、阪急百貨店の開業時から梅田駅を彩っていた旧コンコース。鹿鳴館趣味はなぜか？

「西欧趣味」の理由。

ここで、旧梅田駅のバロックドームやタカラヅカに現れる、阪急的なデコラティブさや鹿鳴館的とさえいえる西欧趣味について考えてみたい。

何ら宗教的な意味合いを持たない駅や商業施設にすぎないにもかかわらず、やたらと大時代的、荘厳で絢爛豪華な演出は、ややもすれば小恥ずかしい悪趣味との誹りを受けても不思議ではなかった。ところが、こうした趣味は時間を経て「阪急的」と、むしろ誇りと共に受け容れられた。そのゆえんは何だろうか？

これらの「阪急趣味」は、明治〜大正期の日本に生まれつつあった、クラースレスな新しいヒエラルキーに基づく高級感ではなかったか。クラースレスとは裏を返せば、ちょっと成り上がれば手が届く現実主義でもある。学問、特に実学こそ成り上がりの原動力である、と福澤諭吉は明治5年（1872）に『学問ノスヽメ』で喝破した。

宝塚線の開業は明治43年（1910）。時あたかも旧制中学校に象徴されるエリート主義的な教育が結実を迎え、大正デモクラシーが興ろうとしており、大正7年（1918）には平民宰相こと原敬の登場をみる。

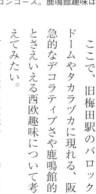

小林一三が、ホワイトカラーあるいはサラリーマンという新たなアッパーミドル層を顧客ターゲットに据えた背景には、慶應義塾にて晩年の福澤から直接薫陶を受け、学者や官僚ではなく、銀行マンとなった自らの経験があるのだろう。

このように、元来がクラースレスな提案だった阪急趣味がブルジョア的、さらにいうと成り上がりを夢見るホワイトカラーたる労働者階級《プロレタリアート》＝プチブル的であるの

照度を抑えた旧百貨店のコンコース（右）と、阪急グランドビルに設けた今は亡きバロックドーム（左）。

は当然のなりゆきではないか。

近代までの貴族趣味・武家趣味がワビサビや枯淡といった価値観に則るなら、新時代のエリートの価値観はそのアンチテーゼ、あるいは新時代のテーゼである鹿鳴館的西欧趣味にならざるを得ない。高級路線である阪急趣味。しかしそのターゲットは実は有産階級《ブルジョアジー》ではなく、まさにプチブルだったのではないか。

そんなことを思いながら宝塚線を池田で降りて、小林一三記念館や逸翁美術館に足を運んで驚いた。プチブル西欧趣味とはほど遠い、ワビサビや枯淡を愛する美術蒐集家にして茶人でもある一三翁の側面が見られるではないか。池田を後にする時、すっかり一三翁の破天荒さや大胆さ、趣味人としての自我に魅了されてしまったわたしは考えた。

なるほど西欧的阪急イズムは、たしかに翁の趣味の一側面ではあるだろう。しかし同時に、「新しくわかりやすい西欧趣味でいこう」との一種の達観から生まれたものではないだろうか。

ここにわたしは「大衆第一主義」を掲げた小林一三の神髄、阪急イズムのキモを見出し、有名な「百歩先の見える者は狂人扱いにされる。五十歩先の見える者は多くは犠牲者となる。現状のみを見る者は落伍する。十歩先の見える者が成功する」を思い浮かべる。つまり、経営者・小林一三は、サラリーマンたちに「十歩先」の夢を見せたのだ。なんという慧眼、なんという啓蒙専制君主ぶりだろう。

ただ、プチブルも長くやっていると眼が肥えてくる。拡張なった現梅田駅では、旧駅のデコラティブさはなりを潜めた。それでも古刹のような格調の高さは衰えていない。

また、後述するが、阪急電車の車両は２０００系（１９６０年）を境に、テイストにおける高級さを維持しながらも虚飾を排した一種のミニマリズムを実現する（Ｐ50）。これはつまり、見た目の豪華さから本質的な高級へと沿線住民の審美眼が進化したからではないだろうか。一三翁の時代から数十年を経て、御乗客もまた、西欧趣味と枯淡やワビサビとを融合させた審美眼を手にしているのだ。

このように、阪急電車は箕面有馬電気軌道の古から「お上からの独立の気概」「多角化経営による沿線附加価値向上」といった現在に続くＤＮＡを備えていた。

その元祖である宝塚線は、郊外路線でも経営が成り立つと証明した小林一三翁の思想を体現するテーマパークではないか。だからわたしは言い放つ。宝塚線こそ阪急電車だ、と。

京都線フロンティア。

京都線の名特急車。

阪急電車の華といえば、京都線の特急車だ。２００３年に登場した現在の主役は９３００系。特急の停車駅が増えたために3扉を採用したが、木材を用いた肘掛けや、お洒落な板状の荷棚など、豪華にして多彩な設備は、いかにも阪急のフラッグシップである。

わたしが舌を巻いたのは照明である。韓国の大邱《テグ》での地下鉄放火事件を機に、日本も鉄道車両の耐火基準を改定し、蛍光灯にアクリルカバーを使えなくなった。だが９３００系は無粋な裸の蛍光管で妥協せず、間接照明を用いた。小林一三の美意識を受け継がんとするこの荒業、否、執念こそ阪急電車だ。

このように９３００系は野心作だ。ただ3扉車の宿命か、あるいは華美過ぎるのか未消化なのか、個人的にわたしはどうにも落ち着かない。

だからわたしにとっての京都線特急の代名詞は６３００系である。昭和50年（１９７５）から２０１０年まで息長く活躍し、現在は1本が「京とれいん」となり、数本が嵐山線で余生を送る。

車内は段織りモケットの転換クロスシート。枯山水よろしく小石を敷き詰めた模様の床。車端部に寄った二つの扉の間には、７組の２連窓がずらり。伝統のマルーンの車体に加え、腰とヘッドライト周りをステンレスのアクセントで引き締め、肩をアイボリーで塗った英姿は、他のマルーン1色・３扉の通勤車の中にあって、文字どおりの白眉だった。

東京に暮らす小学生のわたしは、写真を見た６３００系に「なんと大人っぽい電車だろう。しかも特急料金が要らないなんて！」と舌を巻いたものだ。わたしにとって６３００系は「まだ見ぬ憧れの阪急電車」の象徴だった。写真に一目惚れしてから実際に乗車を果たしたのは十数年後、浪人時代のことだった。

その先代の２８００系（１９６４～２００１年）は、足回りこそ通勤車２３００系と同一だが、大宮～河原町間の開業翌年に、淀川の対岸を走る京阪特急と豪華さを

京都線のフラッグシップ、9300系。停車駅の増えた特急に対応するために、3扉車ながらクロスシートを装備する。

長らく京都線に君臨し、京阪間の三つ巴で覇を競った6300系。特急から引退した時にはHマークを正面に掲げた。

河原町駅開業の翌年に登場し、美人薄命を体現した2800系(上)と、数々の伝説を持つ100形、またの名を新京阪P-6。

競って登場した。

斯界をアッといわせた両開き2扉・2連窓の車体は優美そのもので、二丁拳銃よろしく「特急 京都~大阪」の丸い看板を2枚ぶら下げて、日々、梅田~河原町間を疾走した。もちろん、十三~大宮間はノンストップである。

6300系の登場後、2800系はあっさり通勤車に格下げされ、扉を増設してロングシート化された。特急時代に過酷に走り込んだ車体は、3扉化や冷房化といった大改造で強度が落ち、寿命を縮めてしまった。美人薄命を地で行く2800系には今もファンが多い。

オールドファンなら数々の伝説に彩られた100形(1927~73年)、またの名を「P-6《ピーロク》」を挙げずにいられまい。こちらは1両が正雀《しょうじゃく》車庫にて動態保存されており、今もイベントなどで体験乗車ができる。

しかしこの100形、阪急の名車にしては、ずいぶん見た目が重厚ではないか。それもそのはず、実は100形は阪急電車として生を享けたのではない。

それどころか、花形車両が駆け抜けてきたにもかかわらず、そもそも京都線自体が「生粋の阪急」ではないのだ!

京都線のルーツ、新京阪鉄道。

京都線系統の原点は、大正10年(1921)に開業した北大阪電気鉄道(十三~淡路~千里山)にある。その北大阪電鉄を買収した上で、大正14年(1925)から昭和3年(1928)にかけ、天神橋(現・天神橋筋六丁目)~淡路~西院《さいいん》間と嵐山線を開業させた

日本初のホーム内蔵型ターミナルビルとして喧伝された天神橋駅。「新京阪電車」の文字が輝かしい（2010年解体）。

のが「新京阪鉄道」である。

この新京阪鉄道はその名の通り、京阪電車の子会社だった。戦前の京阪は積極的な拡大戦略をとっており、新京阪だけでなく現在の近鉄京都線や生駒線、JR阪和線の前身の各鉄道会社にも京阪の息がかかっていたほどである。

京阪が新京阪を設立して開業させた理由には、阪急が神戸線の開業時に阪神電車と繰り広げたようなシェア争いを招きたくなかったこと、京阪間の都市間連絡において、京阪本線には曲線が多すぎたために国鉄と勝負できる路線がほしかったことの2点がある。

壮大な構想に基づいて誕生した新京阪鉄道は、集落を縫って走る本線とは異なり、沿線が未開発の地であったのを幸いに直線的に線路を敷いた。その線路はメートルあたり50キログラムの重さがある高級品。架線電圧は、箕面有馬電気軌道や京阪電車の600ボルトとは異なる1500ボルト。その架線も、現在の宝塚線よりも高規格な（!）、新幹線と同じ方式だった。

始発駅の天神橋があった8階建ての新京阪ビル（後の天六阪急ビル）は、日本初のターミナルビルであり、昭和6年（1931）に延長開業した西院〜京阪京都（現大宮駅）間は関西初の地下路線と、「技術の京阪」の面目躍如たる新機軸をこれでもかと織り込んでいた。

極めつきが、北大阪電鉄時代から数えて6代目の車両「P-6」（＝Passenger car 6）である。全金属製、長さ19メートル、52トンの巨体に、150キロワットと破格の大出力モーターを搭載。P-6を使った「超特急」は、高規格な線路、高い走行性能だけでなく、その巨体と下り坂による重力加速度を巧みに用いて時速100キロ超を出し、併走する国鉄の蒸

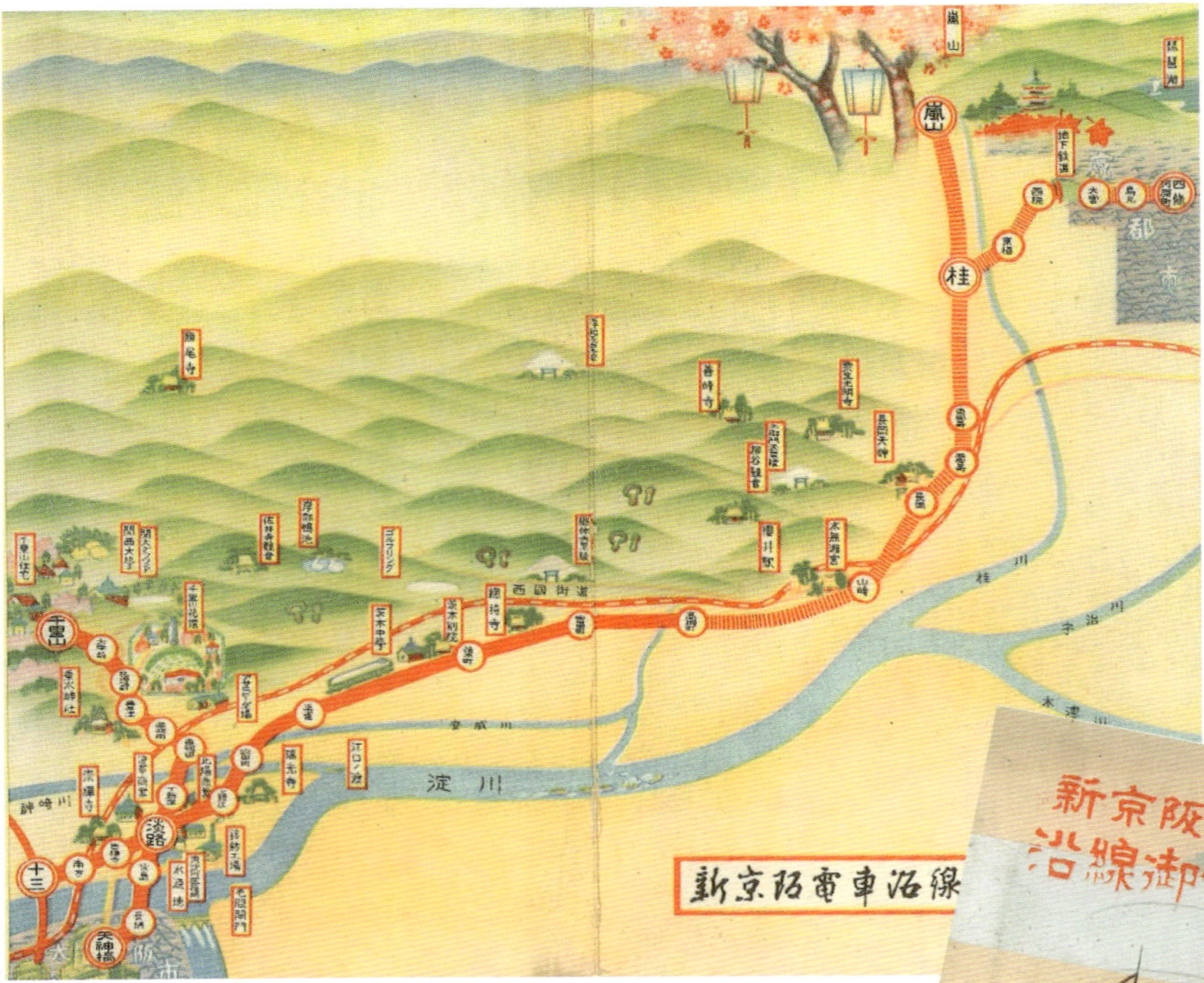

「新京阪電車沿線御案内」。表紙の天神橋駅の偉容と淀川の鉄橋、「地下鉄道」の文字に技術志向がうかがえる。描かれている河原町延長構想は皮肉にも阪急が実現した。

気機関車が牽引する特急「燕」を抜き去るデモンストレーション的なダイヤを組んだ。名古屋延長までを視野に入れていたP-6は、戦後の日本が長距離列車を電車で運転する嚆矢《こうし》となった。

こうして後述する「技術の京阪」が、ゼロクリアでやりたいことをやりたいようにやってつくった新京阪鉄道は、果たして開業してみると…ガラガラだった。沿線の宅地開発もなく、京都（西院）、大阪（天神橋）ともターミナルの立地に恵まれていなかったからである。

折しも昭和恐慌に襲われ、名古屋急行電鉄の話も立ち消えになった昭和5年（1930）、新京阪鉄道は親会社に吸収合併されて「京阪電車新京阪線」となった。

技術によるフロンティア。

戦時下の東京で京急・小田急・

京阪京都駅（現大宮駅）で折り返すP-6。御堂筋線に先立つ関西初の地下鉄道だが、過剰投資がたたり経営は苦しかった。

京王・東急が合併して「大東急」となったように、昭和18年（1943）に京阪は阪急と合併し、「京阪神急行電鉄」となった。この間にP-6改メ阪急100形は、新京阪の淡路～十三間の支線（十三線）と阪急宝塚線の線路を経由し、念願の梅田乗り入れを果たす。ただし、当時の宝塚線の架線電圧は600ボルト。戦車の如く重い100形を動かすにはパフォーマンス不足で、よたよたになりながら梅田にたどり着いたという。

ところが、この梅田乗り入れが戦後の昭和24年（1949）、阪急と京阪が再び分離する際に、京阪電車にとっての痛恨の一撃につながる。手塩にかけて育てた虎の子の新京阪線が、「阪急京都線」として、親であった京阪本線の強敵であるとして立ちはだかることになってしまったのである。

わたしは京都線の生い立ちや、新京阪鉄道が抱いたロマン、そこに投入された技術の枠を考えるにつけ、当時の日本が国鉄の技術に限界を感じ、技術上の理想郷を追い求めたものの、悲劇的な末路を辿ったかの満鉄こと南満州鉄道を思い起こす。

大連～哈爾浜《ハルピン》間を、名機パシナ率いる「特急あじあ」が満州の広大な地を疾走する姿は、京阪本線に限界を感じて技術の理想郷を追い求めた新京阪線を、名車P-6による超特急が名古屋への夢を見ながら疾走した姿とだぶる。

沿線開発を通じて阪急の礎を築いた「最も有望なる電車」箕面有馬電気軌道は、附加価値によるフロンティアを志向した。同じような開発途上の土地を走りながらも、本質価値である技術によるフロンティアを追求した新京阪を、「最も無謀なる電車」と評するのはちょっと酷に過ぎるだろうか。

正面を時速115キロの京都線特急、背後を285キロの新幹線が通過する水無瀬駅ホーム。しっかり柵につかまって体験しよう。

新京阪の名残をたどる。

　このように京都線は神戸線・宝塚線や後述する神戸線と出自やコンセプトが異なる。そのためか、特急に花形車両を擁しながらも沿線の雰囲気は阪急らしさが薄れるパラドックスを持つ。

　この京都線のハイライトは高槻市を過ぎてからだ。上牧《かんまき》～大山崎間での新幹線との併走は有名だが、これにはちょっとしたエピソードがある。

　昭和38年（１９６３）、新幹線の建設と同時に京都線を高架化することにしたため、まずは阪急電車を営業運転させながら新幹線の線路を造った。次は、同じ標準軌なので、そこに阪急電車を走らせる。さらに地上の京都線跡地をそのまま高架に引き上げ、阪急電車をその新高架線に走らせる。そして最後に、初めに造った高架線を新幹線と結んだのである。

　かくして、「戦前の新幹線」と呼ぶべき超ド級の規格で造られた新京阪線は、戦後の新幹線と一時的にでも真につながり、P‐6は「新幹線の線路」を堂々と走ったのだ。

　そんなフロンティアを体感できるのが水無瀬《みなせ》駅の大阪行きホーム。先端に立つと正面を特急が時速１１５キロで、背後を新幹線が時速２８５キロで同時に通過する時に感じる風圧はたいそうスリリング。体験する時にはしっかり柵につかまっておこう。

　大山崎を過ぎるとすぐにJR京都線をくぐり、坂を下る。今は時速１１５キロの９３００系と１３０キロの新快速が覇を競う。かつてこの坂を使ってP‐6が時速１００キロ超で特急「燕」を抜き去った場所だ。

　そのP‐6が名古屋に向かうはずだった場所が西向日《にしむこう》。小駅にしてはずいぶん広く、あたかももう

新京阪が企て阪急が造った。
鴨川を渡ると京阪祇園四条駅。

大宮までと一転、いかにも阪急
らしい華やかさを感じさせる。

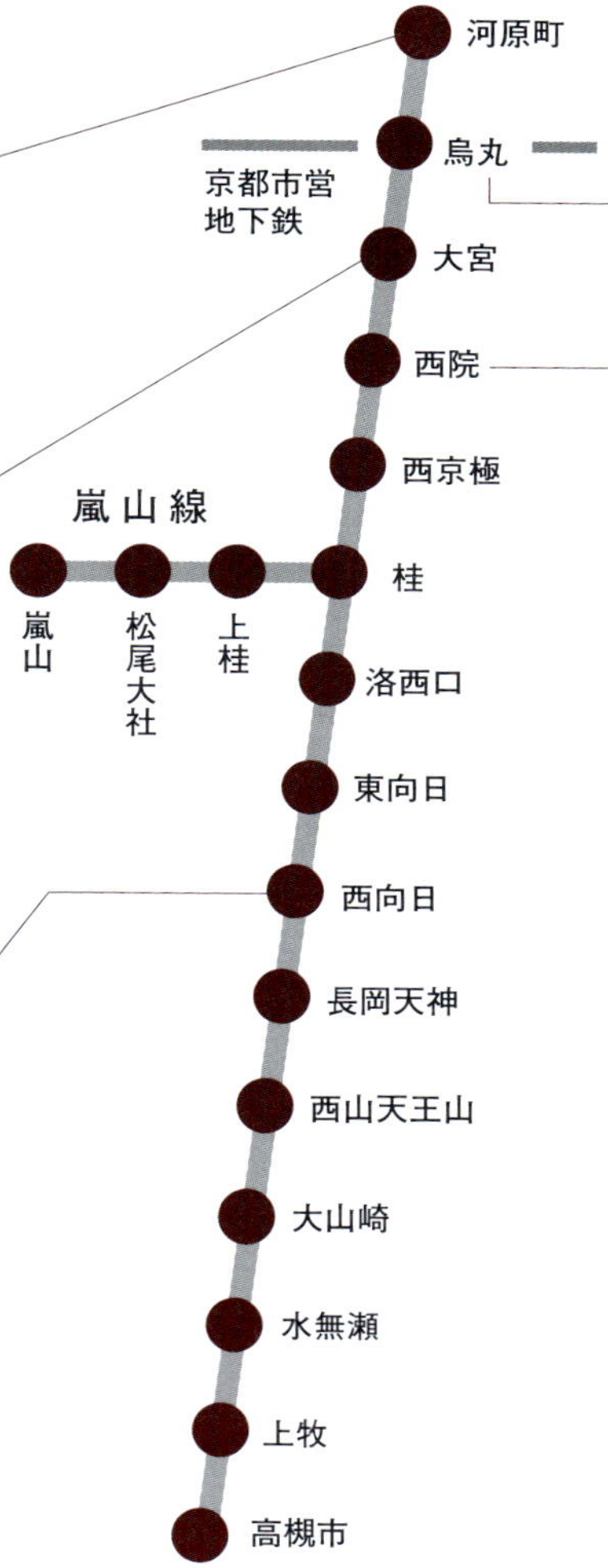

かつての京阪京都。合併時に
京阪神京都、延長時に大宮に。

トンネル入口で、時の京阪総
帥・太田光凞の書と梟が見守る。

山科・石山・草津・近江八幡・
八日市・名古屋へは乗り換え
です（夢想）。

1本線路が引けそうな形状だったりする大阪ゆきのホームが、新京阪の見果てぬ夢を物語る。

　地下区間でも各駅に降り立ってみよう。西院～大宮間は新京阪時代に開業し、関西初の地下駅として「土木学会選奨土木遺産」に指定されている。途中で柱の形が変わるのは、かつては最大7両編成までだったホームを延長したからだ。両駅の雰囲気がどこか実用本位で素っ気ないのは、新京阪が河原町まで建設する免許を持っていたからか、それとも技術志向ゆえか。

　一方、京阪神急行電鉄、つまり阪急が開業させた烏丸・河原町の両駅ではホーム上の柱や階段の壁面に大理石をあしらっている。こちらはいかにも「阪急でござい」といわんばかりである。

　機能主義から附加価値へ。このホームの意匠の変化が、十三から乗り換えてやって来る宝塚線・神戸線沿線からの御乗客には安心感を提供する一方で、高槻市や茨木市あたりにお住まいの御乗客には「うちも阪急沿線なんや」との満足感を提供するのに一役買っているはずだとわたしは思っている。

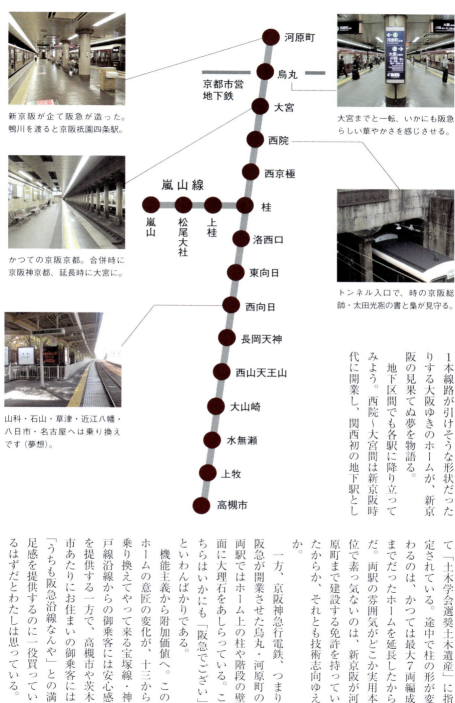

新京阪、北大阪電鉄、そして阪急。千里線は開業区間ごとに三社三様の技術の粋を持つ。

支線のたのしみ。

千里線
区間ごとに味わいが変わる。

阪急電車のネットワークには六つの支線があり、その路線長を合計すると全営業距離の約4分の1に達する。

その中でも千里線は13・6キロと最長の支線である。天神橋筋六丁目（天六）～淡路間を新京阪鉄道（1925年）、淡路～千里山間を北大阪電気鉄道（1921年）、千里山～北千里間を阪急（1963～69年）がそれぞれ開業させており、区間ごとに違った表情が楽しめる。

天六駅のルーツである旧天神橋

天六に潜るトンネルは微妙に曲がる。まっすぐ進んだら旧天神橋駅に突っ込んだはずだ。

右／今も現役で残るシンプルな行灯式の発車案内器。
左／開業時に日本初の自動改札を導入した北千里。

駅を擁した天六阪急ビルは2010年に記憶の彼方に消えたが、地下を上がって淀川に架かる鉄橋を渡るまでの高架線は驚くなかれ、新京阪時代に技術の粋を集めて建設されたものである。

6番出口を出て、線路に向かって歩くと、トンネルの出口で線路を歩道橋が跨いでいる。この歩道橋に上がってトンネルから淀川鉄橋に至る線路を行き交う電車を眺め、今はなき天六阪急ビルを偲びつつ、新京阪のロマンに浸るのも悪くない。

ところで、京都線の運転系統には梅田～京都方面／天六～北千里だけでなく、梅田～北千里／天六～京都方面もあって、結節点の淡路で相互接続を図っている。ただ、この淡路は単純な合流ではなく複線同士がX字を描く平面交差であるため、メインの線路を横切ったり、複雑な形状のポイントがあったりと、ダイヤ上のボトルネックと化している。事実、千里線列車の多くは淡路駅手前での信号待ちや、同駅での長時間停車を強いられている。

だが、長らく担当者を悩ませた淡路駅は現在、高架化工事たけなわで、2020年に予定される完成の暁には、京都線系統全体のスピードアップが実現するだろう。

北大阪電鉄由来の区間は古くからの市街地を走る。下新庄～吹田間や豊津～関大前間の制限速度35キロの区間を筆頭に急曲線が続き、おまけに勾配がきついためぐねぐねと走る。

そんな中、梅田・天下茶屋方面ホーム上の行先表示器は見逃せない。梅田行きと天下茶屋行きがほぼ交互にやってくるものの、全列車が各駅停車のシンプルなダイヤなので、複雑なものは不要である。そこで今や懐かしい行灯式を用いているのだ。

千里山駅以北は阪急における目下最新の開業区間である。電車は解き放たれたように直線的な高架線や阪急唯一のトンネル（≠地下線）を走り抜ける。

この新線に阪急は、当時最新の工法や技術を惜しみなく注ぎ込んだのだろう。その最新技術の一つが自動改札である。終点の北千里は、開業時に世界初の自動改札機を導入した駅として、電気・電子技術における偉業を認定する「IEEEマイルストーン」の記念プレートがある。

その北千里駅には終着駅には珍しく相対式ホームである。これは延伸当時の千里線に、大阪万博のための輸送手段だけでなく、箕面線桜井駅までさらに延伸して宝塚線の混雑緩和を図るバイパス路線としての構想があったからだときく。

乗降客の少ない日中、宝塚駅では1・2号線を閉じ、宝塚線（左）と今津線（右）を対面接続させる。

今津線（北）

梅田～宝塚をスピーディにつなぐ。

2番目に長いのが9・4キロの今津線。ただ、実態は西宮北口を境に宝塚方面（北線）と今津方面（南線）とに物理的にも完全に分かれる。北線は西宮北口と宝塚を結ぶ短絡ルートだが、驚くことに梅田・十三から宝塚へ行くには、宝塚線の急行に乗るよりも神戸線から西宮北口で今津線に乗り換えた方が、距離・駅数・所用時間とも短くて済む。神戸線が高速運転に適しているだけでなく、北線そのものも最高時速80キロながら曲線が少なく、スムーズに宝塚に到達できるからだ。

この北線には、見逃せないものが三つある。まずは高架化して「プチ梅田」と呼ぶべき頭端駅になった宝塚駅である。2面4線を擁するが、今津線用の1・2号線は日中は閉鎖され、宝塚線用の3号線を間借りして、4号線に発着する宝塚線急ゆきと対面接続する。非常に便利でクールな方法である。3号線は「③」の表示にフルカラーLEDを用いており、この数字を変えることで臨機応変に宝塚線と今津線を変更できるようにしているのは芸が細かい。

しかし、眠っている1・2号線と併せると、なんだか宝塚本線より支線である今津線の方がマジョリティに見えてしまう。

③号線は日中は今津線の青、朝夕は宝塚線の黄色に切り替えるためフルカラーLEDを使用。

神戸線梅田方面への短絡線は西宮北口を「通過」する。

二つ目は阪神競馬場最寄りの仁川駅だ。ここは競馬開催日にこそ訪ねる価値がある。メインレース終了後は当然、西宮方面への帰宅客でホームは大混雑する。しかし、そんな時間帯でも、宝塚方面からの御客が仁川駅で降りるニーズもあるはずだ。そのために、電車は宝塚寄りの「降車専用ホーム」で一旦停車する。

その後で入る通常のホームでは既に降車は済んでいるので、扉が開くやいなや「ゲートが開いた、各馬一斉にスタート！」とばかりに車内になだれ込める。その結果、ホーム上の混乱や列車の遅れを防げるのである。

三つ目が、神戸線経由の梅田直行便だ。競馬開催日に運転する仁川発臨時急行や、朝ラッシュ時の宝塚発準急がそれにあたる。これら直行便は、西宮北口の短絡線を通って今津線から神戸線に入る。この短絡線は文字通りのショートカットなので、神戸線の全列車が停まる西宮北口を「通過」する。

ただ、通過と言っても横をかすめるだけでなく、神戸線列車を通す信号待ちはある。また、一部分にホームはあるが、曲線が急すぎて扉は開けられない。

逆に、梅田から今津線への直行便はない。これは西宮北口で神戸線の大阪ゆきを横断するダイヤを組むのが難しいうえ、大阪ゆきとは異なり夜に御乗客が押し寄せるとは考えにくいからだろう。事実、北線の宝塚南口～門戸厄神間のホームは、宝塚行きが6両分しかないのに対し、西宮北口方面は梅田直行便のために8両分の長さを設けている。

仁川駅。競馬開催日、宝塚からの到着客は奥の細いホームで降りる。通常のホームは乗車専用となり、御乗客は我先にとなだれ込む。

全線が高架化された今津南線。「阪急　阪神国道駅」の次は阪神と乗り継げる今津駅。

今津線（南）

短くても存在感大。

一方の南線では、西宮北口〜今津間のたった1・6キロを、3両編成のワンマンカーが往復する。全線が高架だが、今津駅は平成5年（1993）、西宮北口駅は2010年に高架化したのに対し、唯一の中間駅、阪神国道は大正15年（1926）の開業時から、国道2号線を跨ぐために高架になっていたのだから恐れ入る。

阪神国道駅の殺風景なホームに立つと、無骨にもリベットが露になった、震災を耐え抜いた橋脚が目に入る。国道を歩道橋で越えると、製造プレートに残る「1925」の刻印が読み取れる。その鉄橋に「阪急 阪神国道駅」と、ご丁寧にスペース入りで記されているのはどこか微笑ましい。

昭和59年（1984）まで、西宮北口にあった神戸線との垂直平面交差、通称「ダイヤモンドクロス」こそ、今津線名物だった。立派な電車の交差点が神戸線の中核駅にある様子は全国に名をとどろかせていたが、列車の増発が限界に達した神戸線に10両編成を入れるためホームの延長を迫られるようになった。

もともと今津線で西宮を跨ぐ御乗客が少なかったこともあり、立体交差化はせず、単純にホームが南北を分断することになった。西宮北口駅近くの「高松ひなた緑地」にダイヤモンドクロスのレールが移設され、当時の様子を偲ばせる。

南線が高架化なった今、地平を走る北線との接続は物理的に完全に絶たれてしまった。それでも西宮北口駅の5号線やコンコースから見下ろす線路は模型のように複雑な配線を描き、どこがどうつながっているやらと興味が尽きない。

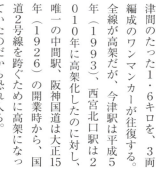

引込線を活用すればいいのに、甲陽線と神戸線がT字形に交わる分岐駅の夙川。

甲陽線・箕面線

「顔」が見える分岐駅。

多くの場合、本線から支線への分岐駅には2面4線なりのホームがあって、駅を過ぎてから線路が別れてゆくのに対し、阪急の分岐駅の形状はなかなかユニークだ。たとえば扇の要である十三は、ホームの手前から既に分岐が始まっており、2・3号線ホームなど見事な三角形を描いている。

西宮北口の隣、甲陽線が発着する夙川《しゅくがわ》駅の構造も面白い。大阪行きホームのど真ん中にT字型を描くようにして突き刺さっている。

また、車両入れ換え用に神戸線との連絡線は弧を描きつつ甲陽線ホームの裏側を通る。わざわざそんな構造にしなくとも、大阪方面ホームで対面接続させれば簡単だろうに。阪急はよほど電車の「顔」を見せたいのだろうか。

この甲陽線は2・2キロと阪急の最短路線で、山麓にさしかかる終点の甲陽園駅は、3面2線↓2面2線↓2面1線↓1面1線と縮小されていった。担当する車両は3両編成の6000系ワンマンカーで、今津南線と共用だが、あちらは工場街を往く高架線であるのに対し、こちらは関西屈指の高級住宅街の地平を走る。

また、宝塚線石橋駅でも、箕面線が折り返す5号線は、大阪行きの2号線の土手っ腹にT字型に接続する。しかも、ただ平日の朝夕に運転する梅田直行便のためだけに、ご丁寧に曲線上に3・4号線を用意しているのには恐れ入る。

なにしろ箕面有馬電気軌道は元祖阪急電車である（P28）。わずか4・0キロながら、「最も由緒正しい阪急電車やで」と箕面沿線の御乗客がプライドを持っているのは、想像に難くない。

甲陽線や箕面線を利用するのは沿線住民が中心で、そこにハイキング客や鉄道マニアが加わるくらいだろう。したがって、これら支線の御乗客は夙川や石橋で、電車と同じく誇り高い顔を見せつけて本線へと乗り換えているに違いない…と、完全な部外者の東京人であるわたしは決めつけている。

宝塚線との短絡線上に複線のホームがあるのに、箕面線の折返しホームを用意する石橋。

方向板を用いる3100系は、最期を伊丹線で迎えた。

伊丹線・嵐山線

輝きを放つ旧型車。

　甲陽線や今津南線を比較的新しい6000系が走る今となっては、神戸線・宝塚線（神宝《じんぽう》線）の旧型車が4両編成で最後のご奉公をする場所は、箕面線かもしくは3・1キロの伊丹線と相場が決まっている。

　旧型車とはいえ、鉄道友の会から第1回「ローレル賞」を受賞した誉れ高い名車2000系以来、阪急の車両は基本的にエバーグリーンなスタイリング。すなわち、マルーンの両開き3扉の車体、戸袋窓なし、扉間に3枚の一段下降窓、窓周りにアルミの縁取り、側面は直線的ながら下部にアール、正面は前照灯2灯を中央上部に据え、ステンレスの枠付き貫通扉、軽い後退角をもつ三面折り妻、内装に木目模様の化粧板といったディテールを踏襲していて、一見して新旧はわからない。

　それに加えて、車両の手入れと物持ちの良さに定評があるため、それこそ廃車寸前の車両でもマルーン色の車体はツヤピカで、旧さを感じさせない。また、車体や内装は更新に際して、その時々の最新鋭車の意匠を容赦なく採り入れるために、製造当時とはかなり表情が変わっていることも多い。

　一方、京都線の旧型車の最後の活躍の地は、4・1キロの嵐山線である。分岐駅の桂で1号線の向かいにある、ごく稀に列車が発着する「C号線」は有名だ。

往来するのは4両編成の旧型車だが、手入れがいいので古さは感じない。

２扉車ゆえに面積の広いマルーンの車体に、妖しくもアンバーの光が乱反射する黄昏時。さすがは名車の余生である。

現在の嵐山線の主力は、なんとあの特急車6300系である。嵐山駅の柱には時代がかった「白線内でおまちねがいます」の注意書きが貼ってあるが、そこにあしらわれた6300系のイラストはおそらく汎用品で、まさか将来6300系が日常的に嵐山に現れるなど想定していなかったに違いあるまい。

一世を風靡した6300系は、8両を4両編成に短縮し、2扉はそのままに、1+2列の3列に配置したクロスシートにロングシートを組み合わせる改造を施され、嵐山線を往復している。内装は新車同然に改造され、木目は輝きを放つ。それどころか、特急時代に興醒めの観があった網棚も新調されている。そこに都落ちのくたびれた雰囲気はない。さすがは名車の余生である。

手入れが自慢の阪急電車の魅力を堪能するには、平日夜の、観光客などいる由もない嵐山駅にとどめを刺す。6300系の、優美な2扉・2連窓の車体にオレンジの照明が乱反射する折り返しの数分間。妖艶とも豊潤ともつかぬ味わいに、わたしは息を呑んで見とれていた。

インテリアを２＋１の3列とロングシートに改造された６３００系。都落ち感はない。

神戸線にみる美意識。

神戸線のコンセプト。

考えてもみてほしい。もし阪急神戸線が、わたしたちがイメージする阪神間モダニスムを体現する路線でなかったら、関東大震災の後に谷崎潤一郎は芦屋に越してきて『細雪』や『蓼喰《たでく》ふ蟲《むし》』を生めたのだろうか。

すでに宝塚線が開通していたものの、阪急にとって念願の都市間路線だったこの神戸線は、大正9年（1920）、先行する阪神電車とのすったもんだとの挙句に開業した。「最も有望なる電車」「如何なる土地を選ぶべきか、如何なる家屋に住むべきか」として宝塚線を売り出した小林一三は、この神戸線の開業に際して再び畏るべきコピーを仕立てた。

「新しく開通《でき》た神戸ゆき急行電車　綺麗で早うてガラアキで　眺めの素敵によい涼しい電車」

驚くなかれ、このコピーには今日にまで続く神戸線のコンセプトが詰まっているではないか。

なにしろ「神戸ゆき急行電車」である。JRの「汽車」よりも、「待たずに乗れる」阪神電車よりも速くなければいけない。鉄道法ではなく軌道法に準拠しながらも、急行電車＝立派な高速電車として阪神間に殴り込みをかけたのだ。だからこの時、箕面有馬電気軌道の社名を「阪神急行電鉄」と改めた。日本初の「電鉄」である。

阪急は神戸線でもまた、何もない最も山手に路線を敷いた。宝塚線で培った自由な沿線開発や御乗客を喜ばせるノウハウがここでも生き、阪神間モダニスムが花開くのである。

郊外路線として沿線の高附加価値化を目指した宝塚線と、高速都市間路線として技術を追究した京都線。二つのフロンティアスピリットを併せ持つ神戸線が、やがて阪急電車のイメージリーダーとなり、今では常に関西で「住みたい沿線」のナンバーワンに推されるのは、ある意味当然なのだ。

御影駅北側。リニューアルされ、石とガラスを使って現代的ながら重厚な雰囲気も。

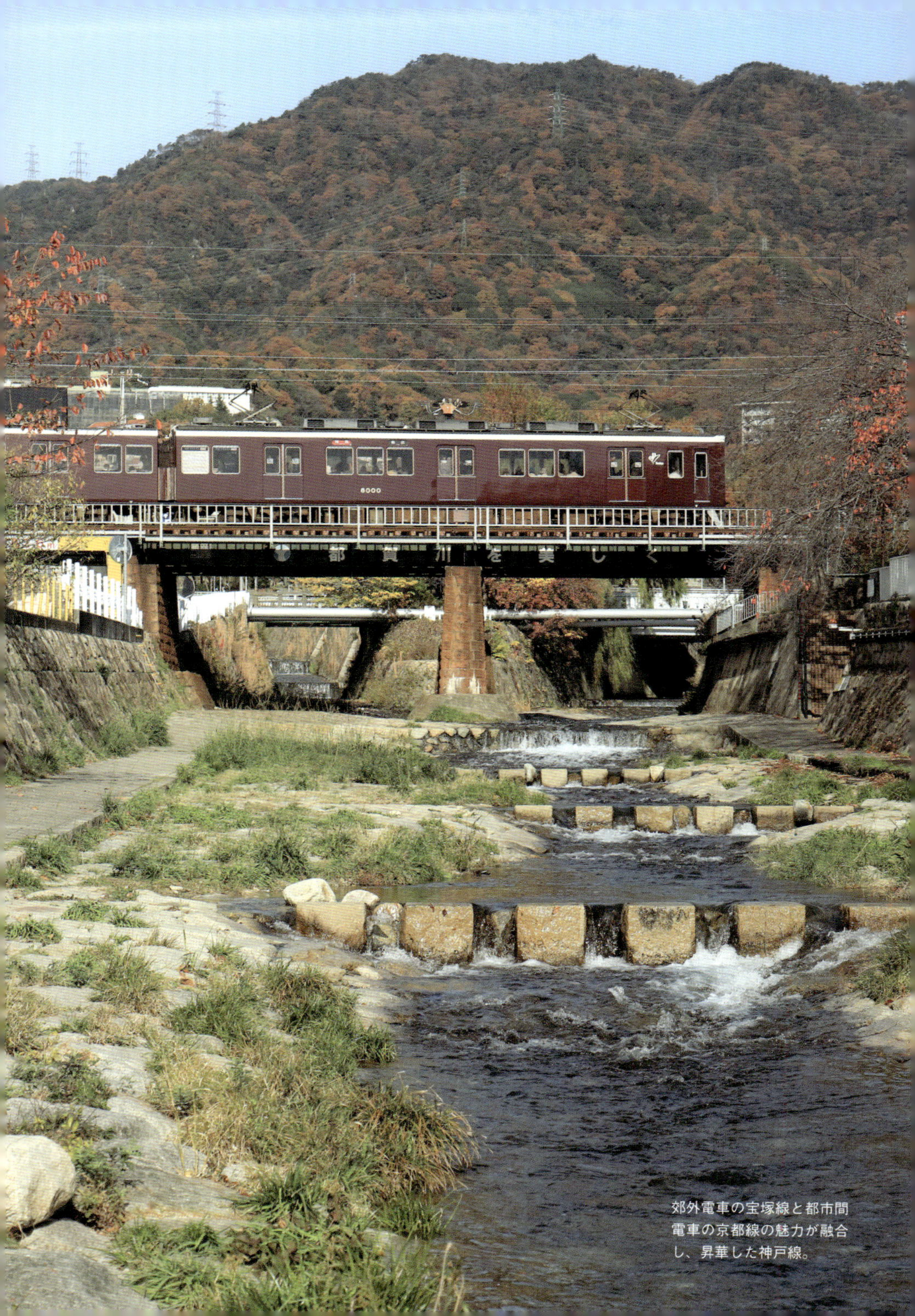

郊外電車の宝塚線と都市間
電車の京都線の魅力が融合
し、昇華した神戸線。

いじりようのないスタイリングに界磁チョッパ制御を組み合わせた究極の阪急電車 7000 系。鳥肌モノの完成度。

神戸線車両と阪急スタイルの系譜。

小林一三が満を持して開業させた神戸線だからこそ、車両を見れば、性能においてもデザインにおいても花形ばかりだ。ゆえに東京人のわたしは告白せざるを得ない。時速１１５キロでカッ飛ぶ特急に乗り、特に西宮北口～六甲間の高級住宅街や品の良さそうな御乗客だけでなく、流れる線路際の松や石垣などを眺めていると、敗北感を伴う昂揚感や充実感といった、何ともいえぬアンビバレンツが湧き上がってくる、と。

わたしにとって究極の阪急電車といえば昭和55年（１９８０）に登場した７０００系である。２０００系に始まった阪急スタイルの車体は、試作車２２００系でビッグ・マイナーチェンジを行い、従来の尾灯・急行灯の位置に行先・種別の表示装置を設け、分離した尾灯・急行灯を腰に降ろした。さらに、乗務員室の直後に「Ｈ」をデザインしたマークを輝かせる。２２００系、そして６０００系に続く７０００系は、この車体を用いた上で、界磁チョッパ制御方式を採用し、外観・性能ともに成熟の域に達した。

その後、１９８９年から建造され、ＶＶＶＦ制御を導入した８０００系では、角形ヘッドライトに加え、京都線特急車６３００系の

試作車 2200 系の車体を本格採用した 6000 系は第 2 世代の阪急スタイルを確立。主に宝塚線で活躍する。

平成の阪急スタイルを模索したVVVF制御車の8000系。インテリアの完成度は高いが、外観は2度にわたり変更された。

アイデンティティだった屋根の白塗りを通勤車でありながら採用した。そろそろインパクトがほしいと考えたのだろうか。

しかし、8000系の新しい顔は定着したわけではなかった。正面の窓の下にあって表情を立体的に見せていたアクセントの部品は後に取り外された。また量産過程でも、中期ロットと最終ロットの2回にわたって顔を変えている。このように8000系で阪急は最適解を模索し続けたが「新しい阪急の顔」は確立できなかった。これは逆説的に6000系・7000系の表情のいじりようのない完成度を物語ってはいないか。

なお、8000系を量産中の1992年、阪急グループはCIを実施した。新社章は白いカッティングシートで全車に貼られたが、運転台後ろに輝くHマークは塗りつぶされ、やがて撤去されている。

細部に宿る阪急的美意識。

公共の乗り物である電車は安全のため、3ヶ月に一度の健康診断(=定期検査)、4年または走行60万キロ以内に重要部の分解検査、8年以内に徹底的な分解検査を受けることが法律で義務づけられている。これらの検査の時に、御乗客にベストの接客設備を提供するべく、阪急では旧型車両であろうとその時々の最新車両に近づけるべく大小さまざまな改造を行う。

1998年、6000系以降の通勤車は8000系列同様に肩を白く塗ることにした。パンタグラフと架線がこすれ合うので汚れやすい車両上部に白を塗るあたり、いかにもメンテナンスに自信を持つ阪急らしい。

実際はさらにドラスティックに塗装を変更する案もあったが、御乗客の大反対によってマイナーチェンジに留まった、という話も

きく。それほどまでに阪急マルーンは沿線のアイデンティティに高まっていたのだ。

既存車両を長持ちさせる方針が進行した2000年代、阪急は5000系を徹底的にリニューアルした。8000系に似せたのか、ヘッドライトや急行灯・尾灯を角形に交換した5000系の表情は大幅に変化した。この時期から車内の細かい差異は急速に増していったようにわたしは思う。

実際のところ阪急電車は、基本の「木目+緑色の座席」だけはエバーグリーンでありながらも、客室設備を変更する頻度が多く、車内の写真から形式を判別するのは困難を極める。

たとえば肘掛けに仕切り板を挟み込んだり、天井の送風機の形状に3種類ほどあったり、貫通扉や側扉の窓の天地を大きくしたり、金属パーツの色をブロンズ調にしたり、ドアチャイムや点滅ランプ、車内表示器を設置したり、木目の色を濃くしたり、網棚を交換したり、鎧戸をカーテンに改めたり、そのカーテンも引き下ろし式または引き上げ式があり、床がレンガ色1色か模様入りか……。

思いつくところを列挙しただけで、車両の新旧や系列にかかわらず2の8乗×3×4=3072通りのヴァリエーションが生じる。現有車両数が1300両強なので、これはもはや1両1両に違う個性があると言っていい。「最善の接客設備を提供する」哲学こそが、本質を同じくするものから生まれる無数の「差異と反復」（ジル・ドゥルーズ）を生むのだろう。

こちらはシート中央部に仕切があり、鎧戸ではなくカーテンという組み合わせ。

神戸線は車両も「花形」。

阪神やＪＲと三つ巴の競合関係にある「急行電車」の神戸線には、宝塚線のような曲線は比較的少ない反面、アップダウンが多い。したがって神宝線と一括りにされながら、宝塚線では加減速性能を、神戸線では高速性能を重視した車両をそれぞれ用いている。

たとえば昭和35年（1960)、神戸線に投入した現在の阪急スタイルの始祖である2000系に対し、宝塚線に用意した2100系はモーター出力を落とす一方で歯車比を上げた。そして神戸線は昭和42年（1967)、宝塚線は昭和44年（1969）年に架線電圧を600ｖから1500ｖへと改めた。それに先立つ昭和39年（1964）から建造した複電圧車には神戸線3000系と宝塚線3100系があるが、モーター出力は前者が高く、歯車比は後者が大きい。

昭和43年（1968）に登場した神戸線向け1500ｖ専用車の5000系の出力・歯車比は、3000系と揃えた。昭和46年（1971）からの量産形冷房車5100系と、試作車2200系のフィードバックをもとに車体をマイナーチェンジし、デジタルブレーキを導入して昭和51年（1976）から量産した6000系で、神宝線のつくり分けは終わりを告げる。

昭和55年（1980）に登場し、省エネ型で高速性能に優れる「界磁チョッパ制御方式」を採用した7000系は、歯車比を維持しながらモーター出力を高めた。

だが今日でも、出力170kwの5000系と150kwの7000系は神戸線、出力140kwの5100系と6000系は宝塚線に集結している。今なお「急行電車」として高速性能を要求する神戸線は、車両面でも花形なのだ。

神宝線車両の系譜

建造	意義	神戸線	出力	歯車比	宝塚線	出力	歯車比
1960	元祖阪急スタイル	2000系	150kw	5.31	2100系	100kw	6.07
1964	複電圧対応	3000系	170kw	5.31	3100系	120kw	6.07
1967	神戸線1500v専用	5000系	170kw	5.31	全車神戸線で使用		
1971	共通:新製冷房車	5100系	140kw	5.31	全車宝塚線で使用		
1976	共通:第二世代	6000系	140kw	5.31	電動車は全車宝塚線で使用		
1980	共通: 界磁チョッパ	7000系	150kw	5.31	主に神戸線で使用		

木目調の化粧板と緑色の座席。このスタイルだけは変わらない。細かい差異はどうでもよい。

窓における伝統と進化。

もっとも、阪急のアイデンティティの一つであった鎧戸に換えて採用した、細かい調節ができて軽いロールカーテンは好評のようだ。以前の「一段下降窓＋鎧戸」の組み合わせは「お立ちのご乗客に涼しい風を届け、お座りのご乗客の髪を乱してはならぬ」との小林一三翁の考えに基づいたものだったという。

一段窓は「日」や「田」の字状の窓と比べればすっきりと見栄えがいい。しかし、上昇式は重く、阪急のような下降式は隙間から雨が入って車体の腐食を招きやすい難点がある。にもかかわらず、それこそ開業当時の１形から一貫して阪急電車は一段下降窓を採用してきた。メンテナンスに自信を持つからこそできた芸当だろう。一段下降窓が国鉄や私鉄各社のスタンダードになったのは１９８０年代なので、接客設備の先進性や美意識には舌を巻くほかない。

ただ、冷房が完備された今となっては静寂性の観点からは固定窓が、操作性や安全性の観点からはロールカーテンが望ましい。したがって、このシフトは一三翁以来の伝統の否定ではなく、進化であるとわたしは解釈している。

他にも阪急車両らしさはさまざまな細部に宿る。たとえば、車内はなるべくビスが視界に入らないような設計を心がけている。さらに座席のテレンプ生地には英国王室御用達、毛足の長いアンゴラ山羊のものを用いており、阪急ではこの緑色を「ゴールデンオリーブ」と称している。わたしは阪急電車の座席に座る度に、つい生地を撫で撫でしてしまう。

これにも９３００系や嵐山線用６３００系で、リサイクル可能な素材に変更したところ大ブーイングが起こったので、９０００系で元に戻したという、いかにも阪急らしい経緯がある。

伝統の木目は戦前から用いているが、２０００系で簡素化のために化粧板へのプリントになった。わたしは大学生の頃に神戸線特急で７０００系に乗った時、座席下のヒーターの端部にも木目を貼ってあるのに気がつき、「こんなところにまで木目を入れてどうするのか」と驚いた。いや、むしろ呆れたものだ。

褪色に弱い欠点があったため、８０００系以降では色が濃くなり、近年は特に直射日光を受けやすい扉周りや車端部をダークブラウンに改めている。

9000系の新しいスタイル。

２００６年に登場した９０００系に、わたしは試行錯誤を経てたどり着いた「新しい阪急スタイル」の潮流を感じた。

内外装とも、通勤電車におけるゴージャスが極まった9000系。これこそが21世紀の阪急スタイルかと思ったが…。

側面はこれまでの三つの一段下降窓をやめ、大きな固定式連続窓になった。また、古式ゆかしいダブルルーフ状の屋根が、うまくエアコン室外機を隠している。社章も昔日と同じく金属オーナメントとなり、窓の下に移った。

「電車なんてこんなんでいいじゃないか」と割り切ったカジュアルな通勤車両が増える中、９０００系の意匠には、マルーンの面積の大きさと相まって、アメ車のリムジンのような、日本車ならクラウンマジェスタのような一種の重厚さがある。

車内の接客設備にも馬鹿馬鹿しいまでに力が入っていて、思わず笑ってしまう。度肝を抜かれたのは、非常用ドアコックである。最近の鉄道車両は掃除がしやすいように床下を開けるのがトレンドであり、９０００系も例外ではない。ただ、９０００系のそれは座席の端の袖仕切りに「格納」してあり、「非常用ドアコック」と恭しく書いたそのフタには、アンゴラ山羊のテレンプ生地が張ってあるのだ。

これを見たわたしは、奇しくも７０００系の同じく座席の下に貼ってあった木目を見た時に感じた若き日の衝撃を思い出した。非常用ドアコックにこんな高級感を持たせてどうすんだよ！ やっぱりクラウンマジェスタである。いつかは阪急沿線。

驚くべし、これこそ阪急電車。おなじみアンゴラ山羊のテレンプ張り、日本一豪華な非常用ドアコック。

デコラティブさはなりを潜めたが、1000系は新技術の導入を通じ「静粛性」を2010年代の高級の価値観として示す。

2010年代の阪急スタイル。

ここまで見てきたところで、あらためて阪急の車両に貫かれるポリシーを整理してみよう。

①良質なサービスの均等な提供を基本理念とし、線区や用途によって設備に極端な格差が生じぬよう配慮する。

②安易に形態上の流行を取り入れず、必然性のないモデルチェンジはしない。

③格調を保ちながら、快適性、居住性の優れた車内設備を意図し、ことに座席や壁面のデザインなど内装に格別の配慮をする。

④機能・性能面においては新技術を積極的に導入し、運転性能、乗り心地の向上、運転操作の簡便化、信頼性の向上や無保守性の実現などに創意工夫を凝らす。

これらの4項目を挙げておきながら、実際のところ阪急電車は、どちらかというと技術面では保守的な会社だった。それは、競合する阪神や京阪より線路状況がよいこと（市街地を走るフェラーリよりも高速道路を走る軽自動車の方が速い！）に加えて、昇圧準備工事を施した２０００系後期ロットは構造が複雑すぎて補修に手を焼いた上に、１５００ボルト環境では予定通りの性能を発揮できず、結局全車の電装を解除してしまったトラウマがあったからだろう。

以降の阪急電車は羹《あつもの》に懲りて膾《なます》を吹くといわんばかりに、新技術の採用には消極的になった。よくいえば安定した技術を採用する、悪くいえば小さくまとまる部分もあった。だからこそ完成度がピークに達し、「最善か、無か」を体現したメルセデス・ベンツＷ１２４形Ｅクラスに通じるオーラを放

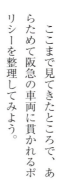

バリアフリーや情報案内は今日の標準だが、1000系は洗練を加え押しつけがましくない快適さを実現した。

つ7000系はやはり「究極の阪急電車」なのだ。

続く8000系は方針②について迷いを生じさせたが、9000系は方針②③とも新たな潮流を見せたはずだった。

だが、2014年に登場した1000系列にわたしは再び驚いた。車体を見る限り、9000系よりずいぶんと安っぽくなっているではないか。

たとえば、側面の大窓は3分割になった。9000系の2分割だと、製造・補修時のガラス代が高くつくのだろう。ダブルルーフ状の屋根も止め、エアコンが剥き出しである。6000系以降、側面の種別・行先の表示器はセパレート形になったが、これが5100系以前よろしくコンパクトな一体型になったりもコストダウン志向を感じる。

車内でも荷棚は一般的な形状になり、間接照明も自動仕切扉も止めてしまった。となると、1000系は阪急の車両思想的に後退しているのだろうか？

そうではないと思う。むしろわたしは1000系に阪急電車らしさを、言い換えれば「高級とは何か」についての新たな提言を感じるのだ。それは1000系が「静かな電車」との明快なコンセプトを打ち出したからだ。

そのために、密閉式のモーターや台車単位でのきめ細かいブレーキ制御といった技術をいち早く採用した。つまり、1000系で方針④が復活したのだ。さらに、9000系と同じ構造の車体や窓ガラスを採用した理由に遮音性を掲げている。

誤解なきように書くと、9000系は十分すぎるくらい静かな電車である。その9000系の40％減というモーター音をはじめ、1000系はさらに静粛というのだ。スペックを比較してみると、モーター出力は9000系の200キロワットに対して1000系は190キロワットと抑えてあるが、電動車を1両増やした。だから総出力は9000系に対して25％以上増えている。編成重量を考慮したトンあたり出力にしても20％増である。1000系はこの余裕を使って静粛性をつくり出したのだろう。

わたしは神戸線の特急で9000系と1000系を乗り比べてみた。両方とも中間の電動車の中央部に座り、走行音をｉＰｈｏｎｅで録った。Ｍａｃに読み込んでその波形を重ねてみた。確かに1000系は静かだった。

車端部の優先座席には臙脂色のモケットを使用。

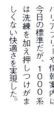

梅田駅の喫茶店から発着する電車を見下ろして悦に入っていた。ふと気づけば今なお一三翁という釈迦の掌の上だった。

生き続ける小林一三イズム。

こうした追求はプロダクトアウトな美意識か、マーケットインな御乗客主義なのか。ただ、今なお阪急イズムは小林一三イズムであることは間違いない。沿線の御乗客や一三翁に恥をかかせてはいけない、との気持ちで建造され更新されてゆく阪急の車両。

阪急バスの給料袋に90年代まで印刷されていたという、一三翁の「五戒」がずしりと伝わってくる。

一、吾々の享くる幸福は、御乗客の賜なり。
一、職務に注意し、御乗客を大切にすべし。
一、其日になすべき仕事は、翌日に延ばすべからず。
一、不平と怠慢は健康を害す、職務を愉快に勉めよ。
一、会社の盛衰は吾々の雙肩にあり、極力奮闘せよ。

究極の阪急電車7000系の、掃除機にも似たぷーんという独特のモーター音に耳を澄まし、夙川、芦屋川、岡本、御影、六甲といった駅に降り立つ。ホームから見る木々の緑や川の流れに目をやれば、明らかに高級住宅地としての「よそとは違う」オーラが、ホームから、沿線風景から、そして御乗客からも伝わってくる。

今もなお神戸線は、ガラアキでこそないが「綺麗で早うて、眺めの素敵によい涼しい電車」だ。日本最強のブランド路線として名を轟かせる理由に得心しつつ、「うーむ、やはり恐るべし阪急」とばかりに敗北感を覚えるのだ。

そう考えると、阪急社員はもとより、沿線住民をはじめとすわたしたち御乗客もみな、没後60年近くを経た今も小林一三という釈迦の掌の上にいるのである。

やってみよう！

創業者・小林一三の威光を感じる阪急電車10の楽しみ方

1
阪急前交差点から梅田駅へと歩き、阪急の世界観を思う存分に体験しよう。
【P22】

2
池田駅で降り、小林一三記念館や池田文庫、逸翁美術館を愉しもう。
【P31】

3
天六・水無瀬・西向日・大宮駅で新京阪が抱いた夢を追悼しよう。
【P38】

4
分岐駅の数々で不思議な配線や、支線の魅力を実地体験しよう。
【P40】

5
内装の限りないヴァリエーションにメンテナンスの執念を実感しよう。
【P51】

6
特急車9300系や通勤車9000系・1000系で今日の阪急の「高級」を味わおう。
【P54】

7
英国王室御用達アンゴラ山羊の座席をなでなでして毛足を愉しもう。
【P54】

8
髪の長い女性を連れ下降窓を開け鎧戸を閉め、一三翁の考えを体験しよう。
【P54】

9
地元民の顔をして7000系の特急に乗り、神戸線を駆け抜けよう。
【P58】

10
小林一三による「五戒」を唱和し、阪急電車に乗ってみよう。
【P58】

【私鉄王国用語集】

阪急電車編

【ウメキョウ】

梅田駅で切符を買うと「梅図」と印字される。この「図」の字は、改札業務が駅員の仕事だった時代、同じく「田」の文字が入る園田・池田・吹田・山田・富田と素早く目視で区別する工夫。とっくに自動改札化された現在も使い続けるあたり、いかにも伝統を重んじる阪急ではないか。ちなみに、「図」の字に似ているから「ウメキョウ」と呼ぶという声を聞いたが、どうやら少数派のようだ。

【ムービングウォーク】

阪急百貨店と現梅田駅をつなぐのは、移転時に設けられた日本初の動く歩道（ムービングウォーク）である。この通路の微かな湾曲は、かつてそこが線路であった昔を物語っている。また、自動改札を日本で初めて導入したのは阪急北千里駅である。阪急電車には伝統の印象が強い一方で「電鉄系百貨店」「動く歩道」「自動改札」といった元祖を輩出していることは、その先進性をも物語っている。

【第三の男】

タタタタターン、タターン♪　深夜、阪急梅田駅に流れるこのメロディは、1949年のイギリス映画『第三の男』のテーマ。終電車が近いことを乗客に知らせるための音楽だ。サッポロ「エビスビール」のテレビCMでもおなじみといえば、ピンときた人も多いはず。東京では、山手線の恵比寿駅で電車発車時のメロディとしても採用されている（こちらは終電ではない）。

【『TOKK』】

阪急沿線のお出かけスポットやおすすめの店、イベントなどを紹介する乗客向け情報誌。発行部数は60万部を誇る。ちなみにタイトルの由来は阪急電車が走る宝塚・大阪・京都・神戸のアルファベットの頭文字を組み合わせたもの。というのも、阪急ユーザーなら常識か。

【中津駅】

梅田から電車に乗って、次の駅といえば？　「十三」と答えたあなたは京都線ユーザー。ならば神戸線・宝塚線ユーザーはもちろん、「中津！」である。なぜ京都線は中津には停車しないのかといえば、答は戦時中の国策にある。本文でも触れたように、もともと京都線は京阪電車の路線だったが、第二次大戦中の国の決定により、一時的に2社が合併。終戦後、京都線は阪急の所有となり、十三〜梅田間を三複線にしたものの、中津駅のホームを増設する余地がなかったため、現在も京都線のみ中津には停まれない。

【マルーン】

阪急の誇りとも言うべき、車両の色の名前。小豆色でもなく、エンジ色でもなく「マルーン」という気品を感じさせる名前を用いたところに、創業者・小林一三の先見の明を感じる。阪急ユーザーにこの色の名前を尋ねると、ほとんどの人がちゃんと答えられるのもすごい。

【カフェリラ】

京都線側は「リラ」、神戸線側は「プレンティー」。梅田駅3階の改札を入ってすぐ、両サイドにある喫茶店の名前だ。ホームが広いため、両端にあるというあたりに、阪急ならではの御乗客至上主義を感じる。両方とも店には階段を上がって入るため、ちょうどコックピットのような位置から駅を一望。P58の写真のように、「電車の発着や乗客の乗り降りを見られて楽しい」との声も。

南海電車

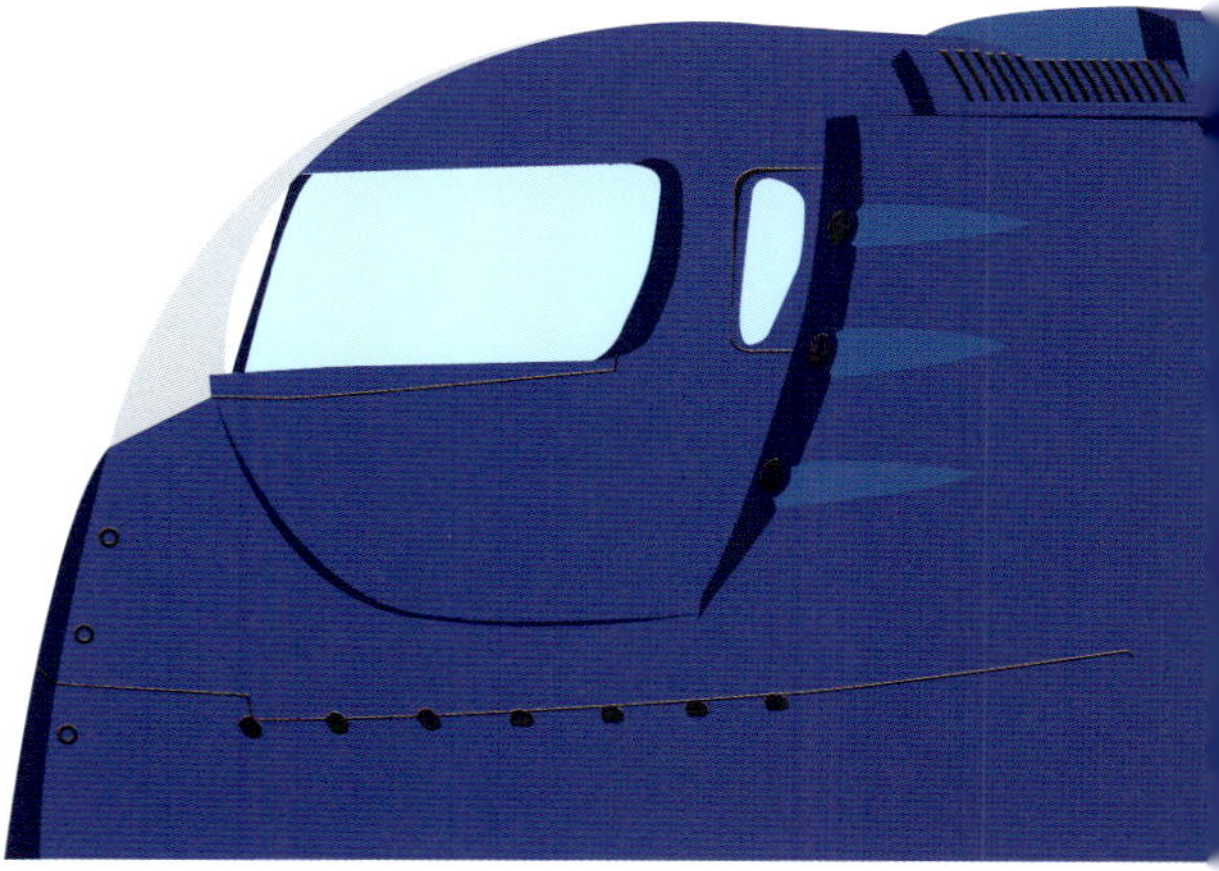

NANKAI

南海電気鉄道株式会社
創業：1885年
本社：大阪市中央区
営業キロ：154・8キロ

明治18年（1885）、SLで開業した初の私鉄・阪堺鉄道が前身。南海鉄道が阪堺鉄道の事業を譲り受けて同36年（1903）に南海本線を全通、さらに大阪高野鉄道と高野大師鉄道を大正11年（1922）に合併して昭和4年（1929）に高野線を全通した。戦時下の同19年（1944）、関西急行鉄道と合併し、社名を近畿日本鉄道とした。戦後昭和22年（1947）、高野山電気鉄道へ旧・南海鉄道の路線を譲渡する形で、社名を南海電気鉄道と改め新発足した。

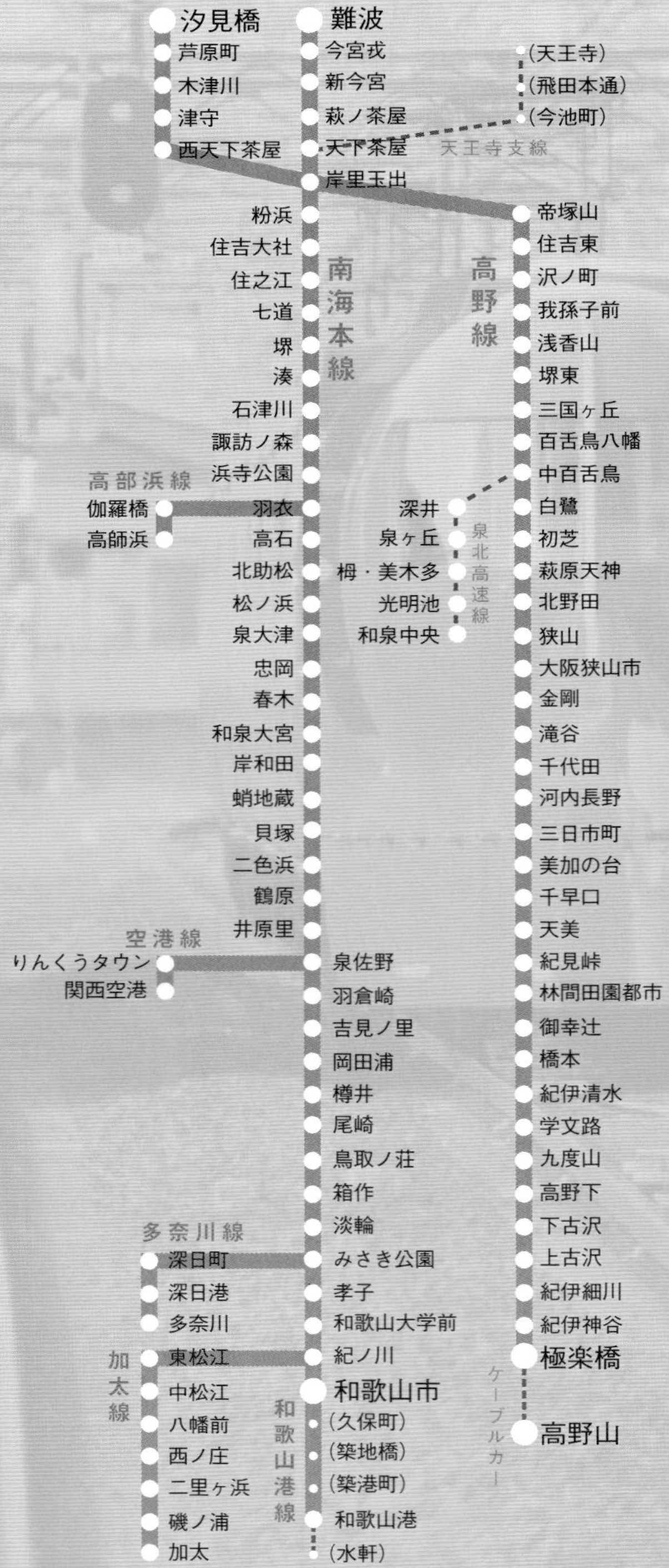

汐見橋
芦原町
木津川
津守
西天下茶屋
難波
今宮戎
新今宮
萩ノ茶屋
天下茶屋
岸里玉出
(天王寺)
(飛田本通)
(今池町)
天王寺支線
南海本線
粉浜
住吉大社
住之江
七道
堺
湊
石津川
諏訪ノ森
浜寺公園
高部浜線
伽羅橋
高師浜
羽衣
高石
北助松
松ノ浜
泉大津
忠岡
春木
和泉大宮
岸和田
蛸地蔵
貝塚
二色浜
鶴原
井原里
空港線
りんくうタウン
関西空港
泉佐野
羽倉崎
吉見ノ里
岡田浦
樽井
尾崎
鳥取ノ荘
箱作
淡輪
多奈川線
深日町
深日港
多奈川
みさき公園
孝子
和歌山大学前
加太線
東松江
中松江
八幡前
西ノ庄
二里ヶ浜
磯ノ浦
加太
紀ノ川
和歌山市
和歌山港線
(久保町)
(築地橋)
(築港町)
和歌山港
(水軒)
高野線
帝塚山
住吉東
沢ノ町
我孫子前
浅香山
堺東
三国ヶ丘
百舌鳥八幡
中百舌鳥
泉北高速線
深井
泉ヶ丘
栂・美木多
光明池
和泉中央
白鷺
初芝
萩原天神
北野田
狭山
大阪狭山市
金剛
滝谷
千代田
河内長野
三日市町
美加の台
千早口
天美
紀見峠
林間田園都市
御幸辻
橋本
紀伊清水
学文路
九度山
高野下
下古沢
上古沢
紀伊細川
紀伊神谷
極楽橋
ケーブルカー
高野山

ラピート、青と赤の競演。粉浜駅

過剰こそ美学、バロックの凄み。

繁華街から田園都市へ。空、海、そして山へ。南海電車ほど車窓の変化が目まぐるしい鉄道も珍しい。しかし、この両極端な二項対立こそが南海電車を読み解くキーワード。それをわたしは「いびつな真珠」を意味する「バロック」と呼びたい。

バロックとは何か？　絵画なら『フランダースの犬』でおなじみ、ルーベンスの「キリストの降架」。極端なマチョリスム。ハイライトとシャドーの異様なほどのコントラスト。ネロやパトラッシュでなくとも、見た瞬間に心臓が止まりそうだ。

音楽ならヴィヴァルディの「四季」や数々のオペラ。「旋律《メロディ》と通奏低音《バッソ・コンティニュオ》」「独奏《ソロ》と合奏《トゥッティ》」「弱音《ピアノ》と強音《フォルテ》」「独唱《アリア》と語り《レチタティーヴォ》」。すべての構成要素が、極度の緊張関係を持った二項対立によって成り立つ。

美術、音楽、建築のいずれにおいても、バロック芸術は均整と調和へのアンチテーゼとして、動的で劇的な表現を追求した。それと同じように、南海電車にはダイナミックで都会的な「両極のドラマ」がある。

ゴージャスと亜空間、二つの始発駅。

日本一ゴージャスな始発駅。

南海の始発駅といえば難波。よく引き合いに出される阪急の梅田駅が「シック」だとすると、難波駅は「ゴージャス」の一言に尽きる。外壁の装飾やレンガ造りの内装、夜などライトアップされて実に美しい。

3階の正面改札へ続く浮遊感のあるエスカレーターを上がれば、南海線・高野線それぞれに六つ先の列車まで表示する発車案内機がお出迎え。せいぜい数十キロの距離に過ぎないのに。なんだかもう国際線に乗れそうである。ま、たしかにラピートに乗って国際線に向かう乗客はいる。それにしても、である。南海線・高野線を合わせて12列車を一覧表示するとは、まことに仰々しくもゴージャスではないか。

それから、断言しよう。難波駅の奇数のりばで鳴る発車ベルは、日本一秀逸だ。子供じみた、あるいはパチンコ屋の如き発車メロディではなく、ストリングス系のシンセの和音。実にシンプルで美しい。音場を深く考えたからこその仕事だ。これぞデザインである。

駅の上にそびえ立つ36階建てのスイスホテル南海大阪に泊まるなら、「○時に着くラピートで行きます」と伝えておこう。それこそ一旦新今宮に行ってでもラピートに乗り、特急料金５１０円＋追加料金２１０円を払って、スーパーシートで難波入りしたい。

到着する際に外を眺めると、ベルマンがホームまで迎えに来てくれている。ベルマンが出迎えるホームなど、日本広しといえども難波だけだろう。なんとまあ、べらぼうにゴージャスではないか。

あらかじめ伝えずとも、難波駅のホームに備え付けの電話で連絡すれば荷物を取りに来てくれる。

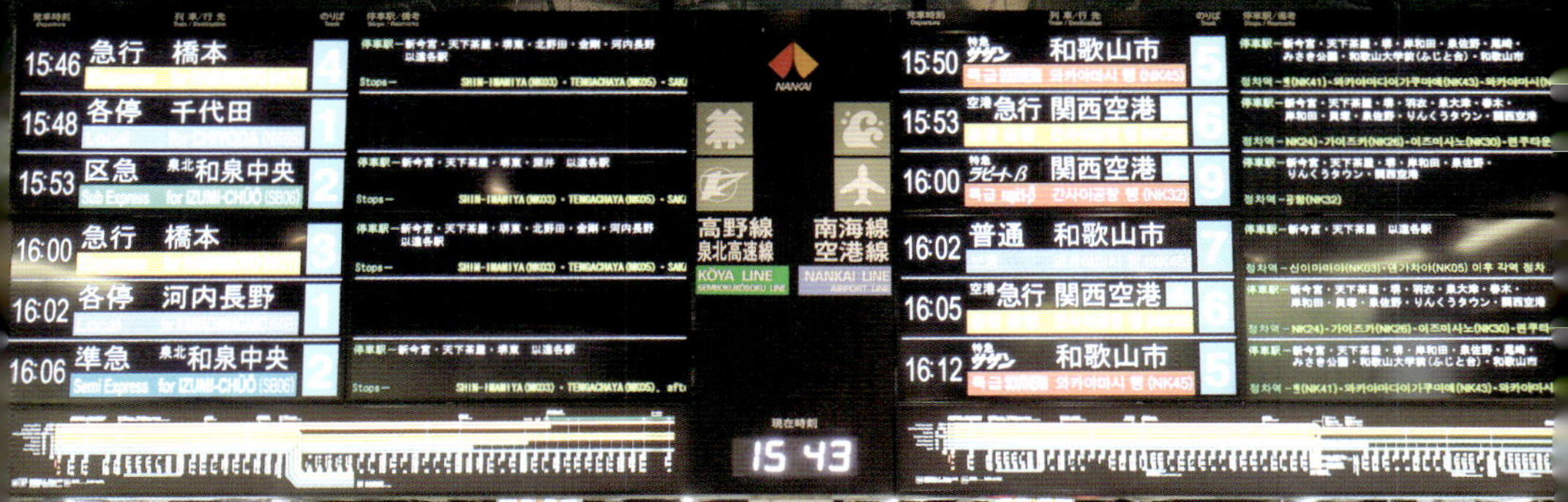

エスカレーターを上がれば巨大な発車案内機。フルカラー＆４ヶ国語対応に更新され、迫力が増した。

もう一つの始発駅、汐見橋。利用経験はおろか、存在すら知らぬ大阪人も多いが、難波からわずかひと駅の距離にある。

汐見橋という亜空間。

もう一つの始発駅をご存じだろうか。南海電車には、南海線と高野線の2系統がある。これだけでも十分にバロックである。このうち、高野線の列車は確かに難波から出発するが、本来の「戸籍上」の始発駅は汐見橋なのだ。

　難波とはあまりにも対照的に、汐見橋を発着する列車はわずか毎時2本。しかも全列車が岸里玉出止まりである。昭和のまま時が止まったかのような古び…否、レトロな雰囲気が漂う。

　わたしが初めて汐見橋駅を訪ねたのは、大学2年生だった1992年のこと。確かに「汐見橋は寂れている」とものの本で読んだことはあった。それでも難波に比べたらそうかもしれないが、高野線の始発駅なれば子供の頃に図鑑で見た当時のフラッグシップ、特急「こうや号」が出発するはずなので、それなりの姿をした駅に違いないとの、東京人の偏った思い込みを抱いていた。

　いざ汐見橋駅を訪ねたわたしは、腰を抜かしそうになった。自動改札はおろか、自動券売機すらない。電車は20分間隔。グオーッ

汐見橋名物、改札の真上にあった昭和30年代の沿線案内路線図。

30分間隔で2両編成が往復する、都会のローカル線。本当は高野線なのに。

とつりかけ駆動の音をたててやって来たのは、1521系という「こんなのまだ走ってたのか!」といいたくなるような旧型車。なんじゃこりゃ。心細さ爆発。逃げるように阪急電車の終電に乗って神戸のホテルに向かった。

今はさすがに自動改札や自動券売機は付いた。1521系もお役御免になり、やって来るのは、バロックにもかつて高野線の反対側、極楽橋あたりを走っていた2200系である。ただし便数は削減され、30分間隔の運転になってしまった。

改札口の上に掲げられているのは、6連の発車案内機? なんですかそれは。もとい、剥がれかかった大きな古い路線図である。「昭和30代の案内図です。現在の路線案内は係員まで」の注意書きが切ない。たぶん保存しているわけではなく、単に時間が経っただけなのだろう。と思っていたら、ついに撤去されてしまった。

ホーム上のベンチの広告も強烈だ。「紳士の憩い場、パチンコクイン。当駅向かい、TEL53-9360」。周りを見渡しても、どこにも見あたらないし、大阪の市内局番はとうに4ケタだ。いつからあるのか、それともベンチそのものをどこか他の駅から持ってきたのか。

トイレの鏡にも広告がある。

汐見橋駅のトイレの鏡には理容室の広告。時が止まったかのようだが、お店は健在。

「お食事処しおみ」「理容室ツジノ」。市内局番はさすがに3ケタになったというべきか、それとも3ケタのままというべきか…。

さて、線路の脇にあるのは赤いスイートピーのつぼみやドクダミの花と相場が決まっているが、それだけではなく、起点からの距離を示す「キロポスト」も立っている。ある日わたしは、汐見橋に出向いた。高野線始発駅としてのせめてもの証である、0キロポストを探しに、である。ところが、これがまったく見あたらない。駅舎を建て替えた昭和30年代に、ちょっと線路も短くしたのだろうか。ああ、今や始発駅の証拠すらなくなってしまったとは。

ゴージャスな難波と、亜空間の汐見橋。しかもこの両駅は、地下鉄千日前線や阪神電車で、わずか1駅の距離にあるのだ。始発駅からして、何とバロックな対比をみせるのだろう。

事実上の乗換専用駅といっていい極楽橋。天井の意匠や、行灯式の発車案内が味わい深い。

山へ、海へ。終着駅のドラマ。

高野線は山へ。

バロック的二項対立のドラマは始発駅に留まらず、終着駅にも存在する。まずは汐見橋から、岸里玉出と堺東あたりで乗り継ぎ、高野山に向かおう。

橋本を過ぎ、大きなカーブを曲がって標高108メートルの高野下まで来ると、そこから電車は速度を急に落とし、尋常ではない曲線や勾配に挑む。

次の下古沢は標高177メートル、上古沢230メートル。2駅で高野下までの倍の高さを稼いだと思ったら、次の紀伊細川は363メートル。1駅で133メートルも上がっている。

細く、曲がったホームと電車との間は広く空いている。狭い駅前を悠々と猫が歩いて行く。遠くに、廃校になった小学校のプールを見下ろす。夕暮れ時など、切なさに襲われずにいられようか。標高が上がれば上がるほど、明らかに世界は日常とは変わってゆき、こちらの感性も研ぎ澄まされてゆく。

次の紀伊神谷（標高473メートル）は昭和3年（1928）の開業から数ヶ月間は終点だった。そのためか駅舎のディテールに細かい造型があり、近代化産業遺産にも認定されている。

この細川・神谷両駅は好事家からいわゆる「秘境駅」扱いを受けているが、しっかり駅員さんがいる。わたしは取材のためにどちら

ケーブルカーに乗り継ぎ、登録有形文化財の高野山駅まで標高328mを上る。2階の展示も見逃せない。

の駅でも降りてみたが、侘しさよりも安心感やぬくもりが感じられ、なかなかいいものだ。

　次が電車の終点、標高535メートルの極楽橋。天井には銭湯を思わせる板張りの格子が走る。発車案内機は、今どきLEDでも、パタパタ式でもない。ガラスやアクリルのパネルの背面の照明をつける行灯式が健在である。

　はっきりいって、駅の手前に見える赤い「極楽橋」以外には何もない。その極楽橋とて、見所らしい見所とはいい難い。すなわち、高野山行きケーブルカーに乗り換える結節点以外の性格をほとんど持たない駅である。それでも何のためか一応、下車もできる。出入口にはペンキで手書きした、簡素な看板がかかっているだけ。とうてい玄関とはいえぬ、勝手口の雰囲気だ。

　ちなみに2012年のデータでは、1日あたり乗降客数は62名。ケーブルカーの高野山駅を利用する1688名は必ず極楽橋を使うのだから、純粋な乗降客は3・5%に過ぎない。それでも「そんなにいたのか！」と思ってしまう。わたしはこの極楽橋に来るたび、香港と深圳の間にあって、わずかな住民以外は外に出るのが許されない国境専用の駅、羅湖《ローウー》を思い出す。

　そして標高867メートルの高野山駅へたどり着く。さすがに急坂はケーブルカーのものだ。紀伊神谷や極楽橋もそうだが、南海電車にはお洒落な駅が多い。この高野山駅もまた登録有形文化財に指定されている。建築的な興味もさることながら、2階には待合室を兼ねた展示室があって、昔の電車の写真が貼ってあったり、模型やグッズの展示があったりと楽しめる。

　ここから金剛峯寺方面へはバスで行くというが、ちなみにわたしはこの高野山駅で折り返したことしかない。否、それどころか極楽橋で折り返したことも何回かある…どういうことなんだ！

急斜面にへばりつくように建つ紀伊細川駅。廃校を見下ろせば、猫が遊びにくる。

半年間だけ終点だった紀伊神谷。ぜひ降りてみよう。駅舎の細部に凝った造形が見られる。

明治大正期の繊細きわまる鉄橋で紀の川を渡ると、和歌山市まではもうすぐだ。「サザン」で旅情を強く感じるシーン。

海へ向かう南海線。

山に向かう高野線に対して、一方の南海本線の終着駅は文字通り南の海、すなわち和歌山市だ。

関西空港への分岐点・泉佐野を過ぎると車窓は伸びやかに変化し、鳥取ノ荘〜淡輪《たんのわ》間では海や淡路の島影をも望む。車内にも潮の香りが漂ってきそうだ。

みさき公園からまっすぐ行くと加太半島の海岸線だが、こちらへは多奈川線が伸びる。南海本線は進路を真南へと変えて、孝子《きょうし》峠で府県境をショートカットする。紀ノ川（駅）で加太半島沿岸からやってきた「さかな線」こと加太線が合流すると、紀の川（川）を、繊細きわまる鉄橋で渡る。上り線は明治、下り線は大正時代の代物で、平成に建設された泉佐野から延びる関空連絡橋との対比を思うとこれもまたバロックだ。

そうして到着する和歌山市駅は、駅舎のアーチや煉瓦も非常に繊細で、造形的な魅力に富んでいる。

だが、ご存じだろうか。この和歌山市からもう1駅先にも線路が延びているのを。それが、徳島に向かうフェリーに乗り継げる和歌山港駅だ。かの青函連絡船や宇高連絡船は、もう四半世紀以上前に廃止されており、今や日本の鉄道連絡船はJR西日本の宮島航路とここを残すのみである。

この和歌山港線は、フェリーのためだけにある。以前は20往復以上あった難波発和歌山港行きは、今や1日に9本しかない。和歌山港行きの特急サザンも、かつては1日13往復あったが、今や数本しかない。だからこそ、たまに流れる「四国連絡特急サザン、和歌山港行きです」のアナウンスは、とてつもなく旅情をそそる。

２００５年、和歌山港線は３つの中間駅、久保町、築地橋、築港町と同時に1時間に1本ほどあっ

和歌山港駅からフェリーに乗り継ぎ、徳島まで２時間。明石海峡大橋の完成まで、関西〜四国間のメインルートだった。

途中駅が廃止されただけでなく、和歌山港も無人駅になってしまった。そのぶん臨港線や連絡船が持つ哀感は強まった。

た和歌山市〜和歌山港間だけの普通列車、南海線系統でいう「普通車」を廃止し、難波発のサザンと急行に統一した。かつての和歌山港線普通車専用だった和歌山市駅7番のりばの「和歌山港方面」の文字もいったん消された。

元凶は、1998年に完成した明石海峡大橋経由のバスへと乗客が移ってしまったためだ。燃料代の値上がりや、1000円高速狂想曲が追い打ちをかけ、肝心のフェリーも減便に減便を繰り返した。

2012年には、7番のりばと線内運転の普通車2両を復活させれば十分とばかりに、6両や8両編成で電気を食うサザンや急行の乗り入れも減らし、和歌山港は無人駅になってしまった。

夜に和歌山港駅に行って、連絡船に乗り継ぐために一人で細長い通路を歩くと、喩えようのない心細さに包まれる。凍えそうなカモメを見たら泣いてしまいそうだ。

深日町駅には夕陽がよく似合う。単線化後、使われなくなったホームは、静かにゆっくりと植生に埋もれつつある。

多奈川線の残照。

徳島の他に、かつて南海グループには淡路島に向かう航路もあった。その淡路航路の発着した深日《ふけ》港《こう》駅を経由するのが、みさき公園から分岐して、海へと向かう多奈川線である。なお、南海本線のみさき公園～孝子間には、多奈川線の開業と引き替えに廃止された旧深日駅のホームの跡が残る。かくも淡路航路は重要だったのだろう。

終点の多奈川駅は、もともと3面2線の頭端駅だったが、まず降車ホームを閉鎖して島式1面2線になった。今も両側から降りられた痕跡が残る。さらに片側の線路も剥がし、1本の棒線ホームにしてしまった。次々と淡路に向けて船が出港していた頃には、難波から直行する6両編成の急行もあったのに。だが現在の多奈川線は、2両編成のワンマンカーが線内を20分に1本往来するだけである。

件の深日港駅には、たぶん金輪際使わないであろう大きな臨時改札や、6両分のホームがある。今、ホームの先は柵で区切った代わりに、ワンマンカー用のミラーを設置している。その姿に、「夏草や兵どもが夢の跡」などとつぶやかずにいられない。

もう一つ隣の深日町駅も実に美しい。昔は複線だったのを単線に

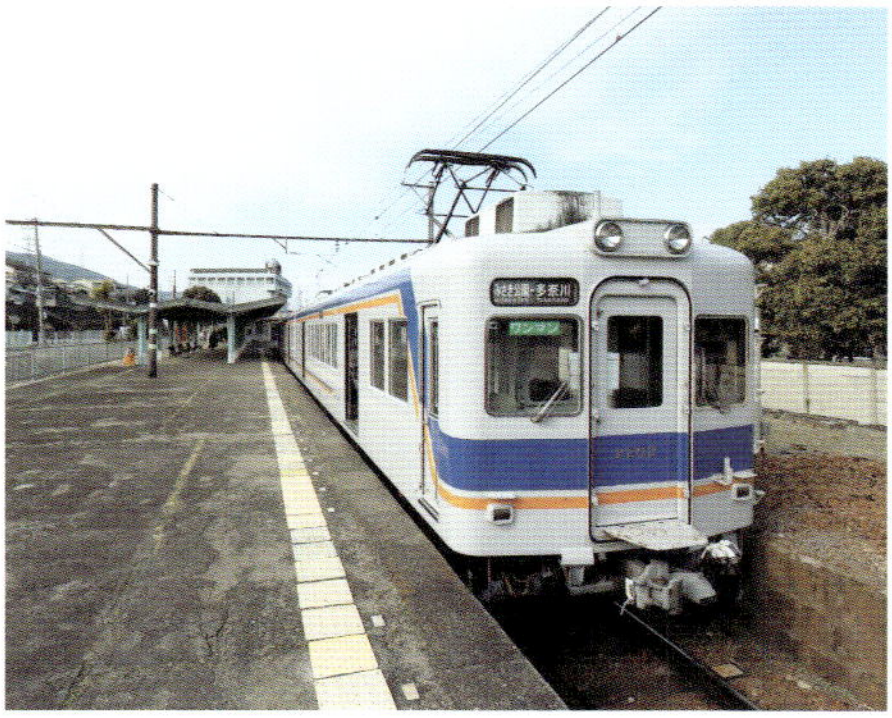

かつて6両編成の急行「淡路号」が難波から直通した多奈川駅は、3面2線の規模が棒線ホーム一本になってしまった。

淡路へのメインルートとして賑わった深日港駅。今となっては無駄に広い改札や、柵で仕切られたホームが昔を物語る。

したが、使わなくなったホームが風化しながらも残っている。駅の手前には極楽橋よろしく3連の眼鏡橋、さらにその手前には赤さびた複線分の鉄橋…。

駅前の歩道橋に立ち、この3点セットの中を走る2両編成の電車を眺めてみよう。西日が廃ホームを照らす夕暮れ時など、どうすればこんなにも泣ける風景に仕上がるのか。とんでもない栄枯盛衰のドラマに、もしや南海電車は、故意にこれをやっているのではとさえ思わされる。

こうして見ると、南海線系統の終着駅である和歌山港・関西空港・多奈川は、いずれも結節点的な性格をもった、物理的に開かれた終着駅だ。一方で高野線の終着駅、極楽橋・高野山は精神的に深遠な境地へ向かう。この対比もある意味ではバロックではないだろうか。

在りし日の水軒駅。ホームに比して線路が多いのは、材木輸送を想定していたから。

南北の廃線と都市のダイナミズム。

水軒駅跡を歩く。

現在の南海線終着駅の和歌山港から、かつてはもう1駅先まで線路が延びていた。2002年に廃止された水軒駅だ。

この水軒駅、汐見橋駅にあった昭和30年代の案内図には載っていない。なぜか。水軒駅の開業は、和歌山港駅が旧築港町駅あたりから現在地に移転した昭和46年（1971）だからである。開業から廃止までは約30年間。その間ずっと、和歌山港駅の2番のりばから水軒までの約2キロを往復する列車は1日に2便しかなく、運賃表にも「係員におたずねください」の表記があった。

それにしても、である。現在は1日9本しかない和歌山港線も、以前は20往復以上あったはずだ。そのうち2往復しか水軒まで行かないとは、いかにも不思議ではないか。

こんな奇妙な駅をつくったのには、ちょっとした経緯がある。和歌山港駅の移転ついでに和歌山県が木材を運ぶために和歌山港線を水軒駅まで延長したのである。和歌山港の船着場はもとより、臨港地区である和歌山港線の線路の大部分、正確には「県社分界点」と呼ばれる旧久保町駅以南は、実は南海電車ではなくて和歌山県の所有物なのだ。

ところが、いざ開業してみると、材木輸送の主役はとっくにトラックに移っていた。結局、水軒

右／水軒へと続いた和歌山港1番線にはコンクリートの車止めが無情に立ちはだかる。左／水軒駅跡には県の遺跡が移設展示された。

駅は1回も本来の目的には使われなかった。だが、税金でつくった駅を有効活用しなければ、お役所がエラーを認めることになる。それはまかり成らぬ、とばかりに半ば放置しながら約30年間、1日2往復を走らせ続けた。要はメンツの問題だったのである。

　駅そのものもそうだが、廃止の理由がまた珍妙で「途中の踏切が渋滞の原因になっているので廃止せよ」との市民の声だという。なにしろ1日に2往復だから、4回しか閉まらない。通る電車も2両編成で、どう考えても開かずの踏切とはいえない。踏切前の一旦停止が渋滞を招くのだろうか。なんだか難癖のように感じるが、和歌山県も南海電車も文字通り渡りに船とばかりにあっさり廃止してしまった。

　わたしは大学生の時に、15時台の「最終電車」に乗って、この水軒駅を訪ねようとした。ところが、和歌山市駅にいたわたしに、こともあろうに自然のお呼びがかかった。個室に入ってスッキリしている間に水軒行きの終電は行ってしまった。ああ無情。

　そこで諦めるわたしではない。タクシーに乗り「大急ぎで水軒まで！」と告げる。しかし、水軒での停車時間は5分前後。哀れ和歌山港を過ぎて、水軒に向かう途中で上り終電とすれ違ってしまったのだ。それ以来、再挑戦を画策していたが、東京在住のわたしは結局それを果たせぬまま、この珍妙な駅は廃止されてしまった。やんぬるかな。

　ある日、わたしは21年越しの水軒リターンマッチを敢行した。今やサザンで行くのもなかなか大変な和歌山港駅から歩いて、である。線路跡のバラストや、架線柱を切った跡、キロポストまで残っている。花王の工場が煙突から吐き出す白い煙と、怜悧な満月とのバロック的コントラストに、脳内にヴィヴァルディやバッハだけではなく、レベッカの「Moon」が流れた。

　ただ、人気のない広い夜道を歩くのはあまりにも心細く、お勧めしかねる。水軒駅跡地に行きたいだけなら、和歌山市駅前から30番のバスに乗り、「大浦」から歩く方がずっと楽だ。この30番系統は途中の新和歌浦まで、かつての南海の路面電車「和歌山軌道線」のルートをたどる上に、新和歌浦から雑賀崎《さいかざき》を回る海岸線の景色もスリリングで、乗り応えたっぷり。つまり、バスに乗るのにもれっきとした理由をつけられる。ついつい「廃線跡を歩かないなんて軟弱かも…」との考えが頭をよぎるマニアさんも安心だ。

廃止間近の南海天王寺駅。心細さ爆発。写真はモノクロだが、カラーでもあまりの薄暗さに色彩は感じられないだろう。

天王寺支線の痕跡。

南端の水軒に対して、北端の大阪市内にも廃線がある。もともとは天下茶屋から天王寺まで伸びていた天王寺支線だ。天下茶屋が一大拠点になった今、南海沿線からあべの・天王寺に行くのに便利なのに、とも思うが、その一大拠点になった理由が、天王寺支線と引き替えに開業した地下鉄堺筋線なのだから仕方ない。

もっとも、天王寺支線の存在価値は、昭和36年（１９６１）に大阪環状線が全通し、その3年後に新今宮駅が設けられた時から、ひどく薄れてしまった。そもそも天王寺周辺から和歌山に行きたければ阪和線を使うだろうし。

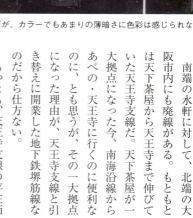

昭和59年（１９８４）に天下茶屋～今池町間が廃止され、天王寺支線は離れ小島になった。わたしはタクシーで水軒に行った大学生時代、廃止直前の天王寺支線も訪ねている。もちろんこの時は、既に離れ小島の天王寺～今池町間で、折り返し運転を行っていた。

ＪＲ天王寺駅のコインロッカーの裏あたりから薄暗い階段を下りると、そこには料金箱と、暗いホームがあって、汐見橋線と同じ１５２１系（ただし1両編成）が申し訳なさそうにたたずんでいた。チャリンと料金箱に１２０円を入れ、わたしは最初で最後の天王寺支線に乗った。

廃止から20年以上が経つ今も、天王寺駅前の跨線橋から見下ろすと、ちゃんと赤錆びた線路が残っている。いかにも「線路の跡でございい」と言いたげな、緩やかな曲線を描く敷地は、品のよくない落書きのある鉄板や金網で覆われ、あまり有効活用は進んでいない。

旧今池町駅の跡地は、阪堺電車と交差している。阪堺線の今池駅を過ぎたあたりだ。築堤や高架線を往く路面電車はあまり例を見な

今池町で阪堺電車と交差する天王寺支線（右）と、廃止間際の姿からは想像できない、天下茶屋まで達していた時代の天王寺駅（左）。

いが、上を走る阪堺電車は、天王寺支線が姿を消して以来、もう20年も下を何も通らないガードを渡り続けている。

都市のダイナミズム。

わたしは南海沿線のこうした雰囲気を愛して止まない。わざわざ用意したわけでもあるまいに、南の水軒、北の天王寺と、両端に廃線があるドラマティックなバロックさが面白いからだ。

そもそも、人間にはさまざまな側面があって、100%の聖人君子も、絶対悪もあり得ない。あなたも、もちろんわたしも。それは都市とて同じではないか。見た目や街並みは揃っていなくとも、婆さん、オッチャン、いろいろな人がリラックスして歩いていて、踏切があって、猫が散歩している。そんな光景こそ、都市の自然な姿ではないか。

これに対して、計画都市であるニュータウンなどは、綺麗事ばかりでつまらない。都市計画は「正しい」ものしか描かない。ショッピングセンターに全国規模のチェーンストアが入り、クリーンで金太郎飴的な街ができあがる。

しかしその内情は、だいたい同世代、同じくらいの社会階層、同じ程度の収入のある人々が入居して、タフな上昇志向とコンプレックスを併せ持つ奥様同士が仲のいいふりをしながら、旦那の出世や子供の進学などで見栄を張り合う、何かギスギスした関係を招きがちであると、経営コンサルタントとして街づくりに関わってきたわたしは感じている。

人間そのものが清濁併せ呑む存在であるように、都市も人間のさまざまな欲望に応えようと、清濁ひっくるめて併せ呑む。南海電車とその沿線には、きちんとその姿が、バロック的に、ドラマティックに現れている。これこそ真に都会的な沿線の魅力ではないか。

もともと南海沿線の堺や帝塚山などは、あの小林一三が阪急沿線を開発する際に手本にした街でもある。南海沿線の住民は、阪急沿線のわかりやすい高級に対して「元祖はコッチやで」とのプライドがある。ただ、その反面、この事実はあまり知られていないために、どこか屈折したコンプレックスをも併せ持つ。

その結果、名門天王寺高校の出身のわたしの友人など、ことあるごとに地元の素晴らしさを力説するため、外野の目には「地域愛が強い」と映る。ま、これはどの地域でも同じかもしれぬ。

南海電車が放つ、かくも美しく都会的なダイナミズムは、ニュータウン的、あるいは再開発的に牙を抜かれ均質化してしまった「都市」に対して、凄味のある疑問符を投げかけてはいないだろうか。

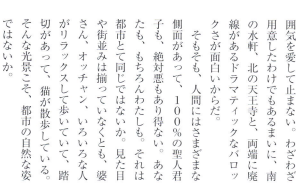

ズームカーの半世紀。

地上時代の天下茶屋を颯爽と通過する初代「丸ズーム」。天王寺支線の 1521 系の姿も。

山のスペシャリスト。

南海電車には「ズームカー」と呼ばれる車両群がある。何が一体「ズーム」なのか?

　高野線に乗って橋本を過ぎると世界は一変して、山登りが始まる。自動車ならセカンド〜サードとギアを使い分けて登るだろう。しかし電車は構造上、ギアチェンジはできない。モーターと車輪のを結ぶギアの比率はすべて固定。すなわち、ローギアの電車かハイギアの電車しかない。

　ローギアの電車はトルク（ねじる力）が強いので踏ん張りがきく。発進性能や加速力に優れるので、もちろん山登りに向く。山下りでのエンジンブレーキにあたる発電ブレーキもローギアでこそものを言う。反対に、ハイギアの電車は加速力こそ弱いものの、高速域に入るとスムーズに走れる。

　ズームカーは難波から極楽橋までの直行便、南海社内でいう「大運転」向けに設計した車両である。大運転では、平地は速く、上り坂は力強く走れなければならない。そのために大出力モーターをローギアでブン回す。つまり、南海沿線の地理的な要請に従って生み出されたものであり、バロックという南海のアイデンティティを体現する車両ともいえる。

　ずいぶんとムチャな設計だが、遠景も近景にも対応するカメラのズームレンズになぞらえて命名された。わたしは子供の頃、「窓が

1編成しかなかった虎の子の20001系デラックスズームカー「こうや号」。冬期は検査で運休するために丸ズームが代走した。

大きくて眺望がきくからズームカー」と思い込んでいた。しかし、子供には理解できないメカニカルな話だったのだ。橋本以南を走る車両はみなズームカーを名乗り、社内では「Z車」と呼ぶらしい。なんだかカッコいい。だから、特急「こうや号」の20001系はあくまでも「デラックスズームカー」で、ズームカーの一種である。

そのZ車は車体長17メートル。小型車である。一般の南海電車は20メートルだから、3メートルも短い。それもそのはず、大型のリムジンが路地での小回りが利かないのと同じで、20メートル車が車体をこすってしまう山道の急曲線でも、ズームカーなら踏み込める。

ほとんどの電車は、モーター付きの電動車に対してモーターのない付随車を、2対1や1対1くらいの割合でつないでいるが、ズームカーはハイパワーな「オールM」(＝全電動車方式)を採用する。しかも小型車ゆえに車体も軽い。その結果、1トンあたりの出力は附随車を連結した大型車の編成とは比べものにならない。自動車に喩えれば小型車体の4WD。いわばラリーカー仕様である。

初代「丸ズーム」と2代目「角ズーム」。

その初代、お腹に「急」「回」などの看板をぶら下げて走ったズームカー21000系、通称「丸ズーム」はなかなかの名車だった。南海の優等車両らしい凝った照明を備え、初期ロットはクロスシートを備え、よそゆきな雰囲気をまとっていた。現在も大井川鐵道(静岡県)や、一畑電車(島根県)にお輿入れして走っている。

丸ズームが登場した昭和33年(1958)前後は、概ね75キロワットモーターでオールMのハイスペックな「初期高性能車」が各社から続々と登場したユートピアだった(P232)。きら星の如き初期高性能車たちの中でも、丸ズームは小型車なのにモーター出力は90キロワット。十分すぎるハイパワーだ。しかも、ギア比は6・92。だいたい特急車で4・21や4・81程度だから、これはべらぼうに大きい。

つまり、4WDのラリーカーがずっと1速でモーターをブン回して走っているようなものだ。河内平野を時速110キロでカッ飛ばしてから悠々と山登りに挑む、まさにモンスターマシンだった。

さて、1960年代になると、高野線も沿線人口が増え、車両を量産する必要に迫られた。ところが、大運転の急行で走る丸ズームは小型車4両編成。つまり、一番混む列車を、一番収容力に乏しい車両が担当する。ここにジレンマ

2代目「角ズーム」。南海線の通勤車 7100 系と同じ顔だが、2扉に細帯をまとう姿はスペシャリストの気品がたっぷり。

が生じる。

オールMの電車は確かに高性能だが、製作費もかかればメンテナンスも大変で、だいいち電気を食って仕方がない。下手をしたら変電所が吹っ飛んでしまう。ちょうど、１００キロワットや１２０キロワットといった大出力モーターが開発されたこともあり、ほとんどの鉄道がモーターを積まない附随車をつなげて走るようになった。

団塊の世代の就職を機に激化するラッシュをさばくためにも、初期高性能車が夢見たユートピアは妥協を迫られ、輸送力志向にシフトしなければならなかったのだ。

ところが、走行条件が過酷な大運転の場合、そうは問屋が卸さない。やはり小型車、オールM&ローギアを採用せざるを得ない。そこで昭和44年（１９６９）に生まれたのが2代目の２２０００系、通称「通勤ズームカー」あるいは「角ズーム」である。

基本的に足回りは丸ズームと同一である。ただ、車体は両開き扉になったり、本線の７１００系と同じ顔になったり、照明も通勤車然としていたり、いくぶん実用的に、悪くいうと色気がなくなった。「通勤ズームカー」なる名称にも、「デラックスズームカー」のような優雅さは感じられない。

ただ、当時の標準的な緑の濃淡ではなく、丸ズームと同じ塗色の、淡い緑に濃い緑のストライプをまとった姿には、さすがに大運転のスペシャリストとしての気品があり、サマになっていた。

角ズームは、丸ズームと連結して6両や8両で走り、途中の河内長野、橋本、高野下などで切り離されていた。高野山まで行くのはあくまでも初代。2代目は混む場所で収容力のサポートに徹する名脇役といったところか。

急勾配を下りてきた３代目ステンレスズーム 2000 系の難波ゆき快急。貴公子然としたスタイルに、幌もキマっている。

ステンレスの貴公子。

丸ズームは登場以来、日々タフな大運転をこなして30年以上が経ち、さすがの名車もだいぶくたびれてきた。そこで1990年に、3代目の2000系ステンレスズームカーが登場する。

17メートル小型車体であるのは当然だが、先代よりさらに軽い軽量ステンレス車体を採用した。そこに、もちろんオールMだが、組み合わせたモーターの出力は100キロワット。1トンあたり出力はべらぼうなことになる。さらに粘着力のあるVVVFインバータ制御を採用したので、歯車比はやや落としたものの、依然としてずいぶん高いのには変わりがない。

ただしブレーキは、運転台のハンドルが空気弁に直結した、職人好みなアナログ式のままだった。特急こうや用のデラックスズームカー30000系（1983〜）で反応の速いデジタル式の採用実績がある上に、回生付きアナログブレーキは決して運転しやすくはないにもかかわらず、である。当初の構想では連結して走らせることにしていた、先代の角ズームとの互換性を考慮した結果である。

ところが、角ズームは車体こそ昭和44年（1969）製とそう古くはないが、足回りは昭和33年（1958）の丸ズームと共通設計である。いざつないでみるとそこには32年のタイムラグがあるわけで、あまりにも性能が違い過ぎた。登場がバブル絶頂期だったこともあり、結局、大運転用はすべてステンレスズームに置き換えることにした。

2000系のスタイリングは美しく、気品がある。横から見ると、小型車ならではのキュッと引き締まった車体。2扉の間に2連窓が並ぶプロポーションは抜群で、ため息さえ漏れる。

キュッと引き締まったボディに並ぶ2連窓。２０００系は横顔すら貴公子然としている。

正面の顔もハンサムだ。最近の南海電車に共通の美点だが、正面の貫通扉と、客室への仕切扉の天地が大きく、客室からの見通しが良い。運転台は客室から見て左側にコンパクトにまとめられ、L字型にカーテンで仕切るので、夜間も展望はばっちりだ。

２０００系は2両編成と4両編成とがあり、これらを橋本や高野下でつなげたり切り離したりするため、難波寄りの先頭車に幌がある。この幌も凛々しくキマっている。ステンレスズームカーの出で立ちは、まさに貴公子だ。

「赤鬼」4代目。

しかし、高性能極まるステンレスズームカーも、その根本的な弱点は解消しようがなかった。すなわち、最も混む大運転の快速急行を、最も収容力に乏しいズームカーが担当するのだ。20メートル車体に4扉を備える一般車両に対し、ズームカーは2扉17メートル車。しかも２０００系の後期ロットは、車端部にボックスシートまで備える。お世辞にも乗降性がよいとはいえず、ラッシュには向かない。

一般車両が4ドアセダンやミニバンなら、ズームカーはいうなれば2ドアクーペのラリーカーだ。堺東あたりで降りる際には「降りま～す」と声をかけ、ギュウギュウの人をかき分けて扉にたどり着かなければならない。悲しいかな、ハンサムかつ高性能であることなど無関係に、当然乗客の評判は芳しくはない。遅れにもつながってしまう。

こうして２００５年、ズームカーに転機が訪れた。高野線のダイヤ改正である。一番混む急行の大運転は激減し、ほとんどを難波～橋本間の運転として大型4扉の一般車両が担当することになり、ズームカーは橋本以南のみを走ることになった。要は、橋本で運転を切り分けたのだ。

とうにバブルは崩壊しており、コスト削減は至上命題だった。橋本以南をワンマン運転にすべく、２３００系ズームカー、通称「赤ズーム」またの名を「赤鬼」が登場した。スペックは２０００系とほぼ同じながら、丸ズーム初期ロット以来の転換クロスシートを装備した。

なるほど橋本以南は観光路線で、まずギュウギュウ詰めにはならない。クロスシートの方が快適だし、展望にも優れる。貴公子２０００系のDNAを受け継ぐ赤ズームは、大運転を担当する「高野線のゼネラリスト」ではなくなった。ただし、「山のスペシャリスト」としての性格はいっそう強まっている。

転換クロスシートを採用、ワンマン運転もできる4代目の「赤鬼」こと2300系。橋本での系統分断後の山の主だ。

2000系の約3分の1は南海線の普通車に異動した。

2000系のドラマ。

平坦線は一般車両、山は赤ズーム2300系。では、登場後わずか15年で働き場所を失った2000系ステンレスズームはどこに行ったのか？　廃車にしてしまうには忍びないから「休車」である。車検だけは通すものの、走らせない。否、走らせたくても使い途がなかったのだ。ああ、もったいない。2000系に代わり、難波～橋本間の急行としてバリバリ走っているのは、もっと古い電車なのに。まさに悲運の貴公子。

ところが、しばらくしてめでたく2000系は休車から復活、戦線復帰を果たすことになる。しかし今度は山ではなく、なぜか南海線に異動することになった。それも普通車専用で。本当は普通車には乗降性に優れた4扉車が向いているのに、あまり混まないので2000系の有効活用を図ったのだろう。正面に貼られた「2扉」ステッカー（＝混むし、乗り降りしづらいよ）が少々気の毒だ。

一方、残留組もいる。赤ズームが難波まで北上しないことになったので、数少なくなった大運転の急行や快速急行は今も2000系が担当するのだ。

それにしても、である。残留組は高野線快速急行、移籍組は南海線普通車とは…。2000系の運命は、あまりにも対照的ではないか。ああ、バロック。

角ズームのその後。

2000系ステンレスズームと一緒に山を走る予定だった先々代の22000系角ズームだが、山を下りた後、そのままお星様になってしまったわけではない。

多くは1桁減らして「2200系」を名乗り、輸送力を要求されない支線に転用された。加太線、多奈川線、高師浜線のほか、以前は和歌山港線の普通車でも走っていた。高野線の反対側、汐見橋でも走っている。要は、わたしが大学生時代に天王寺支線や汐見橋線、和歌山港線などで見かけた旧型車1521系を置き換えたのである。さらに貴志川線（現和歌山電鐵）にも行って、「たま電車」「おもちゃ電車」「いちご電車」になった仲間もいる。熊本電鉄にお輿入れした車両もいる。

21世紀になり、支線の輸送量が目に見えて減ってきた。汐見橋線が20分間隔から30分間隔になったり、和歌山港線の普通車が廃止されたりと、角ズーム2200系の必要本数も減ってきた。

一方で、鉄道ブームが巻き起こる。そこで南海電車は輸送量の減った高野線をテコ入れすべく、2200系のうち1本を「こうや花鉄道 天空」に改造した。後輩

ズームカーの独擅場、橋本以南に行くなら「天空」のパンフレットは必携！

山を下りて2200系を名乗った角ズームだが、1本が「天空」として返り咲いた。

のステンレスズームが山を下りる一方で、角ズームの1本が再び山へと戻ったのである。

しかも、かつての丸ズームの脇役から、特急「こうや」をも凌ぐプレミアム級の主役への昇格である。車内には高野槇の絵や、モリアオガエルのイラストが賑々しく、外の景色を見下ろす扉があったり、畳のコーナーで物販をしていたりと、気合の入った改造ぶりだ。さらに天空は自由席車両として２０００系ステンレスズームを従える。こんなところで、今更ながらに２０００系や２３００系まで引きずったアナログブレーキが役に立つとは。

天空でなくても、橋本以南には貴公子２０００系、赤ズーム２３００系、特急こうや用の３００００系・３１０００系と、愛すべきズームカーもよりどりみどりだ。３００００系の特急こうやの車内は、茶色い扉や丸ズームからの流れを汲む照明が純喫茶を思わせる。ピンポンパンポーンと鳴る車内放送のチャイムと共に、わたしたちを昭和へと誘ってくれる。

幸いにも南海電車は前面展望に優れる。高野下以南では「50‰《パーミル》」の標識は見逃せない。1キロ進む間に50メートル登る急勾配の連続に、しびれること請け合いだ。大した坂でないと思うかもしれない。だが、電車はアスファルト上をゆく自動車のゴムタイヤや人間の靴とはまるで摩擦係数が違う。鉄輪が鉄路をスリップせずに上り下りしなければならないのだ。

さあ、駅で配っているパンフレットを手に橋本以南に出かけよう。ズームカーに要求される性能の過酷さや、4代にわたる波瀾万丈のドラマを噛みしめつつ。

昭和テイストを満喫できる特急「こうや」30000系も貴重。

昭和 60 年（1985）登場の「サザン」10000 系は、最古の私鉄・南海 100 周年にちなんだ命名。

タイムマシンでGO!

駅名標はタイムカプセル。

南海電車は、日本で最古の私鉄である。昭和60年（１９８５）にデビューした「サザン」の１００００系は開業１００年を記念しての命名である。先述した高野下駅のホームには、昔の「羽車」の社章などが、どんどん現代風にアレンジされてきた様子も展示している。

わたしはこのような社章や駅名標や発車案内器に現れる、サインシステムのパッセンジャー・インターフェイスに関心がある。１９８９年に導入した南海電車のそれは、翌年、日本サインデザイン協会が主催する「第24回ＳＤＡ賞」受賞歴がある力作だ。種別色カラーがピッと入った下線など、なかなかハイセンス。最下段に南海線＝水色、空港線＝紫色、高野線＝緑色のラインカラー、その上に灰色の地色が入る現在の駅名標も垢抜けた意匠だ。ラインカラー上にはローマ字など、灰色地上には白抜きの漢字で隣の駅名が入る。

和文フォントは、「ゴシック４５５０」という。営団地下鉄（現東京メトロ）が昭和47年（１９７２）にサインシステムを整備した時に導入した名作で、タテとヨコの比率をあえて45対50として視認性を高めているのがポイントだ。

ところが、南海電車のすごさは、ここまで質を追求していながら、昔のデザインのサインシステムを放ったらかしにしておく点に

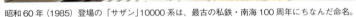

SDA 賞に輝く南海電車のサインシステム。四カ国語表記や、駅ナンバリングへの対応など、細かい改良が続くが…。

ある。本業であるデザイナー機能を持つ経営コンサルタントとしてのわたしは、こんな放ったらかしはあってはならないと思う。そもそも現在のサインシステムの導入は１９８９年ではないか。四半世紀を優に過ぎている。

ただ、一方で、新旧混在のバロック的魅力を愛する道楽者のわたしもいる。駅名なんて、わかればいいじゃん。面白いんだし。

この場合、勝利するのは道楽者のわたしである。別に、たまに乗客になる以上の南海電車との利害関係もないし。したがって、２０１２年に駅ナンバリングを採用した時は全取っ替えを危惧したものだ。だが、単に既存のものに番号シールを貼っただけだった。やれやれ。

駅名標デザインクロニクル。

すでに変わったものも多いが、旧デザインの駅名標コレクションといこう。忠岡①や深日町②には1世代前の駅名標が残っていた。最下段にある青のラインカラー上に、平仮名で隣の駅名が入る。細かいところまで見比べてみると、フォントや字間・行間のスペースのとり方に統一感がない。ま、だからこそ後年、サインシステムが制定されることになったのだろう。

高野線の河内長野③のそれは、ラインカラーが緑色なので南海線と分けているのかと思いきや、さにあらず。高野線の天見④や木津川は同じ世代ながら、最下段の色は青だった。どうやら河内長野だけ特殊仕様だったようだ。高野線の両端、汐見橋⑤と高野山⑥の駅名標は、この1世代前のレイアウトではあるが、下段の青色が入らない。

2世代前のレイアウトも残っている。T字型に区切った下段に隣の駅名を入れる、かつての国鉄でおなじみの古典的なタイプだ。高野下や北助松⑦の駅名標は、垢抜けてスッキリした角ゴシックのフォントを使っている。高野下の裏側、加太・深日港・淡輪・住吉東⑧も同様のレイアウトだが、太丸ゴシックとでも呼ぶべき手書き風の書体を用いていた。

わたしは、この1世代前や2世代前の駅名標を見るにつけ、レコードからダビングしたカセットテープを美しく彩るべく、レーベルやテープ本体にインスタント・レタリングを必死こいて転写していた中学生の頃を思い起こす。書体こそ統一感があって美しいものの、微妙な手作り感がこそばゆかったものだ。

さらに蛸地蔵⑨や西ノ庄や樽井⑩は…毛筆だった！　いったいいつまで使っていたのだろう。わたしは１９９６年、関空発の最終便で帰京するため、初めて乗ったラピートの車内から毛筆の「たこじぞう」を見た時の衝撃を忘れられそうにない。ただでさえ駅名に強烈なインパクトがあるのに、毛筆とは。なんだこれは、故意にやっているのか？　わたしが乗っているのは最新鋭の特急のはずだが…。以来、新しくなった今も岸和田の発車後は、つい窓の外に目をこらすようになった。

また、和歌山港⑪の駅名標もただごとではなかった。毛筆ではあるが、旧築港町駅付近から現在地に移転してきたのは昭和46年（１９７１）。翌年生まれの筆者としては「それほど昔のことではない」感覚がある。１９９３年、水軒から戻ってきたタクシーを和歌山港で降りた大学生のわたしは（P75）、東京の営団地下鉄が名フォント・ゴシック４５５０を

歴代の駅名標コレクション。駅ナンバリング実施後も、そのほとんどが近年まで残っていたが、プリンターから出力した現デザインのシートを上から貼られて、急速に数を減らしつつある。確認しに出かけてみよう。

使ってサインシステムを統一しようとしている時代に、わざわざ新たにこの意匠を起こすとは、と思ったものだ。

もちろん当時、下段には「ちっこうちょう—すいけん」の文字が入っていた。9年後の2002年に水軒を廃止した際、てっきり駅名標を更新するのかと思いきや、「ちっこうちょう—　　　」と、単に水軒の駅名を消しただけだった。

さらにその3年後、築港町駅も廃止した。今度こそ取り換えだろうと思ったものの、わざわざ「わかやまし—　　　」と旧来の書体で書き換えてあった。当時、北端の難波では、ハングルや簡体字を書き加えるマイナーチェンジが進行中だったにもかかわらず、である。バロックにも程があるぞ南海電車！

よしんば駅名標が統一されても、のりば案内がある。いったい何パターン用意されているのだろうか。

小駅にも個性が光る。

わたしは駅を通過するたびに駅名標を見ずにいられぬよう、見事に南海電車に調教されてしまった。ところが、今更ながらの観を免れ得ないが、急速に旧型の駅名標は姿を消している。それもアクリル板をつくり直すのではなく、現在の意匠をプリンターで出力し、上からラッピングするような方法で。

取材時点で残っていた北助松などが消えるのも時間の問題かもしれない。汐見橋線の各駅もとうとう更新された。が、駅名標以外はそのままなので、まさしくバロック的な新旧のコントラストが際立っている。

ただ、あきらめるのはまだ早い。駅名標の統一が進行する今も、のりば案内にはいろいろなタイプが混ざっているのだ。

たとえば、「難波」が平仮名だったり漢字だったり。樽井には通常のもののほか、丸ゴシック風のフォントで「難波・堺・岸和田方面」「和歌山市・みさき公園方面」と書かれたものがある。羽倉崎にも同種のものがあるが、こちらは青地に白抜き文字だ。また、鶴原の2番のりばには「難波方面」とだけ書かれた簡素なものがある。

ちなみにこののりば案内表示は、たとえば難波駅なら「堺 岸和田 泉佐野 和歌山市方面」と手前から書くのが関東流、「**和歌山市** 泉佐野 岸和田 堺方面」と終着駅を大きく書いた上で奥から書くのが関西流である。ま、わかればいいということなのだろう。いずれにせよ、駅名標にあまり期待が持てなくなった今、わたしは「のりば案内のフォーマットの違いを確認するために各駅で降りてみろ」との実に馬鹿くさい誘惑と闘っている。

もっとも、これらのパッセンジャー・インターフェイスに留まらず、駅そのものにも個性が光る。きわめて簡素な駅がある一方で、優等列車が停まらなくとも、きらりと光るゴージャスさや美しさを有する小駅もある。

筆頭が辰野金吾の手による、明治40年（1907）築の洋風駅舎として名高かった浜寺公園である。隣の諏訪ノ森も、券売機の下にあしらった木材、石や柱など、泣けるほどの美がディテールに宿

私鉄最古の駅舎として知られた浜寺公園駅（上）。明治40年以来、109年間も現役だった。隣の諏訪ノ森駅舎（下）と同様に、高架化後は保存されることに。

り、実にゴージャスだった。ただ、現在進行中の高架化工事が完成に伴い、登録有形文化財でもあるこの両駅は、お上品に姿を変えてしまうこととなった。

ステンドグラスは、諏訪ノ森のほか、高師浜や、大正14年（1925）以来の瀟洒な蛸地蔵駅舎にもある。とんがり屋根でゆったりとした淡輪も、駅舎の美しさでは引けをとらない。いやはや、130年の歴史は伊達ではない。

「愛が、多すぎる。」の破壊力。

関東の大手私鉄５社のコーポレートスローガンをご紹介しよう。「あんしんを羽ばたく力に」「美しい時代へ」「あなたと あたらしい あしたへ」「出かける人を、ほほえむ人へ。」「いろんな笑顔を結びたい」。さて、どれがどの鉄道かおわかりだろうか。

正解は順に京急、東急、京王、西武、京成。だが、「どうしてもこの会社でなければならない」という個性は感じられない。シャッフルしたとしても違和感はない。たぶん。

そもそも鉄道会社には安全という最高責務があるために、自ずと保守的な企業文化が醸成され、その結果コーポレートスローガンも無難なものに落ち着きがちである。

ところが2015年に南海が発表したブランドスローガン「愛が、多すぎる。」にわたしはブッ飛んでしまった。ぜんぜん無難じゃない。これまでの（まだ使っている？）「Fine & Bright NANKAI お客さまとともに」より100倍いい！

しかも引っ張り出したタレントが、あのトシちゃん。なんてとんがっているんだ。そのトシちゃんの歌に合わせて踊る「南海体操」なんて実にゴキゲンだし、ＪＲや他の私鉄に向かって、「真似できるか！」と啖呵を切るような爽快感がある。こんなコピー、南海にしか使えない。

そもそも「多すぎる」ですよ。自嘲気味なまでに過剰の美学を表現しているではないか。まさにバロックである。

クリエイティブワークを手がける経営コンサルタントであり、物書きの端くれであるわたしは「愛が、多すぎる」のキャッチコピーと、それを採用した南海電車の経営陣の度胸に対して賛辞を惜しまない。本来、コーポレートスローガンとはかくあるべきなのだ。

昭和 38 年（1963）に登場した 6000 系は今なお全 72 両が現役で活躍するオールステンレスカー第 1 世代。

タイムマシン1号、高野線6000系。

わたしは冒頭で、汐見橋を「亜空間」と評した。だが、どうやら亜空間は汐見橋だけではなかったようだ。

　これまで味わってきたように、その時々の意匠や記憶を封じ込めたタイムカプセル的な駅が連続する南海電車の路線そのものが、時空が歪曲した亜空間、あるいは磁場なのだ。この亜空間をゆく南海の車両こそは、「タイムマシン」と呼ぶにふさわしかろう。

　タイムマシン1号は高野線を走る6000系だ。大型20メートルのオールステンレスカーで、2両に1両が100キロワットモーターを積み、ギア比は5・31と、ズームカーとは明らかに異なる1960年代的な「普通の電車」である。なぜこれがタイムマシンなのか。

　かつてのステンレスカーには、枠組みは普通の鋼鉄で外板だけステンレスを用いるスキンステンレスタイプもあったが、骨組みが早い段階で傷んでくるため、次第に骨組みからステンレスでつくるオールステンレスが主流になった。

　昭和37年（1962）に登場した、日本のオールステンレスカー第1弾の東急7000系は2000年に姿を消したものの、大改造を受けて7700系になったり、地方私鉄に払い下げられたりして、現在も多くが生き残っている。第2弾の京王井の頭線3000系も2011年に引退したが、こちらも多くは地方私鉄にお輿入れするなど、見事に長寿命化を達成した。

　高野線6000系は、これら関東の2系列の翌年につくられた第3弾であるが、なんと御年50歳を超えてもなお、全車が現役で難波～橋本間で健脚を誇っている。

6000系のディテール。今日では主流となったオールステンレス車体だが、硬くて加工しにくい素材特性ゆえに、先頭部だけはほとんど普通鋼やＦＲＰを用いて複雑な意匠を表現している。だが6000系は、叩き出し加工の職人技によって複雑な三次元曲面を表現した。優雅さを重視する関西私鉄ならでは。

ステンレスは保守が楽で長寿命ではあるが、曲面加工は難しい。したがって第1弾の東急７０００系は直線的で武骨な機能一点張りの車体だった。京王３０００系は苦肉の策でプラスチックを用いて曲面部分を表現していた。

登場後半世紀を経た今、６０００系の曲面的な車体をみると、他社を含むその後のステンレスカーと比べても、抜群の優美さを感じる。無理矢理にでも職人が叩き出し加工を施したあたりが、関西私鉄の面目躍如だ。雨をかぶらないようにする水切りや、片開き扉などにも「曲面的で上質なクルマにしか乗せたくない」との美意識が働いている。

それにしても、ギザギザのコルゲート板（波形補強板）をまとった銀色の車体は、50年前の乗客の目には、ぶっ飛ぶほどに未来的に映ったのではないか。今は古典的に見える、当時の未来的な車体。三次元的な車体角の曲面処理が、古典と未来との緊張関係を描いているようだ。いうなれば「過去から見た未来」。このレトロフューチャーな感覚は、かのシトロエンＤＳにも通じる。

タイムマシン2号、おなじみラピート。精神の自由を体現するかのようなこんな電車、どこを探しても走っていない。

タイムマシン2号、ラピート。

半世紀前に生を受けた6000系は、結果的にレトロフューチャーになった。だが、けしからんことに南海電車には、初めからレトロフューチャーを狙った車両をつくった。それこそタイムマシン2号。そう、1994年に登場した、かの50000系ラピートである。

コンセプトそのものがレトロフューチャーを掲げたラピートは「未来はこんな風になるだろうと過去の人が予想してつくった車両」をつくったのだから、まったく時代を反映してはいないし、未来永劫沿線風景には溶け込むまい。どこかしら浮いた「永遠の異物」であり、乗客は永遠のエトランゼだ。だが、それがいい。ラピートはタイムマシンなのだから。

ラピートは、意匠を蒸気機関車に倣ったという。公式には言及さ

れていないが、わたしはその蒸気機関車の正体は、かの満鉄「あじあ」号の機関車パシナではないかと思う。あじあ号は、戦前および戦中に技術の粋を集めて製造され、欧亜連絡やフロンティアの夢を乗せて、大連〜奉天（瀋陽）〜新京（長春）〜哈爾浜《ハルビン》間を疾走した。乗客たちも、あじあ号で生涯忘れ得ぬパッセンジャー・エクスペリエンスを味わったに違いない。

わたしは関西から帰京する際に、しばしば関空発の最終便を利用する。その際に、多くはラピートを選んで乗る。難波周辺にいる時はもちろん、梅田や天王寺にいたり、はたまた京都や大津にいても、である。

それも、新今宮や天下茶屋からではいけない。たとえ重い荷物を持って3階までエスカレーターを上るのが多少おっくうでも、あのゴージャスな難波駅で、ゴージャスなラピートのスーパーシートに乗り込むのでなければ、パッセンジャー・エクスペリエンスとしては画竜点睛を欠く。

難波から関空に向かう際、わたしはモーターの音が聞こえる5号車を選ぶ。逆に、スイスホテル南海大阪にチェックインすべく難波に向かう際には、6号車を選ぶ。改札口に近い前方から降りようと、レギュラーシートの乗客がスーパーシートの5号車を通り抜けるのに煩わされずくつろぐためだ。そんな理由を知ってのことか、ホテルのベルマンも6号車の前で待っている。

ラピートがタイムマシンとして現代に甦ったあじあ号なればこそ、窓や座席の脚台など、随所に設けた楕円のモチーフをはじめとした、過剰なゴージャスさにも説明がつく。乗車時間はたかだか30分程度にすぎないにもかかわらず、である。

ところで、たまにマニアさんを中心に「ラピートは南海電車の特急車の系譜といった文脈を無視している」との声が聞こえてくる。だが、わたしに言わせればその批判は的外れだ。

ラピートの客室の照明には、南海電車の歴史へのオマージュやリスペクトが宿っている。真ん中に一列、窓の下にも並んだ照明の配列は、丸ズームやデラックスズームカーの特急こうや号、現在のサザンやこうやにも共通だ。

関西空港で発車を待つ。濃紺の車体に、楕円の窓から漏れる電球色がムーディ。

窓の外に広がるドラマ。

それでも、ラピートが浮いている事実に変わりはない。そもそもタイムマシンとは、いつの時代にあっても突然放り込まれた「ニュートラルな異物」である。未来からやってきた乗り物といってもいいかもしれない。

だから、登場20年を記念して「機動戦士ガンダム」とタイアップし、真っ赤になったラピートが現れた時、わたしはまったく納得してしまった。真っ赤なラピートの、ヒョウ柄の座席から悠々と降り立ち、スイスホテルのベルマンに恭しくかしずかれてこそ、ジオン軍の将校だ。

そんなラピートの楕円形の窓から飛行船が見えたことがある。今時、飛行船など滅多に見かけないものだが「ああ、タイムマシンの窓からなら、飛行船が見えても不思議じゃない」というのがその時の感想だった。

粉浜あたりの古い高架線、古い駅名標が残る北助松、高架化された泉大津、忠岡あたりの踏切、改装なった泉佐野、あるいは関空連絡橋…どこを走ってもまったく溶け込んでいない。どこに行っても異物である。だがしかし、それでいいのだラピートは。

そもそも南海電車の沿線風景は、いくつもの時代が入り混じったドラマに彩られている。だからこそ、それをニュートラルなタイムマシンから眺めると、主体が客体化して、さらに輝きを増すのではないか。

ラピートに乗り、南海沿線の風景を眺めてみてほしい。楕円形をしたタイムマシンの窓から覗いた世界は、もっとバロックに、もっとドラマティックになる。役者が見得を切る舞台。それこそが南海電車なのだ。

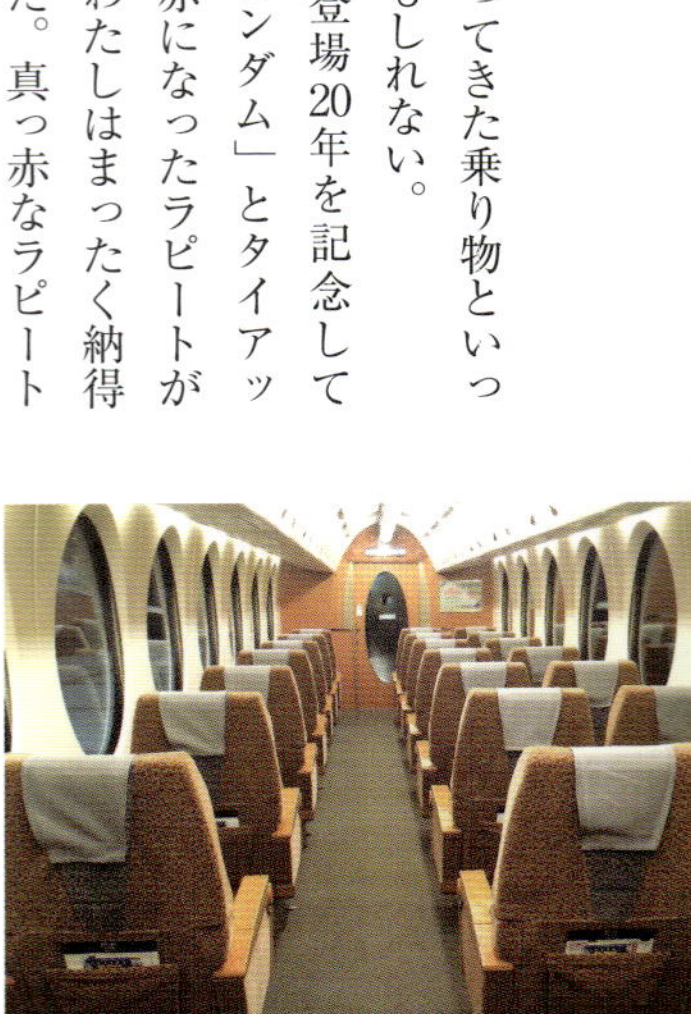

中央1列の蛍光灯と窓下照明は、南海の優等車の文法を踏襲する。

やってみよう！

南海電車の
バロックのドラマを
体感する10の方法

1
スイスホテルに泊まって、難波駅のホームまでベルマンに迎えに来てもらおう。
【P64】

2
汐見橋駅や木津川駅の哀感を味わおう。
【P66】

3
10000系サザンの昭和レトロを満喫しつつ、連絡船に乗り継ごう。
【P70】

4
天王寺支線や水軒など、手軽に味わえる廃線跡ウォークに挑戦しよう。
【P74】

5
快速急行・急行の極楽橋行きに乗り、2000系本来の性能を体感しよう。
【P81】

6
橋本～極楽橋間で天空・2300系・こうや・2000系を乗り比べよう。
【P85】

7
各駅の駅名標や「なんば方面」「難波方面」の混在をチェックしてみよう。
【P86】

8
「愛が、多すぎる。」のCMに合わせて踊り、南海電車の過剰さを体で感じよう。
【P91】

9
6000系の曲面を観察して半世紀前の加工技術に感嘆しよう。
【P92】

10
ラピートαのスーパーシートで天下茶屋～泉佐野ノンストップをたのしもう。
【P94】

【私鉄王国用語集】

南海電車編

【ヒゲ新《しん》】

今でこそ南海電車といえば銀色のボディにオレンジやブルーのラインといったイメージだが、その昔は鮮やかなエメラルドグリーンの車体の電車が主流だった。ダークグリーンの細い帯も入ったフェイスはヒゲが生えているようにも見えることから、デビュー時には「ヒゲ新」（ヒゲの新車両）の愛称も。そう言えば、かつての南海ホークスのユニフォームはグリーンが基調だった。

【南海ビル】

難波駅と共に、髙島屋なども入る壮観この上ないターミナルビル。南海電鉄の創立50周年記念事業として、昭和5年（1930）から7年にかけて開業した。2007年から2009年にかけてのリニューアル工事によって現代的な機能性を高め、外観は伝統的な意匠を残しつつ、輝きを取り戻した。夜にライトアップされた姿には思わず息を呑む。大阪市による生きた建築ミュージアム・大阪セレクションにも選ばれている。

【ロケット広場】

南海ユーザーの待ち合わせ場所と言えば、難波駅のロケット広場だった。昭和53年（1978）、なんばCITYの開発テーマであった「21世紀を指向するロマンの世界」を象徴するモニュメントとして設置。高さ32メートル超、中心部の直径2・4メートル、重さはなんと18トンを誇ったロケットは、日本初の静止衛星を打ち上げたロケットと同一形式だったそう。2007年、惜しまれながらもロケットは撤去され、現在は「なんばガレリア」となった。大階段のある吹き抜け空間の解放感が、ロケットの大きさを偲ばせる。ちなみに、ロケットはどこへ行ったのかと問えば、「飛んでいったんや」と答えるのが定番ギャグ。

【551】

南海電車の紙袋遭遇率でトップ争いをリードするのが、「551蓬莱」。テイクアウトできる店舗の数を調べてみると、なんば駅店だけで4箇所。改札内のラピート乗り場の近くにもしっかりある。缶ビールと一緒にここで豚まんを買い、関空へ向かう車内で大阪との別れを楽しむという出張族の声多数。

【南海そば】

南海電車の駅構内などで営業する駅そば店。特に難波駅の店はカウンターに置かれた割り箸が渦巻き状に盛られ、まるで何かのオブジェのようになっている。駅そば好きの間では、いち早くイカ天を採用したことでも知られているらしい。

阪神電車

HANSHIN

阪神電気鉄道株式会社
創業：1899年
本社：大阪市福島区
営業キロ：48・9キロ

明治32年（1899）に設立。6年後に営業開始した日本初の都市間電車（インターアーバン）。昭和8年（1933）に神戸地下線の開業で全線が専用軌道化し、昭和14年（1939）には大阪地下線により現梅田駅が開業。昭和58年（1983）に大手私鉄で最初に冷房化100％を達成。平成10年（1998）には山陽電車と梅田～姫路間で、2009年には阪神なんば線開業で三宮～奈良間で近鉄と相互乗り入れを果たし、ネットワークの中核を担う。

淀川の鉄橋を渡るジェットカー。淀川〜姫島間

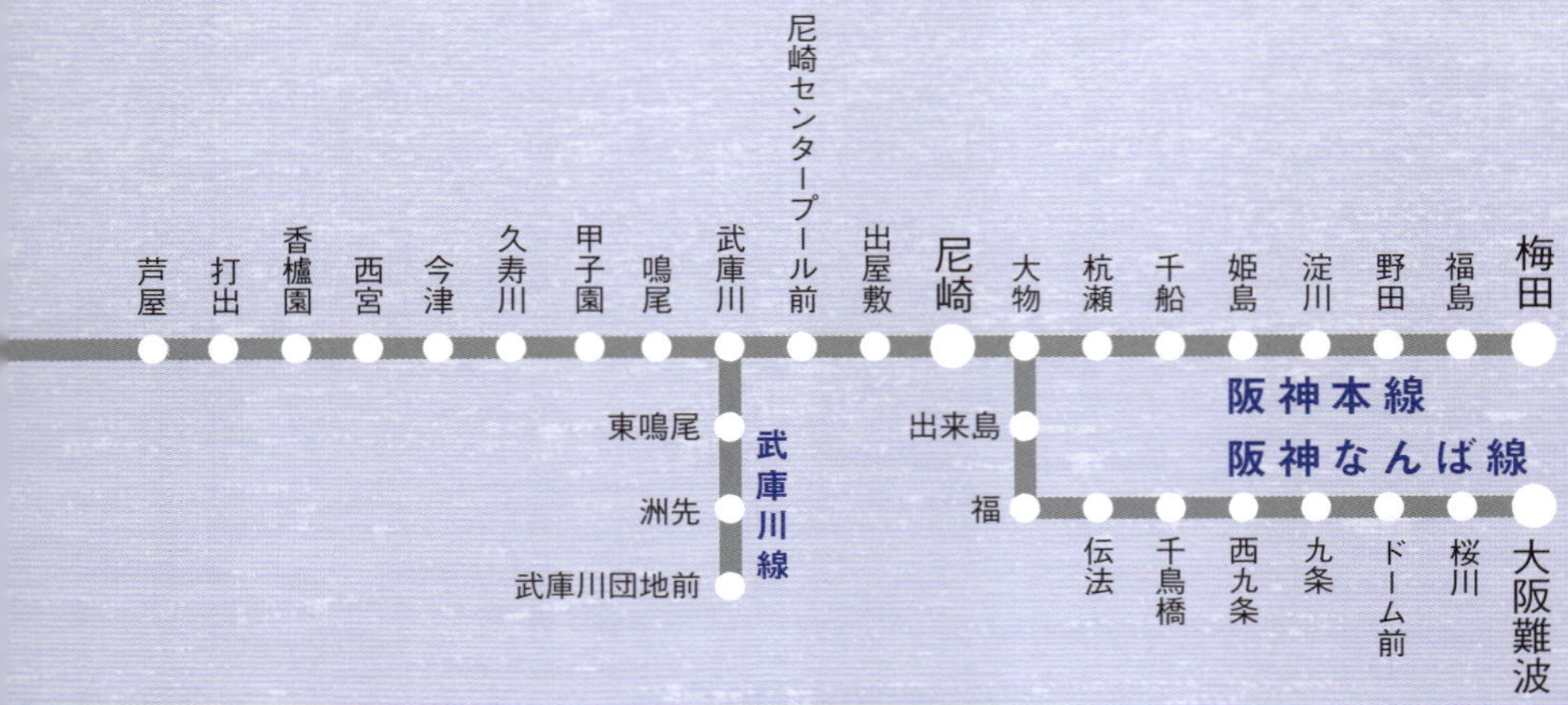

「速い電車」とは何か？

バスのように街から街をつなぎ、駅間が非常に短いことで知られる阪神電車。開業時からひたすら追究してきたのは、電車を速く走らせることだった。しかし、阪神が求める「速さ」とは、電車の時速という単純なスピードでもなければ、目的地に早く着くことができるという時間の話でもない。移動手段としてのスマートさや合理性まで意識した、「電車に乗る」という行為全体を速くしようとするところに、阪神電車のアイデンティティを見出せるのである。

阪神電車の「速さ」の象徴、普通列車「ジェットカー」。高速神戸ゆきだから速いわけではない。

速くなければ電車じゃない。

阪神間の競合3社比較。

わたしは断言する。「阪神電車は、速い」。あなたは納得できるだろうか?

試しに大阪梅田〜神戸三宮間を走る阪急・JR・阪神の3社を数字で比較してみよう。営業距離に大差はない。しかし、最高速度はJR新快速の時速130キロ、阪急神戸線特急の時速115キロに対し、阪神電車の特急は時速106キロにすぎない。

では、駅の停車時間を考慮した「表定速度」を算出してみよう。途中、尼崎・芦屋の2駅に停まり、阪神間を22分で結ぶJRの新快速は時速83・5キロ。十三・西宮北口・夙川・岡本の4駅停車、阪神間27分の神戸線特急は時速71・8キロ。だが途中、尼崎・甲子園・西宮・芦屋・魚崎・御影と6駅にも停まり31分を要する阪神特急は、時速60・4キロに留まる有様だ。

速達便で勝てなければ、各駅停車はどうか。JRは阪神間15駅。平均駅間距離は2186メートルである。阪急神戸線は全16駅、平均駅間距離は2153メートル。阪神電車はなんと33駅。平均駅間距離は975メートルと、1キロにも満たない。

それでもわたしは断言する。阪神電車は「速い」と。否、百歩譲って阪神電車は「速さを追求している」とでもいうべきか。

阪神間を走る3社の比較

	営業距離	種別	最高速度	停車駅数	所用	表定速度	全駅数	駅間距離
阪急	32.3km	特急	115km/h	4駅	27分	71.8km/h	16	2153m
JR	30.6km	新快速	130km/h	2駅	22分	83.5km/h	15	2186m
阪神	31.2km	特急	106km/h	6駅	31分	60.4km/h	33	975m

いかにも速そうな社章は「阪神」ではなく「電気鉄道」がアイデンティティ。

日本初の「電気鉄道」として開業。

スピードこそ阪神電車を読み解くキーワードだ。それは開業時に生まれた社章からすでに現れている。阪神電車の車体には、レールを四つの稲妻が囲む図柄の社章が輝く。どう見てもこの意匠からは「阪神」や「大阪」「神戸」「Hanshin」といったイメージは伝わってこない。強いていえば四つの稲妻が「ハ」に見えなくもないが、それはこじつけだ。

実はこの社章に「阪神」などの意味は一切、込められていない。見ての通り、稲妻は電気、レールが鉄道。明白な記号である。つまり、「阪神」電気鉄道ではなく、阪神「電気鉄道」をアイデンティティとしてアピールする社章なのだ。なぜか？　日本に初めて「電気鉄道」なる概念を持ち込んだのが阪神電車だからである。

阪神が「電気鉄道」を強調したのは、それが「単なる鉄道」に対するアンチテーゼでもあったからだ。では、単なる鉄道とは何か。それは電車ではなく汽車、つまり蒸気機関車で客車を牽引して走らせていた、明治時代の鉄道省（後の国鉄、今のＪＲ）である。

現在はＪＲ神戸線と呼ばれる阪神間の路線の本名は東海道本線（東京〜神戸間）。東京〜京阪神間の輸送はもちろん、山陽本線とともに東京〜下関間を結び、下関からは連絡船で九州や朝鮮半島、さらに中国大陸やシベリア鉄道を経由して欧亜連絡ルートを形成する、東の横綱とでも呼ぶべき壮大なスケールの大幹線であった。

このような「天下の東海道本線」が、果たして阪神間ごときに構っていられるだろうか。そもそも当然、小回りが利くわけがない。かたやユーラシア大陸を目指す乗客、こなた「ちょっと大阪から神戸まで」の用務客。大は小を兼ねるとはいえ、双方のニーズを満たすのは余程の難儀だといわざるを得ない。そこで、とはいえ決して乏しくはない阪神間の移動需要に目をつけたのが阪神電車だ。

ところが、である。いざこの鉄道建設の免許を申請しようにも「提出先がマズいんちゃう？」との議論があがった。現在の国土交通省は、運輸省と建設省とを統合して発足したが、鉄道事業法を根拠法に鉄道行政を取り仕切ってきた監督官庁はもちろん運輸省である。さらにその前身をたどると運輸通信省、さらには当の鉄道省。つまり、お国に喧嘩を売るとはまかり成らん、と握りつぶされる危険性が大きい。

そこで相手を変えることにした。鉄道行政を司る運輸省に対して、道路行政は建設省。道路を走る路面電車の根拠法たる「軌道法」も建設省の管轄である。「相

大正時代の梅田停留所。開業時の大阪側の始発は出入橋だったが、翌年には早くも出入橋〜梅田間の仮線の営業を開始。

手は縦割り行政やから運輸省からの横槍は入らへんやろ。なら路面電車にしよ」と、作戦を変更した。こうして阪神電車は、軌道法に基づく路面電車として、後に建設省の機能を担う内務省に免許申請のおうかがいを立てた。

開業早々スピードオーバー?

果たして作戦は功を奏し、無事に免許は下りた。ところが路面電車は基本的に、道路上の「併用軌道」を走るものだ。当然、鉄道のみが走る専用軌道ほどスピードを出せるわけなどなく、阪神電車のコンセプトに反することになる。

しかし、開業時点の阪神電車には、神戸市内と御影付近に併用軌道があるにすぎず、残りはすべて専用軌道だった。併用軌道の割合は路線全体の16%。確信犯的に鉄道省に喧嘩を売ったと言わざるを得ない。

なぜこんな無茶が可能だったのか? 交渉の過程で、時の古市公威内務省土木技官から「どこかに併用軌道があればよかろう」との、(かなり甘めの)拡大解釈を引き出したのである。阪神電車はこうして、明治32年(１８９９)、阪神間をスピーディーに移動する都市間電車として設立された。

明治38年(１９０５)4月、晴れて阪神電車は開業した。「路面電車」での開業だから、当然軌道法に準拠して営業しなければならない。当時の軌道法では、電車の最高速度をメートル換算で12・9キロと定められていた。これに基づき阪神電車は、阪神間を１２０分で結ぶとのダイヤで免許を申請した。

しかし、鉄道省からの乗客奪取を裏の、あるいは真の目的とする阪神電車がおとなしく引き下がるわけはなかった。なんと阪神間を90分で結んだのである。

設計最高時速80キロ（どこでそんなに出すんだ！）で製造された開業時の車両。

しかも停車時間などを含む表定速度を計算してみると時速20・7キロ。…ちょっと待て！　どうすれば表定速度が最高速度より高くなるというのか。まったくもってスピードオーバーではないか。

それもそのはず、開業前に発注した車両はなんと設計最高時速80キロ。どこでそんなに出すんだ！　どう考えても路面電車ではない。

速く走れる阪神電車が好評を集めるのは、当然のなりゆきだった。気をよくしたのか、開業1ヶ月後には車両を増強し、10分間隔運転のフリークエントサービス（高頻度運転）を始めた。名高いコピー「待たずに乗れる阪神電車」はこの時点ですでに始まっていたのである。しかもさりげなくスピードアップを達成している。最高速度56キロで走り、阪神間は80分で結ばれた。当然、スピードオーバーである。

阪神電車の勢いは止まらない。同じ年の9月には早くも阪神間は72分、運転間隔は9分。さらに翌年に阪神間66分、運転間隔は6分とし、明治43年（1910）に阪神間は63分にまで短縮された。わずか5年で3分の2。もちろんスピードオーバーである。恐るべし阪神電車。

気骨と諧謔の鉄路。

さすがに軌道法も形骸化している、とのことで明治44年（1911）に認可最高速度が40キロに引き上げられたが、阪神電車がスピードオーバーをしていたことに変わりはない。なにしろとっくに最高56キロで走っていたのだから。

さしもの阪神電車もお役所の監査が怖くないわけはない。当のお役所としてもやりたい放題やらせるわけにはいかない。当然、さる筋からのチクリや監査だって入る。

「どういうことや？」と問い詰める役人に、当時の幹部は平然と言い放った。「だってお客さんは急かすし、第一スピードメーター付いてないから、違反かどうかわかりませんやん」。

コンプライアンスとやらでがちがちに萎縮している21世紀の大企業幹部が泣いて喜びそうな言い訳。スピードメーターがないから速度がわからないとは、なんという理屈か！

運転士は、現在も（あるいは他社でも）、自分が運転する列車の時刻表（通称・スタフ）を携行して運転する。各駅の停車時刻や通過時刻を書いた、このスタフをご覧になったことがある読者もおいでだろう。

当時の阪神電車のスタフの駅名部分には「U」や「A」などと書いてあったという。「梅田」「尼崎」などと書くとスピードオーバーがバレるので、よしんば押収されて

昭和初期の尼崎駅付近。中央に座り、両手を広げて運転する姿がドラマーのようだとついた車両の渾名は「バンドマン」。

もしらばっくれられる、とのハラである。そんなのバレバレだったのではないかと思うのだが……。

電車の運用だけではなく、インフラ面でも、開業当時から「速さ」を信条としてきたことがわかる。阪神電車は地下線や高架線による道路との立体交差化を積極的に進め、今やその割合は実に営業距離の87%に達する。18回にわたるこの路線改良の第1陣は、開業からわずか30年後の昭和4年（1929）の石屋川〜住吉間、第2弾は昭和8年（1933）の三宮〜岩屋間であり、昭和11年（1936）の第3弾で元町〜三宮間を延伸している。

軌道法に基づいて開業したにもかかわらず、その根拠であった併用軌道をいきなりなくしにかかっているあたり、あくまでも速さを追求する阪神電車の、お上への反骨精神、あるいは痛快な諧謔精神を見出せないだろうか。

線路の改良を積極的に進めた阪神電車。軌道法に則っていたのに、いきなり併用軌道の石屋川〜住吉間を高架化した。

スピードアップ大作戦。

速く走るための３つのインフラ。密に敷いた枕木と、青信号を車両の運転台越しに見る。

鉄道信号と交通信号の違い。

ところで、電車が速く走るためには線路・信号・車両と、三つのインフラ整備が必要である。阪神電車の場合、線路については、先述した積極的な立体交差化などの施策に加えて、元来、保線（線路の保守・メンテナンスのこと）に定評がある。たとえば、線路の枕木はでこぼこの地面に滑らかに線路を敷く際にクッションの役割を果たすのだが、阪神電車はこの枕木たいへん密に敷いている。つまり、クッションが効いて高速域でも乗り心地がよいままなのだ。数が増えるぶん手間はかかるわけで、それを差し引いても速さを求めていることになる。

第２のインフラは信号である。駅数の多い阪神本線の駅間はわずか９７５メートルに過ぎないが、列車の先頭にかぶりついて観察すると、信号の数が異常に多いと気づかないだろうか。なんと阪神本線は信号機をわずか平均２４０メートルスパンで設置している。もちろんこれも速く走るためである。

「ちょっと待て、信号が多ければ速いって？」とお思いかもしれない。車に乗っていて、気持ちよく走りたいし、歩行者もいないのに、どういうわけかやたらと赤信号に引っかかってイライラした経験は何度もあるだろう。当然信号の数が増えれば増えるほど車の表定速度は下がると、何よりも高速道路に信号がない事実が証明している。しかし、鉄道の場合、信号が多ければ多いほど速く走ることができる。もっと正確にいえば、信号が多ければ多いほど、電車を一歩でも前に進められるのだ。

「そんなアホな」と思う方は、交通信号をイメージしているのではないだろうか。そこで、鉄道(特に複線)における信号の仕組みと意味について、簡単に理解しておこう。交通信号は「青→黄→赤」の順に変わる。青は「進んでもよい」(「進め」ではない)、黄は「停まれ。ただし停止線までに安全に停まれぬ場合は進んでもよい」(「注意」ではない)、赤は「必ず停まれ」である。これは交通信号が、交差する道路や横断歩道における、出会い頭の事故防止を目的としているからだ。

反面、鉄道には、かつての阪急西宮北口のダイヤモンド・クロスなど余程の例外を除いて「交差点」はない。横断歩道にあたる踏切も、鉄道に絶対的な優先権がある。歩行者を渡らせるために線路側を仕切る例など、年に2日しかない正月の箱根駅伝くらいなものだ。

したがって、複線における鉄道信号は、出会い頭事故の予防を目的とするものではない。脱線などの非常時を除き、列車同士が衝突する局面があるとすれば、それは前を走る電車に後ろの電車が追突する事故である。複線における鉄道信号は「追突の防止」が目的であることをまず理解しよう。

5灯式信号システムの特徴。

このように、そもそも交通信号とは目的の異なる鉄道信号は、色が示す意味も異なる。赤は車と同じく「停止(=必ず停まれ)」、青も同じく「進行(=進んでよい)」だが、黄は「注意(して進んでよい)」となる。また、たとえば青の「進行」は時速80キロ、黄の「注意」は時速50キロといったように、単純な停車/発車だけでなく、進んでよい場合にも速度制限があるのも特徴だ。

そして、鉄道信号はおおむね「赤→黄→青→赤…」の順番で、一定時間の経過ごとではなく、列車の位置に応じて切り替わる。つまり、一つ一つの信号機は「ここから先、○キロで走ってもよい」ということを示しているわけだ。運転士は信号機が見えたら、それを指で差して、色に応じて「進行!」「減速!」「注意!」など声に出して確認する「指差喚呼」を行う。

こうした信号の仕組みと共に、「信号機と信号機の間の1スパンには1列車しか入れない」との鉄則によって追突事故を防いでいる。このスパンのことを「閉塞区間」と呼ぶ。列車の先頭部が信号機を通過すると、直後にその信号は青（進行）から赤（停止）に変わり、後続列車はそのスパンには入れなくなるのだ。

以上が一般的な鉄道信号と閉塞区間の解説だが、阪神電車の場合はどうか。信号について、阪神はより細かく制限速度をコントロールするために5灯式の信号機を用いている。それらは「停止↓警戒↓注意↓減速↓進行↓停止…」の順番に切り替わる（表）。また、駅間の短い阪神電車の1閉塞区間の平均は240メートルだが、安全のためにもう1閉塞区間の余裕を持っている。このため、前をゆく列車の最後部と次に来る列車の先頭部の間には最短でも480メートルの間隔が保たれていることになる。一体なぜこれがスピードアップにつながるというのだろう。

阪神電車の信号灯のパターンと意味

表示	呼称	制限速度
赤	停止	0km
黄＋黄	警戒	30km/h
黄	注意	50km/h
黄＋青	減速	70km/h
青	進行	110km/h

追突を防ぐため、信号機は列車が通過するとただちに赤になり、そこから段階的に青へと戻る。それぞれの色は閉塞区間ごとの制限速度を示す。

信号機は多い方が速い。

では、いよいよ阪神電車の信号システムに沿って、「信号機が多いほど速く走れる」仕組みを検証する。

図のように1・2キロ離れたA駅からB駅に列車が向かうとしよう。A駅の出口に「出発信号機」、B駅の入口に「場内信号機」がある。A駅とB駅との間にはア～エの4本の「閉塞信号機」が立っている。

出発信号機と場内信号機との間に閉塞信号機が4本あるから、この1・2キロは5つの閉塞区間に分けられる（小学校で学んだ植木算を思い出そう）。それぞれの閉塞区間をA駅側から「第5閉塞（区間）」「第4閉塞」…と呼び、場内信号機の手前の「第1閉塞」までカウントダウンしていく。

電車停車中のA駅の出発信号機が青を示している。運転士はこれを「出発、進行！」と指差喚呼して発車する。先ほど説明したとおり、この出発信号機は列車の最前部が通った瞬間に赤に変わる。すぐに最初の閉塞信号アが見えてきた。青を表示しているので、運転士は「第4閉塞、進行！」と指差喚呼して通過する。当然、この閉塞信号機アも赤に変わる。

二つ目の中継信号機イも青。「第3閉塞、進行！」と指差喚呼して通過。すぐに閉塞信号機イが

電車と閉塞区間の関係性

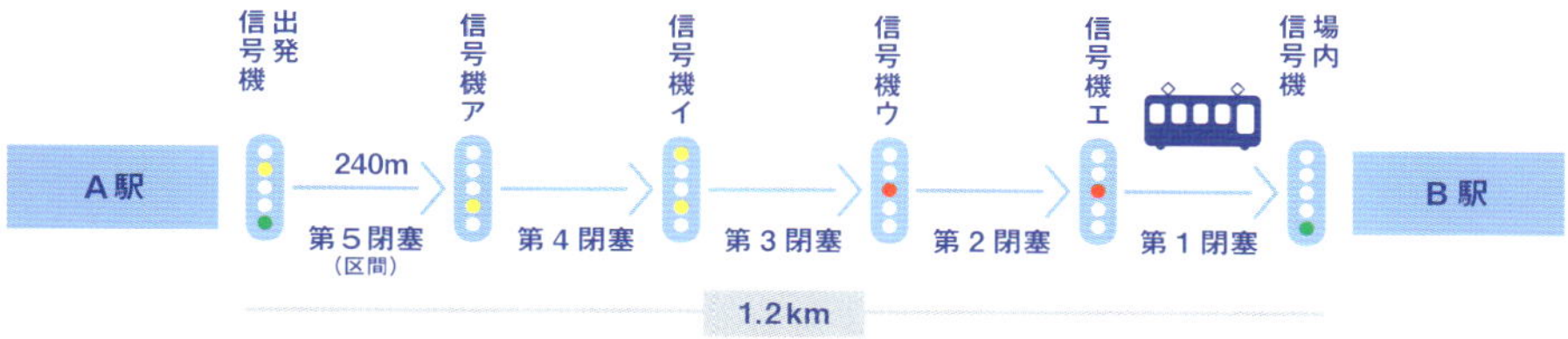

赤に変わる。最後尾がイを通過すると、列車は完全に第3閉塞区間に入る。すると、後続列車は二つ後ろの第5閉塞区間への進入を許される。だが、もちろんフルスピードで突っ込むわけにはいかない。だから、出発信号機は黄2灯の「警戒」（＝制限時速30キロ）を表示する。

三つ目の閉塞信号機ウも青。「第2閉塞、進行！」と指差喚呼して通過するとウが赤に変わるのはいうまでもない。最後尾が信号機を抜けると、出発信号は今度は「警戒」から黄1灯の「注意」（＝制限時速50キロ）に、閉塞信号機アは「警戒」に変わる。同じように四つ目の閉塞信号機エを最後尾が通過すると、出発信号機は「注意」から「減速」＝制限時速70キロに、閉塞信号機アは「警戒」から「注意」、二つ目の閉塞信号機イが「停止」から「警戒」に変わる（上図参照）。

B駅入口の場内信号が青を示しているので、運転士は「場内、進行！」と指差喚呼して、列車をB駅に止める。青信号はあくまでも「進んでもよい」との指示なので、列車がB駅に停車するか通過するかの運転士への指示は、運転台に掲出したスタフが行う。列車の最後尾がB駅の場内信号機を通過したとき、A駅の出発信号機は「進行」、第4閉塞区間は「減速」、第3閉塞区間は「注意」、第2閉塞区間は「減速」、第1閉塞区間とB駅の場内信号機は「停止」を示している。

信号が変わる仕組みがわかれば、賢明なあなたは信号機が多いほど列車が速く走れる理由がおわかりだろう。もし信号機を400メートルスパンで設置していて、同じ1・2キロのA～B両駅間に閉塞区間が三つしかないとしたら、列車がB駅に進入したとき、A駅の出発信号はどうなっているだろうか。そう、ようやく時速50キロの「注意」信号を示しているのに過ぎないのである。

手前の信号は「注意」を示している。したがって、この四つ先の閉塞区間に列車がいることがわかる。

黄信号を見たら運転士は一旦立ち上がる。スピードを追求しながら、安全を最優先するレイルマンシップの証。

伝統の「一旦起立運転」。

閉塞区間が短いと、安全上の余裕に乏しいのではないかと心配する向きもおいでだろう。でも、心配ご無用。万が一、後続列車が停止信号を暴進したり、警戒・注意・減速の各信号で速度制限を上回っていたりすると、たちどころにＡＴＳ（Automatic Train Stop=自動列車停止装置）が働いて、列車には非常ブレーキがかかる。

これとは別に、阪神電車の安全はレイルマンシップと呼ぶべき独自の文化によって守られている。だいぶ昔に事故を起こした際に、安全の緩みは気の緩みから、と運転士に向けて二つの社長通達があった。

一つは、帽子の顎紐を締めて運転すること。ほとんどの場合アクセサリーとしての意味しか持たない顎紐だが、阪神電車の運転士は、ハンドルを握る時には必ずこれを締めている。

もう一つは、注意信号、すなわち黄色1灯を見たら起立して運転することである。「待たずに乗れる」の名の通り、列車の本数が多く、曲線も多く、併用軌道さえあった上にＡＴＳなど整備されていなかった昔。安全を守るには並々ならぬ職人技が必要だったことだろう。前の電車が見えないかどうか、視界を広げて文字通り「注意」すべし、との心がけである。もちろん現在ではＡＴＳをはじめとする数々の安全装備が整備されている。それでも阪神電車は、伝統の一旦起立運転を堅持している。

顎紐を締め、黄信号を見るや、さっと立ち上がる運転士の凛々しい姿は、事故から学習し、速い電車を安全に運転する誇りを示している。安全を守るには、ＡＴＳな

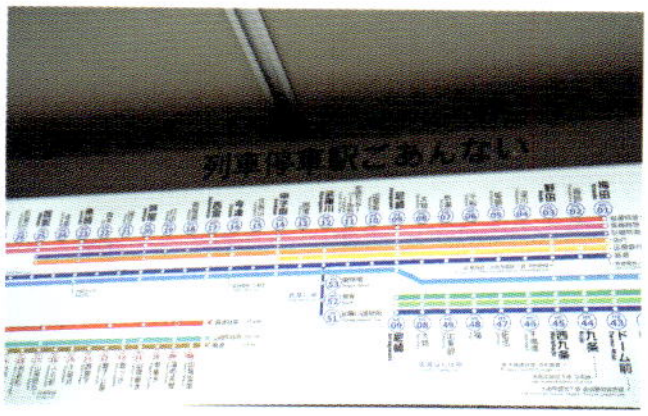

梅田駅の停車案内。停車駅を平準化して全体の流れを円滑化する千鳥停車。

どの装備はもちろん大事だが、それよりも「絶対に事故を起こさない」との気構えが百倍重要だとわたしは思っている。自ら車を運転する時や、あるいは仕事に臨む時も含めて。どなた様もご安全に。

ボトルネックをなくすには。

さて、この「ご安全に」とは、製造業の現場でどんな時にも通用する挨拶だ。わたしは経営コンサルタントとして、日本の製造業の現場には本当に力があると感じている。特に流れ作業において、原材料から完成品に至るまでの全体の流れをスムーズにできれば、資金繰りを圧迫する仕掛品の在庫量を減らせる。そのカギが「負荷の均等化」による工程間滞留の削減である。

どんな工程にも自ずと難易度の差があり、負荷のきつい工程には熟練技能者を配したり、人数を増やしたりして対処しなければ、そこがボトルネックになって、全体の流れを阻害してしまう。ここでムリをかければ、事故や不良品の元になる。一方、簡単な工程に必要以上の人員や装備をつぎ込むと、手待ち時間やつくり過ぎといったムダの発生を招く。このように工程間のムリ・ムラ・ムダの排除は、製造業の生命線といってよい。

閑話休題。鉄道の場合、ラッシュアワーの際など増発が限界に達したら、列車が渋滞して「ダンゴ運転」などと揶揄される。そんな状態でも、阪神電車のように信号機のピッチを詰めて閉塞区間を短くとれば、列車は可能な限りきびきび走れるし、列車も増発できる。これは「車間距離を詰める」アプローチである。

ラッシュにおいて、列車を増発するのにもっとも効果的なのは、停車駅にかかわらずすべての列車が同じ速度で走る「平行ダイヤ」である。これは流れ作業の工程間を同じピッチで製品が移動していく製造業の現場と同じ発想である。

しかし、乗客の立場からすると、平行ダイヤは必ずしも歓迎できるものではない。要は急行がノロノロ運転をするわけで、乗っているとストレスがたまる。本来の通過駅に停まりながら扉が開かず、ホーム上で次の列車を待つ乗客と目が合ってお互いに気まずい思いをしたりした経験もおありだろう。

また、ラッシュ時用の電車をつくったとしても、それほどの輸送量がない日中は、高価な車両をムダに寝かせることになる。これでは資産効率が悪いし、メンテナンス費もかかる。よって鉄道事業者は必要以上に車両は持ちたくない。何かいい方法はないか?

みなさまの（千鳥）足停車。

阪神電車の場合、梅田～姫路・須磨浦公園間の（直通）特急、奈良～難波～三宮間の快速急行、梅田～西宮間の急行、梅田～高速神戸間の普通列車の4本立てが標準である。時間帯によっては御影～梅田間の上り区間特急、梅田～甲子園間の区間急行が加わる。

これらのうち普通列車以外の停車駅を見ると、全列車が停車する駅は尼崎しかないことに気づく。特急は時間帯によって甲子園を通過する。急行は芦屋・魚崎まで足を延ばさない。御影は特急が停まるのに快速急行が通過する。反対に、普通列車しか停まらない駅も14駅しかない。

停車駅が増えるほど表定速度は落ちる。だから、それぞれの列車は停車駅を厳選する一方で、特に特急と快急の停車駅数の平準化を通じて所要時分を均等化し、ダイヤ全体の高速化を図っている。

たとえば、先発する快急は三宮を発車後、御影を通過するので、閉塞区間の短さが活きて、すぐに場内信号は青になる。後続の特急が御影に停車するために、快急は一旦特急との差を広げるが、今津や武庫川の停車中に特急がその差を詰めるので、三宮～尼崎間の所要時分はほとんど変わらない。また、一旦差が開くことで、今度は特急が今津や武庫川を気持ちよく青信号で通過できる。

運行上重要だったり、乗降数が多かったりする駅には多くの列車を停めたくなるが、全列車停車の駅は必ずダイヤ上のボトルネックになる。また、便利な最速列車に乗客が集中して、混雑度のムラや、最速列車の遅延を招く。上位優等列車の停車駅に下位優等列車を停めることが、必ずしもスムーズなわけではない。

この点、阪神のダイヤは考え抜かれている。特急や快急が見向きもしない青木・深江・打出・香櫨園に停車するラッシュ時の区間特急など圧巻だ。2016年3月までは、難波への入口である尼崎さえ通過していた。途中駅ではなく、要は梅田や難波に早く着ければいいのだからとの合理的な考え方。このような運転方法を「千鳥停車」と呼ぶ。

駅数が多い阪神電車では、車両を量産する余裕のない戦前から千鳥停車を始めていた。全体としてスピードアップができ、車両数も削減できるため、特に有効だからである。

どの駅からでも均等・公正に速達列車への乗車機会がある千鳥式運転があるからこそ、「みなさまの足 阪神電車」のキャッチコピーを掲げていたのではないかとわたしは勘ぐっている。

ラッシュ時の上りに走る区間特急は千鳥停車の象徴的存在だ。2016 年 3 月のダイヤ改正以前は、尼崎すら通過した。

朝ラッシュに梅田～甲子園間を走る区間急行。途中 6 駅停車、6 駅通過。普通に近いが、これは車両性能が関係する。

Ready, Jet Set, GO!

普通列車なのに速い。

わたしの悪友にとんでもない鉄道マニアがいて、特に阪神電車を偏愛している。大阪に旅行した際、彼女に「神戸まで速い電車に乗ろう」とうそぶいて、梅田から阪神の普通電車に乗ったという。しかし、野田で後続の特急に、千船で急行に抜かれた時点で彼女は怒ってしまった。「どこが速い電車なの!?」。アタリマエだ。しかし、速い電車の悦びに浸っていた男は言い返す、「節穴か！　この速さがわからんのか」。

２人を取り巻く空気の悪化に、さしもの悪友も妥協を強いられ、やむなく尼崎で三宮ゆき快速急行に乗り換えたのだった。これは圧倒的に、かつ一方的に男が悪い。しかし、悪友の言い分は正しい。

線路、信号に続く第３のインフラが車両だ。阪神では急行用と普通用とで、車両を厳然と区別している。カラーリングも急行用の赤胴車に対して普通用は青胴車だ。確かに阪急京都線や京阪電車にもスペシャリティである特急車があり、これらは接客設備で普通車との違いが大きい。だが、阪神の場合は急行用車両も基本的にはロングシートだし、車体に大きな差はない。なるほど色の違いは誤乗防止には一役買うが、逆に運用の自由度を狭めてしまう。

阪神電車において普通用と急行用の車両を分けているのは、決定的な性能差だ。普通用の青胴車は、各駅停車専用とは思えぬ「ジェットカー」なる誇らしげな別名を持つ。ジェットカーは車両部門では「Ｊ系」、一般には単に「ジェット」と呼ばれている。

ジェットカーのジェットたるゆえん、それは圧倒的なダッシュ力にある。伝統的な青胴車の５００１形や５１３１・５３３１形は日本一の起動加速度４・５（１秒間に時速４・５キロずつ加速する）。減速度も５・０とこちらも日本一だ。

一方、アレグロブルーとシルキーホワイトに塗られた新型ジェットカーの５５００系・５５５０系は起動加速度こそ４・０、減速度４・５と若干マイルドだが、こちらは高速域までよどみな

ブルーをまとう普通列車のスペシャリスト。カラーリングから「青胴車」とも。

く速度が伸び、発車後20秒で時速90キロに達する。減速もスムーズで、ぴたっと停まる。

ちなみに急行系車両はというと、8000系は加速度2・5、9000・9300・1000系は加速度3・0で、減速度はすべて4・0。加減速ともジェットカーには及ばない。

阪神電車の平均駅間距離は、わずか975メートル。いくら閉塞区間を短くとって、できるだけ車間を詰められるようにしていても、ちんたら走る普通列車が進路をふさいでいたら、優等列車は気持ちよく走れない。短い駅間でストップ&ゴーを繰り返す普通列車でも、できるだけ速くトップスピードに到達しなければならない。加減速に特化したスペシャリスト、それがジェットカーなのである。バンドで言うなら、ビートを効かせた実力派リズムセクションがあるからこそ、ギターのハーモニーやボーカルの声が心地よく聞こえてグループをつくるのだ。

ところで、本書を担当してくれている編集者は大迫力《おおさこちから》さんという、ジェットカーに負けない勇ましい名前の持ち主だが、彼の実家の最寄駅が普通列車しか停まらない出屋敷で、毎日ジェットカーで高校に通っていたという。「ある意味ジェットセッターですね」と大迫さんは笑った。

1キロ足らずの駅間でダッシュ＆ストップを繰り返しつつ待避駅へと逃げ込み、後ろから迫る優等列車をスムーズに通す。

ジェットカーはこうして走る。

阪神電車のダイヤは10分刻みだ。優等列車の間を縫うように、10分おきに普通列車が走る。なにしろ尼崎〜西宮間に至っては、特急・快急・急行と、10分間に3本もの優等列車が後ろから時速106キロで追いかけてくる。

ジェットカーは彼らの進路を邪魔せずに気持ちよく走らせるため、野田・千船・尼崎・センタープール前・甲子園・西宮・青木・御影・大石と、9駅に設けた待避線に逃げ込んで優等列車に道を譲るまで、各駅間にて全力でダッシュ&ストップを繰り返さなければならない。そして、すぐに追いついてくる優等列車を見送るや否や、こちらもまたすぐに発車して、また次の待避駅までダッシュ&ストップを繰り返す。「ふうっ、やれやれ」である。

ジェットカーのこんな芸当は、二つの車両性能が支えている。一つは、急行用車両が6両編成のうち、3〜4両にモーターを積んでいる「3M3T」や「4M2T」であるのに対し、ジェットカーは原則オールM、4両編成の全車が電動車だ。いわば4WDである。だから、附随車をぶら下げている急行用の編成に比べて、1トンあたりのパワーが高い。

5550系は初めて1両だけ附随車をつないで「3M1T」にしたが、これは1代前の5500系の110キロワットから170キロワットへとパワーアップさせたモーターを積んだためだ。1トンあたりの出力を計算すると、オールMの5500系が12・75キロワットであるのに対して、5550系は3M1Tながら15・17キロワットに達する。バケモノである。

もう一つは、モーターと車輪の

色に現れる速さへの意志。

伝統を重んじる関西の私鉄各社も、カラーリングは時代につれて変更している。阪神はかねてから、急行用車両と普通用車両とで色を変えてきた。「赤胴車」と呼ばれる肉色の急行用車両に対して、普通用は「青胴車」。正確にはこの下半身の青は「ウルトラマリンブルー」だそうだ。ずいぶん強そうな響きである。

赤胴車は、主力である8000系を、リニューアルを機に、9300系クロスシート車に倣って朱色に近い橙と白のツートーンカラーに改めている。株主総会で「ライバル球団のイメージカラーを使うとは何事か」とイチャモンが付いたという曰く付きのこのオレンジ色を、阪神電車は「プレストオレンジ」と呼称している。Presto＝極めて速く。メトロノームで見ると、184拍／分あたりだ。

一方、1995年の震災後に登場した5500系以降の普通用電車は、水色と白のカラーリングをまとう。この水色は「アレグロブルー」だそうだ。Allegro＝速く軽快に。メトロノームでは132拍／分あたり。プレストほど速くないのは慎ましい。

さらに、なんば線から近鉄に直通し奈良に向かう9000系と1000系は、黄味の強い橙色をあしらったステンレスカーだ。これは「ヴィヴァーチェオレンジ」だそうな。Vivace＝160拍／分。アレグロよりやや速い。なるほど快速急行といったところか。恐れ入りました。

色の名前など当然こじつけに決まっている。青や橙を見て、速度記号をイメージする人はヘンタイさんしかいないだろう。かのスクリャービンだって音と色を結びつけた程度だ。とはいえ、こんなところにも感じないだろうか、阪神電車の「スピードへの意志」を。

回転数の差を決める「歯車比」である。近年の車両は回転数の自由度が高い交流モーターを搭載しているおかげでだいぶ差は縮まっているものの、ジェットカーは、赤胴車に比べてこの歯車比を大きくとってきた。優雅に5速で流すのが赤胴車だとしたら、ジェットカーは4WDが1速のままレッドゾーンまでエンジンをぶん回しては停まるスパルタンな運転をしているのだ。優雅に泳ぐ白鳥が、実は水面下で必死に水を掻いているようなものだ。嗚呼、健気なりジェットカーよ。

ところで、本書の母体となった『大阪人』2012年1月号の特集「鉄道王国・大阪」に、わたしは20数ページ執筆させてもらったが、これがありがたいことに売れに売れ、定期刊行誌として異例の増刷にまで至った。同誌はその直後に諸事情により休刊させられてしまったので、まさに空前絶後の

元祖ジェットカー、初代5001形。登場から数年で量産化改造を受けたため貴重な「アマガエル」時代の写真。

出来事であった。
　編集担当の大迫さんから「黒田さん、すごい出足です！」との電話を受けたわたしは「ジェットカーじゃありませんか！」と答えた。すると声を曇らせ大迫さんは「それは困ります。80キロくらいで頭打ちになってしまいます」とおっしゃる。やはり大阪の方の笑いのセンスに、東京人のわたしは太刀打ちできそうにない。

試行錯誤のジェットカーの歴史。

　ジェットカーの歴史は、昭和33年（1958）製の試作車、初代5001形にさかのぼる。全体に丸っこいユーモラスな表情をしていたこの初代は、当初の黄緑色の塗装と相まって「アマガエル」のあだ名を頂戴した。ただこのアマガエル、新機構を満載したゆえのトラブルが絶えず、その度にすぐ尼《アマ》崎の車庫に帰ってしまうので、ダブルミーニングにて「アマガエル」との名前が付いたとの逸話もある。また、翌年にはほぼ現在と同じ意匠ではあるが、ステンレス車体の試作車「ジェットシルバー」もお目見えした。

三宮駅で異彩を放つジェットシルバー。昭和52年（1977）廃車後、阪神のステンレス車は1996年の9000系まで途絶える。

震災後に登場したVVVF制御のジェットカー、5500系。高速域までよどみなく加速する。

通勤電車にも冷房の搭載が請われた1970年代、まだ車齢も若いアマガエルやジェットシルバーを含む第1世代ジェットカーにも冷房を積もうとしたものの、過酷な運用で想像以上に車体のダメージが進行していた。そこで、これらの冷房化工事をあきらめて、急遽新たにつくった冷房車が2代目5001形である。

現在のジェットカーは加速度4・5の伝統の青胴車に抵抗制御車の5001形（1977年）と、電機子チョッパ制御車の5131・5331形（1981年）があり、加速度4・0のアレグロブルーのジェットカーに、震災直後のGTO-VVVF制御車5500系（1995年）と、5550系IGBT-VVVF車（2010年）が加わる。

青胴車5001形はもともと2両編成だったが、組み合わせて4両編成で走ることにしたため、運転台を撤去しており、2両目と3両目の連結部分にその名残がうかがえる。

電機子チョッパ制御方式を採用した5131・5331形は基本的に同一だ。神戸方面先頭車と、3両目に乗ると、加速時に電機子チョッパ制御独特の「みー」といった音が聞こえてくる。別形式になったのは5131形は東芝製、5331形は三菱電機製と制御装置のメーカーが異なるからである。百の位が1だから「とお」しば、3だから「みつ」びし。冗談のようだが本当の話だ。

ジェットカーを愉しもう。

阪神間を乗り通せとムチャはいわないから、たまには尼崎～西宮間や、御影～高速神戸間をジェットカーに乗って、驚きに満ちた走りを味わってみてはどうだろう。

わたしは特に5131・5331形が好みだ。何よりもこの両形式が装備する古くさい臙脂色の座席は、武庫川線に残る旧型の赤胴車と同様、かつて「阪神スペシャル」と呼ばれたふかふかな座り心地を味わえる。

ただし、電機子チョッパ制御が可能にした回生ブレーキは省エネ性には優れるが、安定性では旧来の発電ブレーキに一歩譲る。したがって、乗務員からの評判は安定した性能を誇る5001形の方がいいと聞く。

冬場など特に5001系は評判

5131・5331形に残る「阪神スペシャル」ことふかふかの座席。ご乗車はお早めに。

右／乗務員も楽ではない。冬は５００１形の抵抗器で暖をとる。左／加速時の吊革は５度も傾く。最端部はガラスに当たらぬよう短い。

がいい。普通列車の乗務員は優等列車と接続・待避する9駅では、優等列車の進入・発車時にはホームの安全確認を行ったり発車ベルを鳴らしたりと、駅員に早変わりしなくてはならない。だが、列車が来るまでの間、５００１形の神戸寄りから1両目と3両目の近くに立って、発電ブレーキを使った抵抗器から出る熱でさりげなく暖をとる乗務員の姿を目にすることがある。まったくジェットカーの運転も楽ではない。

　このようにジェットカーに乗ると、乗務員の動きを含めて、タイトなダイヤで電車を走らせる醍醐味を味わえる。だからわたしは、制御装置を搭載した神戸寄りの先頭車両を愛する。もちろん注意信号での起立はしっかり守られる。設計から運用に至るまで、阪神電車には見事に手づくりの「速さ」が貫かれているのだ。

　ジェットカーの先頭座席に乗っていたある日、わたしはふと一番前の吊革だけが短いと気がついた。なるほど、この加減速力があるから、ストップ&ゴーで吊革が揺れて、持ち手が乗務員室のガラスを直撃してしまうのだろう。これでガラスが割れたりしたら、ただ事ではない。

　ふと思いついて、停車時と加速するときの吊革の写真を撮って、パソコンで重ね合わせてみた。まずは加速度２・５の赤胴車８０００系。加速時の吊革の傾きは３・２５度あった。次に加速度４・５の５００１形ジェットカー。果たして吊革は、５度傾いた。

最新５７００系の新しさ。

　２０１５年3月、20年ぶりにフルモデルチェンジした新型ジェットカー５７００系が発表された。わたしは試運転期間中に尼崎の車庫で停まっている５７００系を指をくわえて見ていたが、残念ながら営業運転に就いた9月以降の乗車機会には恵まれていない。

　急行用１０００系を基本としてはいるが、わたしはこの５７００系に「新しさ」を感じている。

　まず接客面。そもそもジェットカーは「チョイ乗り」用の電車であるにもかかわらず、長距離運用に就く１０００系よりも、明らかに車内の質感が向上した。コストダウンを至上命題とした２０００年代の車両と、鉄道ブームなどを経て車両を再び「商品」と捉え直した２０１０年代の車両の違いだろう。

　性能面では、モーターのパワーアップにより、トンあたり出力は実に16・06キロワットに達したが、歯車比は最新の急行車よりも下がった。この変更は、モーターのパワーやトルクの「おいしい部分」を十分に引き出してスムーズな加速を得るためではないか。

ジェットカーと急行車の性能比較

	製造初年	制御方式	編成	モーター出力	編成重量	トンあたり出力	歯車比	減速度	減速度
5001形	1977	抵抗	4M	90kw	146t	9.86kw	5.69	4.5	5
5131形 5331形	1981	電機子チョッパ	4M	75kw	146t	8.22kw	5.69	4.5	5
5500系	1995	GTO-VVVF	4M	110kw	138t	12.75kw	7.07	4	4.5
5550系	2010	IGBT-VVVF	3MIT	170kw	134.5t	15.17kw	6.06	4	4.5
5700系	2015	IGBT-VVVF	4M (3MIT相当)	190kw	142t	16.06kw	5.77	4	4.5
8000系	1984	界磁チョッパ	4M2T	110kw	193t	9.12kw	5.77	2.5	4
9000系	1996	GTO-VVVF	4M2T	130kw	184t	11.30kw	6.06	3	4
9300系	2001	IGBT-VVVF	4M2T	130kw	192t	10.83kw	6.06	3	4
1000系	2007	IGBT-VVVF	3M3T	170kw	187t	10.91kw	6.06	3	4

また、大出力モーターを16個も積んだら変電所が吹っ飛んでしまう。だからモーターは12個へと減らした。ただし、3M1Tの5550系とは異なり、両端の先頭台車を附随台車として編成全体のバランスを適正化し、乗り心地の向上を図った。制御器の進化や、永久磁石モーターの特性といった新技術による改善だが、実にクールなアプローチだ。

わかる人を泣かせる愛称「ジェットシルバー5700」も発表された。遠からず阪神間を乗り通し、今感じている新しさを検証・実感できる日をわたしは楽しみにしている。

満を持して登場した「ジェットシルバー5700」。新時代のジェットカーは今後、青胴車5001形、5131・5331形を置き換えてゆく。

線路は続くよどこまでも。

阪神電車の相互乗り入れの始まり。

わたしが本格的に阪神電車に乗るようになったのは震災直後の1995年。広告代理店に勤める社会人1年生で、出張や遊びで訪阪する際に、会社が借り上げていた北区のマンションによく泊まっていた。その最寄り駅が野田だったためである。

電車接近の案内放送で流れる「線路は続くよどこまでも」のメロディに、23歳のわたしは「何をふざけたことを」と思ったものだ。なにしろ阪神電車の営業距離は、2014年現在でも48・9キロに過ぎない。近鉄は阪神の10倍以上の501・1キロ。以下、南海154・8キロ、阪急143・6キロ、京阪91・1キロと続く。駅数にしたところで、近鉄286駅を筆頭に、南海99駅、京阪と阪急が同数の89駅。阪神電車は51駅である。

阪神電車が歌の通り「線路は続く」ようになったきっかけは、昭和43年（1968）、神戸高速鉄道の開業にさかのぼる。阪神は元町、阪急は三宮、山陽は兵庫、神戸電鉄は湊川と神戸市内にバラバラにあった各社のターミナルを有機的に結びつけるためにトンネルを掘り、山陽電車は併用軌道のあった西代〜兵庫間を廃止した。

これを機に、阪神電車と阪急電車は神戸高速鉄道を介して山陽電車の須磨浦公園へ、山陽電車は同じく神戸高速鉄道経由で阪神の大石および阪急の六甲へと乗り入れた。神鉄だけは線路の幅が異なるため相互乗り入れのネットワークには加われなかったが、これも神戸高速鉄道が湊川〜新開地間を建設したおかげで、他線との接続がスムーズになった。

ただ、それぞれの最遠部が須磨浦公園／大石／六甲では、相互乗り入れがフル機能しているとは言い難い。阪神・阪急とも直通先の山陽電車内では特急も各駅に停まっており、速達性に乏しい。阪神・阪急と山陽電車とでは絶対的な輸送量も異なり、遅々として各社の利害の調整は進まなかった。不幸なことに昭和59年（1984）、乗り入れてきた山陽の回送

大塩駅東の歩道橋から。山陽電車区間の住民にとって直通特急は福音だった。

車が阪急の六甲で起こした事故により、悲願だった相互乗り入れへの道のりはますます遠のいた。

風向きが変わったのは阪神・淡路大震災の後である。それまで阪神・阪急を使っていた阪神間の沿線住民は、これまで気にも留めていなかったJRを使わないわけにはいかなくなった。いち早く線路を復旧させたからである。

JRは時速130キロ運転が可能な新車223系を新快速に集中投入。「アーバンネットワーク」のコンセプトを掲げ、複々線のインフラや直通運転をフル活用する。一方の私鉄各社は、大阪市のモンロー主義といった歴史的経緯があるにせよ、ターミナル至上主義に則っている。いくらブランドイメージや愛着があろうと、JRの利便性や速達性に慣らされた利用者は、阪神電車や阪急神戸線、山陽電車に戻ってこなくなった。もはや四の五のいっている場合ではない。このまま指をくわえて待つよりはと、ネットワーク化の構想は急速に進んだ。

阪急の神戸線特急は8両編成だが、これを山陽電車に乗り入れるためには三宮で2両を増解結する手間と時間がかかる。そこですっぱり乗り入れをやめ、8両編成のままで新開地で折り返すことにする。代わりに山陽電車も六甲までの乗り入れをやめる。

一方、山陽特急もすでに4両か

ら6両編成に増強している。ということは、6両編成の阪神特急となら念願の直通運転が可能になる。阪神梅田～山陽姫路の直通が実現すれば、新快速に一矢を報い

梅田から91.8キロ。悲願だった直通特急は、はるばる山陽姫路駅まで足を伸ばす。

られるかもしれない…。

　こうして1998年、念願の直通特急は運転を始めた。梅田～姫路間91・8キロは、近鉄大阪線の上本町～松阪間の117・3キロには及ばぬものの、立派な長距離ランナーだ。

　会社そのものの路線規模は最小の阪神電車だが、そのネットワークを活かすことによって、線路は90キロ以上先の姫路や、はたまた網干まで続いているのだ。直通特急に乗って、終点の姫路の直前で「♪ピンポンパンポーン、ただいま山陽百貨店では…」とのアナウンスを聴くと、ずいぶん遠くに来たものだ、との旅情をかき立てられる。おかしいなあ、確かに阪神電車に乗ったはずなのに。

直通特急のインパクト。

　この直通特急の登場をもっとも喜んだのは、東二見、高砂、大塩といった、山陽電車の独占区間に住む人々である。なにしろ概ね10分おきに梅田行きの直行便が走るようになったのだから。

　それまでも高速神戸や新開地では、阪神なり阪急なりの特急に対面ホームで乗り換えられたのだから、実態は大して変わらないと思うかもしれない。しかし、乗り慣れた人やマニアならいざ知らず、そうでない人に「乗り換え」の心理的抵抗感は思いのほか大きいようだ。

　たとえば、JR東日本の山形新幹線や秋田新幹線は、奥羽本線や田沢湖線の線路の幅を広げ、在来線と同じ大きさの車両を走らせて新幹線との乗り換えをなくしただけの話である。福島～新庄間や盛岡～秋田間など在来線に毛の生えたようなもので、最高速度は130キロに過ぎず、単線区間もある。つまり、直行便になっても大したスピードアップはなく、要は

右／37年ぶりのクロスシート車の9300系。左／固定窓にして肘掛けを設ける手の込んだ改造を受けた8000系のクロスシート。

乗り換えをなくしただけだ。にもかかわらず、これらの「ミニ新幹線」は大成功を収め、立派なドル箱へと成長した。

また、JR東日本の新幹線は、沿線の騒音問題があって上野～大宮間は時速110キロでの走行を強いられる。だが、当初は大宮開業だったのが上野へ、わずか3・6キロ先の東京駅まで足を延ばしたことで、乗客の大幅増を実現した。

電車を愛するわたしにはあまりわからない感覚だが、どれほどスムーズだとしても、確かに乗り換えには心理的抵抗があるのだろう。ま、直行便ならずっと寝ていてもOKなわけだし、5分から10分ほどの面倒な乗り換え時間の解消も立派なスピードアップだ。インフラによって走行時間を5～10分短縮しようとすれば、大幅な投資が必要になる。それが乗り換えをなくすだけで、それ以上の効果を生み出すのだ。

ただ、阪神間の住民もまた直通特急の出現を喜んだ。そうちょくちょく明石や姫路に足を延ばすわけではないにもかかわらず、である。なぜか？　直通特急を担当する山陽車両が、快適至極なクロスシートを装備していたからだ。

競合相手であるJRも快速・新快速でクロスシート車を走らせている。特に梅田～姫路間の長距離運用を考慮して、直通特急を担当する列車は、阪神車両よりも山陽車両の比重を多くしていた。ついには阪神の赤胴車を見送って山陽車両を待つ乗客が現れたりもした。これは阪神電車にとっては切ない。

そこで2001年、阪神電車は急行用電車をモデルチェンジし、プレストオレンジとシルキーホワイトの9300系を導入する。実に37年ぶりのクロスシート車だ。さらに既存の8000系赤胴車も、リニューアルに際して9300系と同じカラーリングに改め、一部はクロスシート化の改造を行った。

このクロスシート化はなかなか手が込んでいる。というのも、快適性を提供するには、窓側の座席にも肘掛けを設けたいが、その一方で乗降をスムーズにするには、通路幅を確保しなければならない。イチから設計できた9300系ならいざ知らず、外板が肉厚の8000系ではどちらかが犠牲になってしまう。

そこで、8000系のクロスシート化にあたっては、開閉式だった側窓を固定式に改造した。これまで確保してあった窓が降りてくるスペースを潰せば、客室幅を広げられる。そこに肘掛けを設置して、9300系と同等の座席幅や通路幅を実現したのである。まさに関西私鉄らしい行き届いた気配りではないだろうか。

東花園ゆき普通として近鉄奈良線に顔を出した阪神 1000 系。鶴橋～布施間では大阪線電車との併走も楽しめる。

キタへ、ミナミへ、奈良へ、名古屋へ！

2009年、阪神電車は大きな転機を迎えた。伝法《でんぽう》線として開業し、その後西九条まで延伸されて長らく西大阪線を名乗っていた阪神なんば線がようやく日の目を見て、近鉄奈良線との直通運転が始まったのだ。神戸三宮～近鉄奈良間65・3キロは、難波～極楽橋間59・9キロ、淀屋橋～出町柳間51・6キロ、梅田～河原町間47・7キロをしのぎ、難波～和歌山港間67・0キロに肉薄する。

相互乗り入れの際は、各社とも車両規格の統一になかなか苦心する。近鉄は21メートル・4扉の大型車、阪神は19メートル・3扉の中型車。曲線の多い阪神電車に21メートルを通すのも大変だし、山陽電車との兼ね合いもあるし、どうなることやらと思っていたら、なんと近鉄は大型車、阪神は中型車のままで、開き直ったかのように相互乗り入れを始めてしまった。

これには驚いた。当初からこれだけ車両規格が不揃いな直通運転はまったく珍しい。それも特殊な数列車が直通するのではなく、終日にわたって何本もの列車が行き交う様子には、驚きを通り越して呆れてしまう。

無線機器などの他に、唯一規格を合わせなければいけない部分が

急曲線上にある御影で近鉄の大型車はホームをこすってしまうので幅を削った。快速急行が通過する理由のひとつ。

バンドン式連結器とふかふかの座席を装備した旧赤胴車は、武庫川線に残る。

あるとしたら、連結器である。車両故障などの非常事態が起こった時には、乗り入れ先の車両と連結して牽引できるようにしておかなければならないからだ。阪神電車は長らく、バンドン式と呼ばれる独特の平べったい連結器を使ってきた。山陽電車との乗り入れに際しては、連結用のアダプターを用意して対処していたが、近鉄が加わることによってそうもいえなくなってきた。

そこで、本線を走る先頭車はすべて、柴田式と呼ばれる一般的な密着連結器へと交換した。バンドン式より天地が大きいので、車体の下辺に切れ込みが入って、表情が変化した。現在、バンドン式連結器は武庫川線を走る旧型の赤胴車に残っている。

ともあれ、阪神なんば線の開業は大きなインパクトをもたらした。近鉄との直通運転はもちろんだが、依然として路線規模こそ最小ではあるものの、阪神電車は関西私鉄で初めてキタの梅田とミナミの難波の双方に到達する栄誉を得たのだから。

今や阪神線内で近鉄電車と山陽電車が顔を合わせる。ちょっと前には考えられなかった光景だ。そうかと思えば、直通先の大和西大寺では阪神電車と京都市営地下鉄烏丸線の電車が顔を合わせる。ただでさえ複雑怪奇な配線と運用を誇る西大寺にあって、ここはどこわたしは誰、の気分に囚われる。

高速神戸では直通特急が梅田～新開地間の阪急特急と接続。

高速神戸や新開地では、相変わらず隣に阪急電車が停まる。阪神電車は車体の手入れにも定評がある。比べてみよう、車体のツヤピカさ加減では、並んだ阪急電車に勝るとも劣らない。

名実ともに「線路は続くよどこまでも」になった阪神電車だが、２０１４年、宿願がまた一つ叶った。特急料金の扱いが困難なために団体専用列車扱いではあるが、神戸三宮発宇治山田ゆきの近鉄特急を、最新鋭のＡｃｅで走らせたのだ。名古屋から甲子園へと直通する、ドラゴンズファンのための団体臨時近鉄特急も走った。

いつかこれらのチャーター便が、もっと自由で気軽に乗れる定期便として運転される日や、あるいは山陽網干発近鉄名古屋ゆきの、究極の直通特急が生まれる日をわたしは夢見ている。

ターミナルの梅田すら、４面５線の規模とは思えぬほどコンパクトでインテリジェント。

駅に愛想は必要か？

コンビニ並みに気軽な駅。

しつこいようだが、阪神電車には駅が多く、平均駅間は９７５メートルしかない。だから閉塞区間を短くとったり、普通列車にジェットカーを用意したりと涙ぐましい努力で速さを確保している。とすれば、短い駅間距離は電車にとって足枷と考えるのが一般的だろう。

だが、ちょっと視点を変えてみようではないか。よく阪神電車は「サンダル履きが似合う」などといわれる。わたしにいわせれば、これは立派な褒め言葉だ。いささか逆説的ではあるが、駅間距離が短く、サンダル履きが似合うがゆえに「阪神電車は速い」のだ。

謎かけのようだが、平均９７５メートルということは、線路沿いに家があると考えると、どんなに遠くとも５００メートル弱歩けば、駅にたどり着くではないか。

この半径５００メートルとは、コンビニエンスストアの第一次商圏、つまり来店客の7割を占める数値だという。主婦がサンダル履きで出かける食品スーパーですら、商圏はもっと広がる。つまり、阪神電車の駅の立地は、コンビニ並みに気軽なのだ。

電車に乗っている方が歩くよりはどう考えても速い。家を出てから数分あれば電車に乗れる。ブーツを履いたり、靴紐を結んだり、おめかしをしたりしているうちに電車に乗れてしまうのである。

西灘駅。改札口から道路までの距離が非常に短い。

我々現代人にとって、「待つ」ことは、もっとも苦痛に感じる時間の遣い方ではないだろうか。とっとと駅にたどり着けて、しかも待たずにサッと乗れる阪神電車のフットワークこそ、ビジネスマン御用達にふさわしい。

駅と街の距離。

わたしは本書の取材のため、「近鉄と山陽の車両は見送る」とのルールを設け、３日ほどかけて阪神電車の全51駅で乗り降りした。その中で、利用者が少ない南海や近鉄の支線の小駅のそれとは異なる不安感を覚えた。しっかり利用者がいるのに、駅の雰囲気が妙に無愛想なのだ。もちろん、駅員の態度が無愛想というのではない。

姫島、住吉、大石、西灘、岩屋、伝法、千鳥橋、東鳴尾、洲先…と乗り降りするうちに、改札口から道路、すなわち街までの距離の異常な短さに気がついた。電車を降り、改札を出て、コンコースを抜けて街に出るまでのプロセスが他社に比べて圧倒的に短い。

街と駅が近いのはよくても、商業施設などが入ることで駅を肥大化させてしまっては、時間をとらせてしまう。乗客はイラチである。早く電車に乗りたいのだ。待たずに電車に乗ってもらう、あるいは電車を降りた人にはとっとと家路についてもらうのが「速さ」というサービスではないか、と阪神電車は問いかける。なるほどこれは路面電車の感覚だ。

もう一つ、阪神電車は18回にわたって路線改良をしてきたが、もちろん駅の改良工事も進めてきた。一般に私鉄の駅は、１本のホームを線路が挟む「島式1面1線」よりも、線路を両側に設けたホームが挟む「相対式2面2線」が多い。相対式は、線路にホーム進入用の曲線を設けなくていいので電車が減速する必要がなく、駅の増設の際にも線路工事が不要だからである。

私鉄に多い相対式2面2線ホームは線路が直線的なので列車は減速せず駅を通過できる。

一方で、ホーム二つを建設しなければならず、向かいのホームに行くには踏切や跨線橋を渡ったり、改札口を上下線に用意したり

一見普通の踏切を挟む相対式ホームだが、上下線両方に改札を設けたのみならず、改札内外に連絡地下道を設け、究極の移動自由度を誇る打出駅。

しなければいけないので、乗客にしてみれば効率が悪い。特に経営者の立場からすると、小規模な駅が相対式ホームだと、上下線それぞれにホーム立哨要員や改札要員を置かなければならず、そう忙しくもないのに人件費の増大を招くので頭が痛い。

そこで駅の改良の際には、上下線を結ぶ跨線橋の幅を広げ、そこに改札口を設ける「橋上駅舎方式」を採ることが多い。広報部門は「広く使いやすく、踏切を渡る手間が省けます」などとうそぶく。

だがソンナモノはわたしに言わせれば唾棄すべき論理だ。利用者からすると実態は、これまでは少なくとも上下線いずれかでひょいとホームに上がれたはずなのに、出発時も到着時も一旦改札口に上がったあとで地面に降りなければならず、確実にムダに階段の昇降を強いるからである。

阪神電車における橋上駅舎は唯一、魚崎ぐらいなものだ。だがこれとて、六甲ライナーと乗り換えるという立派な理由がある。地上に島式2面4線を設けた青木《おおぎ》などは致し方ないとして、阪神電車の相対式2面2線で「一旦上がって下りる」「一旦下りて上がる」ムダな動線を強いる駅は、久寿川《くすがわ》と芦屋のみである。

打出など、ホーム上に地下連絡通路があるので、これも芦屋同様、地下に改札を設けた悪例かと思ったが、さにあらず。きちんと上下線ごとに改札がある。駅の山手から神戸に行きたい乗客の前で踏切が閉まった場合、大阪行きのりばの改札をくぐり、構内地下通路を通って神戸行きホームに行ってください、との配慮なのだ。

しかも、踏切を急いで通りたいイラチな通行人のために、改札外にも通路を用意した。だから、前述の山手から神戸に行きたい乗客は、先に改札外地下通路を通ってからホームに入っても大丈夫だ。さらに、改札と地面との間の階段は6段しかないにもかかわらず、スロープだのエレベーターだのと、バリアフリーの観点からも至れり尽くせりである。

ターミナルさえコンパクト。

頭端駅の梅田でさえ、実にコンパクトだ。立地面で地下鉄やJRから近いだけでなく、ストトンと数段の階段を降りるだけでホームに到達する。幅の広いその階段を降りる前から、4列車先までの発車案内機が現在時刻とともに現れる。基本的に特急・急行・普通が10分で1サイクルのダイヤだから、この4列車分の表示は実に合理的だ。目的地に応じて、ゆっくり歩いていいのか急ぐべきなのか、先を読んでスムーズに行動できる。

階段上で4本先の列車を表示する梅田の発車案内器。1サイクル分なのも合理的。

あえていうなれば、たかが阪神間の移動である。やれやれと3階まで長いエスカレーターを上がり、そこで初めて発車案内表示器を仰ぎ見るというのは、「たいそうやで」とでもいいたげな小気味よさを感じる。

野球や競艇の開催日には、甲子園や尼崎センタープール前までの往復きっぷ専用券売機がフル稼働する。今日の券売機はあれやこれやと多機能だが、これらはあえて機能を絞り込むことで、慣れない乗客を券売機の前でまごつかせず、スムーズに行列を消化する。しかも大人と子供合わせて最大6枚まで購入できるスグレモノだ。

路線規模のわりに梅田駅は4面5線を擁するので、線路容量も十分だ。ホームによって乗降を分けているため混乱はなく、電車は悠々と折り返す。唯一愛想があるのは、各線路の先端で乗客と電車を出迎える天使の石像くらいのも

改良工事が始まった梅田駅。2022年度末に5面4線から拡幅した4面4線になる。コンパクトさも維持してほしいところ。

のか。なんら機能を持たない上に、阪神電車のデザインの文脈にまったく関係のない装飾を施すあたり、いかにも関西私鉄らしいと感じるが、駅の改良工事後も残されるだろうか。

こうした「最寄駅までの距離」「改札口までの距離」「ムダのない動線設計」といったハードウェアや、かつての名コピー「待たずに乗れる阪神電車」が象徴するジェットカーが優等列車と接続するダイヤからは、阪神電車の速さに対する感性や哲学が見えてくる。

電車にとっての速さは絶対的な速度だけではない。大仰な駅や待ち時間で費やすストレスの軽減も立派なスピードアップではないか。家からすぐに行けるコンパクトな駅からサッとジェットカーに乗り、ビッと特急に乗り換えて大阪や神戸に着くスムーズな移動こそ総合的に「速い」のだ。

尼崎・西宮両市を隔てる武庫川の真上に「かかる」武庫川駅。金網の向こうを歩行者用の私道として解放している。

お気に入りの駅を探そう。

俄然興味がわいてきた。一見無愛想な阪神電車の駅が持つ哲学に、である。義務感ややけくそ混じりに始めた全駅下車が楽しくなってきた。どのみち全51駅だし、相手は待たずに乗れる阪神電車だ。そうこうするうちに、お気に入りの駅が見つかった。

前出の打出はもとより、橋上駅舎ではなく、文字通りの「橋上駅」である武庫川。神戸行きホームを尼崎・西宮両市を結ぶ私道として解放しており、金網の向こうを自転車を押したおばあちゃんが歩いていく光景が楽しい。

武庫川線への乗り換えはけっこうな距離があるが、その途中では土手を上がってくる本線の電車の写真がいい感じで撮れる。また、武庫川線は朝夕は2編成が担当するが、17時頃になると、引き込み線で休憩していた編成が出庫の準備を進める光景も楽しめる。

山手を走る阪急神戸線は、夙川・芦屋川・岡本・御影・六甲と「これでもか！」と言いたげな駅名を連発するが、阪神も負けてはいない。阪急が「あしやがわ」なら阪神は「いしやがわ」で川を見下ろす。

遺構二題。貨物用ホームが残る御影駅（右）と、旧改札口への階段や島式1面2線時代の面影がうかがえる岩屋駅（左）。

上／真っ先に高架化された昭和４年（1929）の意匠が丸窓に残る住吉。左上／色遣いが昭和43年（1968）の開業当時を思わせる西元町。左／21世紀まで使われた狭いホームが残る春日野道。

右／電車が坂を上り下りする姿を見られる西灘。左／震災復旧時に阪神本線では珍しい島式ホームになった石屋川駅。神戸寄りには車庫、浜手には留置線。文字通りに石屋川をまたいでいるのは武庫川駅と同じ。

尼崎でジェットカーは両側の扉を開け、梅田・難波両方面への列車と接続するだけでなく「橋渡し」の役割も果たす。

阪急が六甲を過ぎて高架に躍り出るなら、阪神は高架を一気に駆け下り、地下で神戸に入る。坂の途中の西灘のホームに立てばその様子がよくわかるはずだ。さらに、駅そのものは堀割で旧改札口が残り、神戸方が地下になる岩屋など、南海多奈川線の深日町を思わせる美しさがある。隣の春日野道にも、21世紀まで使っていた、恐ろしく狭い旧ホームが残る。

また、阪神にも「御影」はあって、こちらは真っ先に併用軌道を高架化した昭和4年（1929）の残像が見える。一つは当時の小型車の名残がうかがえる狭くて急曲線を描くホームだ。近鉄の大型車が通れるように削ったところ、さらにホームは狭くなってしまったので、ホームの縁に車体をこすっても平気な、落下防止用のゴムを装着している。

もう一つが、1番のりばの向かいに見える謎のホーム。なんとこれはかつて、「魚」崎から鮮魚を運ぶ貨物輸送をした名残だそうである。待たずに乗れる電車の間に貨物電車など走らせる余裕はなく、あっさり廃止されてしまったという。

御影の隣、住吉も昭和4年（1929）当時のハイカラな意匠を残す。リベットを売った鉄骨や、十字型を組み合わせた丸窓が美しい。わたしは伝法にも同様の美を感じる。

神戸三宮は近年、配線変更を含む大規模な改良工事と併せてレトロ調のクラシックな姿にリニューアルを受けたが、地下駅は特に如実に時代を反映する。明るい元町と対照的に、人気の少ない西元町は昭和中期の色が濃い。

尼崎駅の「中通し」。

極めつきは阪神電車の一大拠点、尼崎だ。本線のジェットカー

当たり前のような顔で車内を横断して乗り換える乗客たち。「アマー・ロード」だ。

と特急・急行、なんば線からの快速急行や準急、三つの列車が接続する。真っ先に着いて最後に発車するのは当然、ジェットカーだ。

真ん中の2番のりばに着くと、ジェットカーは両側の扉を開ける。こうすると1番のりばの梅田系統と3番のりばの難波系統、どちらの列車にも階段を上下せずに平面上で乗り換えらる。

だが、恩恵を蒙るのはジェットカーの乗客だけではない。むしろマジョリティである、1番のりばに着く梅田ゆき急行から、難波・奈良方面に向かう乗客が車内を通り抜けるのだ。

「なんば線にお乗り換えの方は、普通電車の中を通って3番のりばへお越しください」

わたしは驚愕した。電車を乗り換えのための「橋」として使う方法を、オフィシャルな車内アナウンスで認めるとは。正式名称「中通し」というこのシステム。スムーズさを追究する阪神電車ならではの芸当だろう。

わたしはジェットカーの座席に腰掛け、そこが電車であることなどどうでもいいかのように、まっすぐ前を見て大股で次々と通り抜ける乗換客を見ていた。ふと、ビートルズの「アビイ・ロード」のジャケットが脳裡をよぎった。

「“たいせつ”がギュッと。」は、イメージチェンジなのか？

阪神電車のキャッチコピーは「みなさまの足」や往年の「待たずに乗れる」が有名だが、2013年に沿線活性化プロモーションの「“たいせつ”がギュッと。」がスタート、駅や車両のいたる所でカラフルなハートマークを目にするようになった。

「阪神沿線には等身大の人間らしい“たいせつ”な暮らしが凝縮されている」旨の説明があるが、わたしはこのキャッチコピーのうち、「たいせつ」よりも、後半の「ギュッと」に阪神電車らしさを感じてならない。

人々の生活の凝縮だけではない。阪神電車は、短い駅間や信号機の間隔、千鳥停車やジェットカーなどのハード／ソフト両面にわたる工夫や、一見素っ気ないまでにシンプルな駅など、ギュッとコンパクトだからこそ、スムーズかつストレスフリーなスピードを提供する。附加価値志向の阪急とは対照的に、今なお「都市間電気鉄道」の本質価値を追求するスタイルを表すコピーではないだろうか。

悲劇を乗り超えて。

1995年1月17日、その時、阪神電車は。

東京在住のわたしが、経験したわけではないことを語るなど、不遜の誇りを受けるのは当然だ。だからここで述べるのは気が引ける。それでもやはり阪神電車を語るに際し、あの阪神・淡路大震災からの復興に触れないわけにはいかない。

乗客や勤務中の社員に死者は出なかったが、阪神電車の被害は深刻だった。

被害は神戸方に集中した。特に悲劇的だったのは高架線上にある石屋川車庫や、御影の留置線における路盤崩壊だ。まだラッシュ前の早朝だったので、スタンバイしていたほとんどすべての車両が脱線した。台車は外れ、線路の変形も大きく、どの方向に脱線したか判断がつかない。車体はビリヤード状にぶつかり合い、床下機器を含め大きな損傷を受けた。

営業中の電車とて無事ではなかった。三宮～元町間を走っていた高速神戸ゆき急行は、脱線しただけでなくトンネルに車体をこすってボロボロになった。三宮に停車中のジェットカーも、もちろん脱線して台車が外れ、ホームに当たった車体は激しく損傷した。新在家～大石間を時速65キロで走っていたジェットカー。高架線が崩壊して台車が外れ、車体は架線柱に激突した。

当時の在籍車両は、赤胴車23

阪神電車の阪神・淡路大震災での被災状況

	在籍数	被災数	率	廃車数	率（対在籍）	率（対被災）
急行用	238	102	42.9%	33	13.9%	32.4%
普通用	76	24	31.6%	8	10.5%	33.3%
合計	314	126	40.1%	41	13.1%	32.5%

青木駅のホームからは、美しい六甲の山並みを望める。

8両、ジェットカー76両。うち、赤胴車の4割、ジェットカーの3割以上が被災した。このため西淀川区に設けた被災車両の仮留置所に、最大64両を運び込んだ。被災車の3分の1は損傷が激しく、41両を廃車せざるを得なかった。修理するための搬出もままならず、泣く泣く現地でスクラップにした電車すらある。阪神電車は、実に13％もの車両を失ったのである。

　もちろん、車両だけではなく、線路や信号設備、駅関係の被害も大きい。復旧しない限り、日銭だって入ってこない。当時の役員や従業員は、倒産すら懸念したという。何もできないわたしも心配した。

鉄路はよみがえる。

　しかし、阪神電車はよみがえった。こんな時でさえ「スピード」を追究して。1月26日、梅田〜青木間が開通。被災した3社の中で、真っ先に神戸市内に到達した。それまで静かな小駅だった「青木」の読み方は、報道を通じて全国にとどろき渡った。

　車両も補充しなければならない。ジェットカーは、かねてから計画していた5500系を前倒しでつくった。アレグロブルーの新色は、復興の証である。

エアコンなどの形が異なるのは、相棒を失った車両同士だから。

　急行の8000系は、生き残った車両同士を組み替えて新たに6両編成を組み直した。今も6両編成の中で、窓の形、エアコンの形や、車体の肩の部分の丸みが異なる凸凹編成が残るが、これは震災で盟友を失ったからである。それでも半端車が出てしまうので、廃車した車両の「遺品」を用いて何両かを新製し、6両編成にした。

　33両を失った急行用の車両は当然、まだ足りない。それまで阪神電車の車両を一手に製造していた系列会社の武庫川車両は、5500系の製造や8000系の修理でいっぱいいっぱいである。そこで地元神戸の川崎重工に依頼した。一刻も早く復旧しなければいけない。ちょうどステンレス車用の製造ラインしか空いていなかったために、急ごしらえで生まれた9000系は、昭和52年（1977）に廃車したジェットシルバー以来のステンレス車だった。

急遽製造した9000系は確かに脇役だ。だが、震災を乗り超えた記憶と阪神電車のプライドが詰まった名脇役なのだ。

神戸市内に真っ先に到達した阪神電車だが、そこから先の道のりは遠かった。真っ先に阪神間を全通させたJRは、これも前倒しで新快速に新型223系を投入していた。

9000系は、震災の翌年、1996年3月に営業を始める。石屋川車庫も、1年をかけてつくり直した。1998年には起死回生の願いを込めた直通特急が登場した。9000系ももちろん、直通特急として姫路に足を伸ばした。果たして直通特急は好評で、2001年には待望のクロスシート車、9300系が生まれる。

プレストオレンジとシルキーホワイトの塗装をまとう9300系の登場により、9000系はデビュー5年で脇役へと追いやられた。しょせんは急ごしらえの代用品、あるいは震災の徒花か。

しかし、転機は突然訪れる。2009年、阪神なんば線の開通を控え、前年に登場した1000系と同じステンレス車ということで、近鉄直通用車両として白羽の矢が立ったのだ。9000系は特急時代の赤帯から、1000系に準じたヴィヴァーチェオレンジへと衣替えし、生駒の坂を駆け下りる抑速ブレーキを取り付けて、姫路から奈良まで一気に活躍の場を広げた。

震災復旧と直通運転。9000系は確かにバイプレイヤーだが、新装なった神戸三宮駅で山陽車や近鉄車と並ぶ英姿は、まるで平成の阪神電車の姿を象徴するようではないか。9000系には、震災を乗り超えた記憶と阪神電車のプライドが宿っているのだ。

わたしは申し上げたい。苦しい時は阪神電車に乗れ、と。震災から猛スピードで立ち上がり、希望を運んだ阪神電車に。

やってみよう！

阪神電車の
スピードへの執念を
思い知る10のポイント

1
各駅停車と直通特急で阪神間を乗り比べてみよう。
【P103】

2
直通特急や快速急行で、阪神電車の保線のすごさを知ろう。
【P108】

3
先頭車両に乗り、指差喚呼を行う運転士の後ろ姿に敬礼しよう。
【P112】

4
油とソースの匂いに酔ってスピードを語り、千鳥足で帰ろう。
【P114】

5
野田や千船などの待避駅で赤が青を追い抜く様子を観察しよう。
【P118】

6
旧型車のふかふかの座席を楽しもう。
【P121】

7
ジェットカーと特急車の吊革の傾き具合を比較しよう。
【P122】

8
すべての駅で下車し、お気に入りの駅を見つけよう。
【P134】

9
尼崎で悠然とジェットカーの中を通り抜けよう。
【P136】

10
8000系のバリエーションに震災を思い起こそう。
【P139】

【私鉄王国用語集】

阪神電車編

【ミックスジュース】

阪神電車名物といえば必ず挙がるのがこちら。梅田駅東側改札脇のミックスジューススタンドだ。サラリーマンやＯＬ、百貨店での買い物を終えた年配のご夫婦が、ぐいっ。１００円台で買えるものも多いので、部活帰り風中高生の姿もよく見かける。コップになみなみと注いでくれるのも嬉しい。ここで「スペシャル」（ハチミツや卵が入る）を買って飲むのが、「自分へのご褒美」という人も多い。

【ivy《アイビー》 SHOP】

阪神電車の駅などにある売店。「ivy」とは植物のツタのこと。そういえばもうなぜこの名前なのかわかるはず。ちなみに、梅田駅の西側改札近くにあるプレイガイドは「アイビーチケット」で、かつては甲子園駅前や尼崎駅前に「アイビー書房」もあった。

【手動】

特急車のクロスシートといえば、終点での車内整理の際、進行方向を向いて座れるように自動で一斉に動かすことも多いが、阪神の場合は手動。そのため乗客は乗り込むなり、ガッタンと動かすのがお約束。みな慣れた手つきだが、動かさずに進行方向に背を向けたまま座っている人も意外に多い。実に大らかである。

【伝法鉄橋】

淀川越えとなる阪神なんば線の福駅～伝法駅にかかる橋。電車が通過する橋としては最も河口に近い。水面から近い高さにかかっているため、乗っていると不思議なアトラクション感がある。撮り鉄にとっては絶好の撮影ポイントで、乗客も「水面スレスレを走るんや」となぜか自慢げである。

【横丁】

梅田から電車に乗って、次の駅といえかつて梅田駅西側改札を出てすぐのところに「ぶらり横丁」という、小さな店が並ぶ一角があった。立ち食いうどんや居酒屋のほか、串カツの「七福神」をはじめ、仕事帰り客を中心に人気だった。また、阪神百貨店地下１階のアーケードの向かいには、全国各地の名産品を買える「ふるさと名産」なる店舗街もあった。こちらは旅行や出張のお土産を忘れた時にも便利なことから、「アリバイ横丁」なる絶妙な異名でも知られていた。どちらも百貨店の建て替えに伴う地下道拡幅により、惜しまれながら閉店した。なお、阪神百貨店は２０２３年度の全面開業を予定しているとのこと。

【やすもり】

尼崎駅から線路沿いに西へ５分ほど。ガードの下にあるてっちゃん鍋の店「やすもり」は、みるからに旨そうなロケーションも相まって、地元尼崎はもちろん、阪神沿線では知られた存在。ロの字のカウンターには特注の鍋が置かれ、肉を焼いたりタレを足してくれたり、お店の人が中からいろいろと世話を焼いてくれる。阪神尼崎駅前にはほかにも人気店が多く、てっちりの「ぽて」、カキ料理「かき金」と共に、地元では「冬の御三家」と呼ばれている。さらに、店前に掲げられた「味のスピード違反」の名コピーが光る焼肉の「成山」、現存最古の中華そば店である「大貫」など、個性的な店が密集している。

近鉄電車

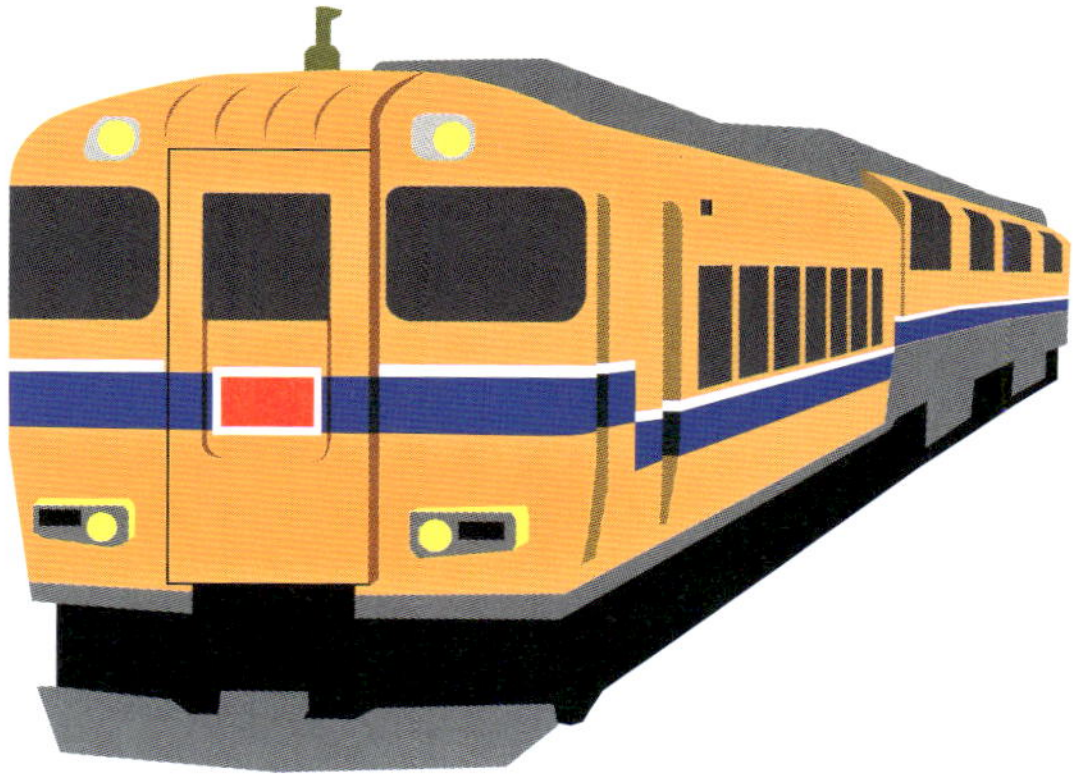

KINTETSU

近畿日本鉄道株式会社
創業：1910年
本社：大阪市天王寺区
営業キロ：501・1キロ

明治43年（1910）設立の奈良軌道（大阪電気軌道に改称）が、大正3年（1914）に開業させた路線（現奈良線）に源流をさかのぼる。その後は大阪線、山田線、橿原線、吉野線を開業。戦時統制や恐慌の影響で大阪鉄道（現南大阪線）や伊勢電鉄（現名古屋線）を併合。昭和19年（1944）に現社名に。昭和22年以降は佐伯勇指揮の下、奈良電（現京都線）の合併や特急列車網の構築、伊勢志摩観光開発を進めた。

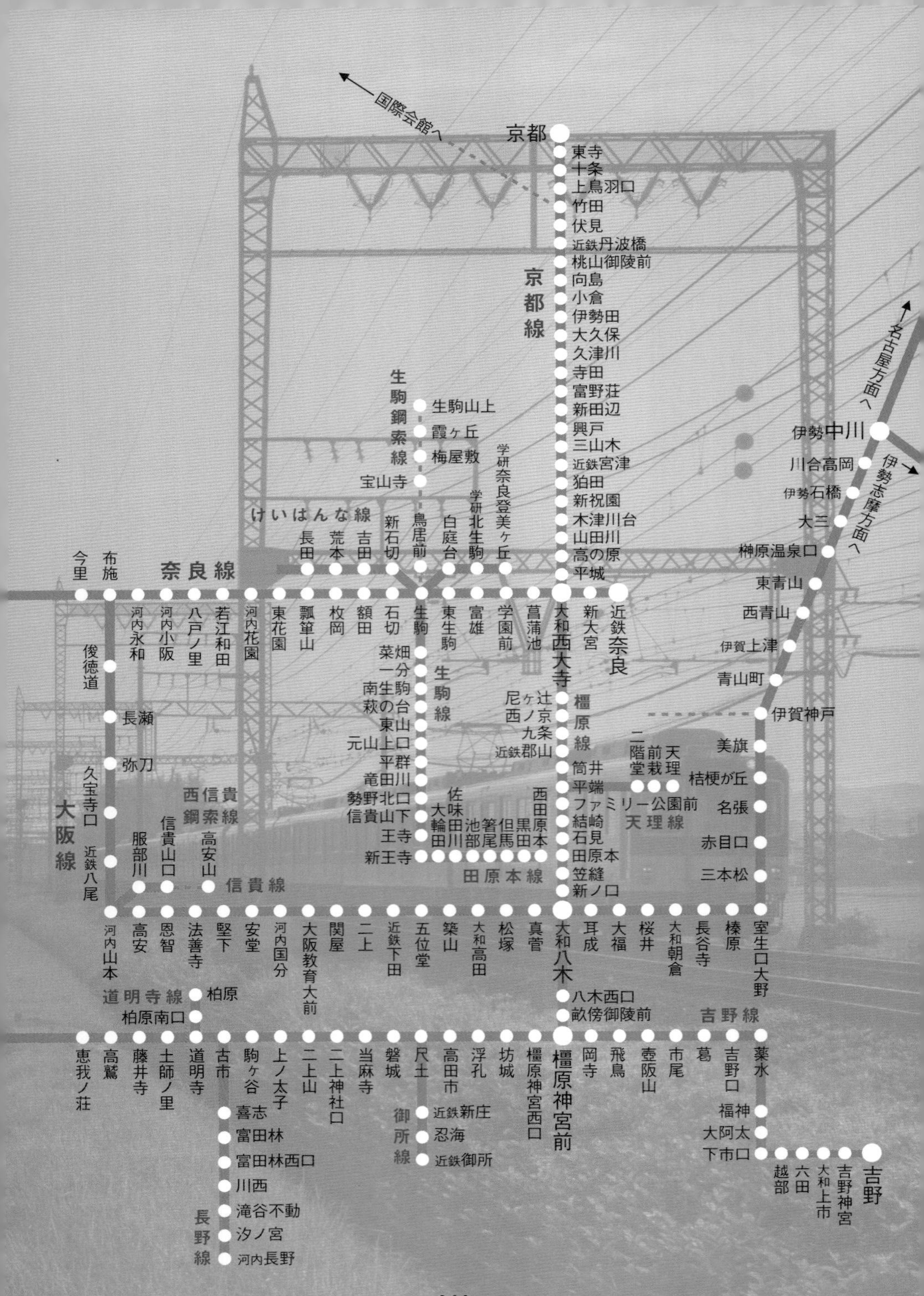

国際会館へ
京都
東寺
十条
上鳥羽口
竹田
伏見
近鉄丹波橋
桃山御陵前
向島
小倉
伊勢田
大久保
久津川
寺田
富野荘
新田辺
興戸
三山木
近鉄宮津
狛田
新祝園
木津川台
山田川
高の原
平城
京都線
生駒鋼索線
生駒山上
霞ヶ丘
梅屋敷
宝山寺
鳥居前
けいはんな線
長田
荒本
吉田
新石切
白庭台
学研北生駒
学研奈良登美ヶ丘
奈良線
今里
布施
河内永和
河内小阪
八戸ノ里
若江岩田
河内花園
東花園
瓢箪山
枚岡
額田
石切
生駒
東生駒
富雄
学園前
菖蒲池
大和西大寺
新大宮
近鉄奈良
生駒線
菜畑
一分
南生駒
萩の台
東山
元山上口
平群
竜田川
勢野北口
信貴山下
王寺
新王寺
大輪田
佐味田川
池部
箸尾
但馬
黒田
西田原本
田原本線
橿原線
尼ヶ辻
西ノ京
九条
近鉄郡山
筒井
平端
ファミリー公園前
結崎
石見
田原本
笠縫
新ノ口
天理線
二階堂
前栽
天理
名古屋方面へ
伊勢志摩方面へ
伊勢中川
川合高岡
伊勢石橋
大三
榊原温泉口
東青山
西青山
伊賀上津
青山町
伊賀神戸
美旗
桔梗が丘
名張
赤目口
三本松
大阪線
俊徳道
長瀬
弥刀
久宝寺口
近鉄八尾
西信貴鋼索線
高安山
服部川
信貴山口
信貴線
河内山本
高安
恩智
法善寺
堅下
安堂
河内国分
大阪教育大前
関屋
二上
近鉄下田
五位堂
築山
大和高田
松塚
真菅
大和八木
耳成
大福
桜井
大和朝倉
長谷寺
榛原
室生口大野
道明寺線
柏原
柏原南口
八木西口
畝傍御陵前
吉野線
恵我ノ荘
高鷲
藤井寺
土師ノ里
道明寺
古市
駒ヶ谷
上ノ太子
二上山
二上神社口
当麻寺
磐城
尺土
高田市
浮孔
坊城
橿原神宮西口
橿原神宮前
岡寺
飛鳥
壺阪山
市尾
葛
吉野口
薬水
福神
大阿太
下市口
越部
六田
大和上市
吉野神宮
吉野
御所線
近鉄新庄
忍海
近鉄御所
長野線
喜志
富田林
富田林西口
川西
滝谷不動
汐ノ宮
河内長野

大らかな沿線風景も魅力的。赤目口〜三本松間

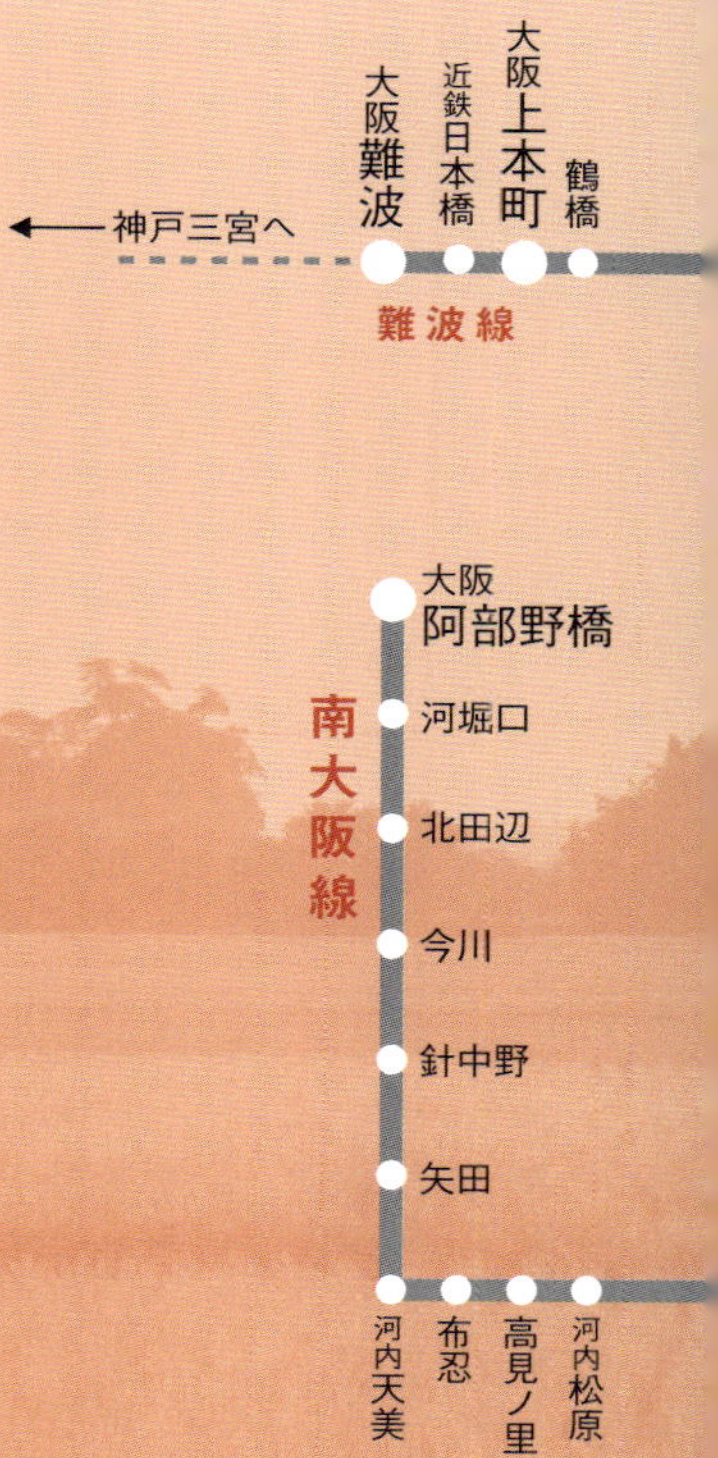

日本最大の私鉄のエキゾチシズム。

大阪や京都を出発し、奈良、吉野、そして名古屋や伊勢志摩へ。日本最大の私鉄たる近鉄の駅や車両には、長距離を走る鉄道ならではの旅気分を高めてくれる雰囲気が漂っている。行先表示にも見慣れない地名がたくさんある。そのため、たとえ同じ近鉄ユーザーであっても、行先や路線が違えばどんな街へ行くのか見当さえつかない。ふだん利用しない乗客にとってはなおのこと。どこか遠くへ連れて行かれるような、不安混じりの期待が押し寄せる。そう、近鉄電車に乗ると、誰もがみな「エトランゼ」になるのだ。

遠くに行かずにいられない。

旅情漂うターミナル。

　阪急143・6キロ、南海154・8キロ、阪神48・9キロ、京阪91・1キロに対し、近鉄は501・1キロ。比類なき日本最大の私鉄である。大阪上本町駅の地上ホームから、見慣れぬ行先に向け静かに発車する列車を眺めていると、遠くに行かずにはいられない気分になる。「あゝ麗しい距離《デスタンス》、常に遠のいていく風景…」、吉田一穂の詩「母」が思わず口をつく。

　この上本町は、規模においてキタの阪急梅田、ミナミの南海難波をも凌いでいる。梅田は9面10線を3路線、難波は8面9線を2路線で用いるのに対し、上本町の地上ホームは、大阪線と一部の特急だけで7面6線を有するからだ。その大阪線に乗るにしても、次の鶴橋で難波方面や環状線から乗り換えてくる乗客の方が多いことを考えれば、なんと贅沢なターミナルだろうか。

　そのため、上本町の地上ホームにはえもいわれぬゆったりとした空気が流れている。始発駅につきものの殺気立った整列乗車など無用。なにしろ7面6線の容量があるのだ。電車は発車の約15分も前に入線しては、悠々と折り返す。

　ゆったりとしたターミナルは上本町に限らない。大阪阿部野橋は5面6線、京都は4面4線、名古屋も4面5線ある。

　終着駅にも堂々たる頭端式が目立つ。京都や神戸に向け4面4線を擁する奈良だけでなく、3面4線の吉野、4面3線の天理も大した貫禄だ。わたしは飛行機に乗って上空から見た、まだ訪ねたことのなかった天理駅の英姿に「どこだ、このやたら立派な駅は?」と考え込んだものだ。

　ただ、果たしてその規模や営業距離によるスケール感だけが理由なのだろうか、近鉄の駅に感じるエキゾチシズムは。

　たとえば京都駅の入口の案内表示には、「奈良 橿原神宮前 吉野 伊勢志摩方面」と書いてある。奈

新幹線から乗り換える遠来客をまず打ちのめす、京都駅のエントランス。

７面６線のスケールを誇る大阪線上本町駅。ゆったりした雰囲気がエキゾチシズムあふれる近鉄ワールドへと誘う。

改札口とフロアが異なるのであまり意識しないが、京阪神へ向かう奈良も実はスケールの大きな頭端駅。

オフシーズンは閑散とした吉野も、３面４線の余裕あるレイアウトを擁する優美な頭端式の終着駅。

良を訪ねるべく新幹線から乗り換えるわたしのような東京人は、まずここで打ちのめされる。

これが「大阪 神戸 姫路」や「大津 米原 敦賀」なら、見る側は直線的に移動する感覚で捉えられる。それに対して「奈良 橿原神宮前 吉野 伊勢志摩」は、出発地点からの距離に囚われずに面的に広がっていくイメージだ。一体どこに連れて行かれるのだろう？ この先にどれだけの世界が広がっているのだろう？ 路線図や位置関係がアタマに入っていなければ、その思いはなおさらだ。

これは空港や海外の駅における発車案内器に似ている。方面別や路線別ではなく、さまざまな方向に向けたフライトや列車が出発時刻順に並んでいる。運転系統別に分けてまとめる日本の鉄道駅のスタイルは、むしろ少数派だとわたしは経験から感じている。

見慣れぬ行先が一見ランダムに並ぶ。いったいどこに連れて行かれるのかと不安と期待が脳裡をよぎる。

地名と定期券利用率。

行先表示に戸惑いを覚えるのは、なにも旅行者だけとは限らない。いくつかの駅で以前何とはなしに撮った写真を見返してみた。大阪難波の2番のりばは面的に広がる「奈良 名古屋 鳥羽」、大阪阿部野橋なら「橿原神宮前 古市 河内長野 藤井寺 吉野」、上本町は「名張 五位堂 青山町 榛原 河内国分 大和八木」を表示していた。さて、あなたはこれらの駅名を手前から順番に並び替えられるだろうか。あまりなじみのない地名が多くないか。これは単に営業距離が長いだけの問題ではない。

その理由を考えるヒントになるのが定期券利用率の高さだ。都市間路線と郊外路線を比較すると、都市間路線の定期券利用率は、ほぼ沿線住民専用である郊外路線に比べて低くなるのが通常だ。近鉄では、京都線と奈良線は「都市間路線」、大阪線と南大阪線は「郊外路線」にカテゴライズできよう。奈良線は布施～大和西大寺間の定期券利用率がおおむね60％強で、京都・橿原線から流入する西大寺～奈良間は60％を切る。その京都線も、地下鉄や京阪電車への流出入のある丹波橋以北では60％を切るが、以南は60％以上を保つ。大阪線は鶴橋～大和八木間で60％を、南大阪線は全線で65％を超える。

これが阪急なら、郊外路線の宝塚線でも全線で50％前後。京都線は淡路～高槻市間で50％を少し上回る程度。神戸線の十三～神戸三宮間に至っては40％前後である。したがって、路線の性質にかかわらず、近鉄は定期券利用率が高い。これは言い換えれば、定期客以外にはなじみのない地名が相対的に多くなるとも捉えられる。

また、定期券を持っているとは、毎日同じ路線にしか乗らないということでもある。近鉄ユーザーとはいっても、自分が乗る電車や行先以外は知らないわけだ。

たしかに近鉄の規模は圧倒的である。だが、1キロあたりの1日あたり輸送人員数を算出した「輸送密度」では、なまじっか分母が大きいだけに5万8000人。16万人を超える阪急、11万人台の阪神・京阪はもとより、6万4000人の南海にも及ばない。

沿線外の住民はもとより、たとえば奈良線の沿線住民でさえ、なじみのない大阪線や南大阪線を前にすると「我らはどこから来たのか」と自問するエトランゼとなる。見慣れた電車がまるで違う世界を走る錯覚を覚えるのだ。

駅名はヨーロピアンスタイル。

わたしはこうした近鉄のエキゾチシズムを駅名にも感じる。「大阪上本町」「大和八木」「河内国

これが首都圏なら「近鉄天王寺」を名乗っていたに違いない（？）大阪阿部野橋駅。「あべのハルカス」に連なるひらがな表記も健在だ。

分」など、旧国名を「苗字」に冠した駅名がそうだ。

たとえばパリならパリ東駅、パリ北駅、パリ・モンパルナス駅、パリ・オステルリッツ駅などのように、都市であるパリを苗字として、駅名がそれに続く。オランダのアムステルダムでは、都市間路線や郊外路線である国鉄の駅は、アムステルダム中央、アムステルダム・ライ、アムテルダム・スキポールのように、ターミナルに限らずすべて都市圏に入ったら都市名＋地域名のスタイルになる。ポーランドのワルシャワも然り。近鉄の駅名はいわば欧風なのだ。

大阪阿部野橋など、おおよそ東京人にはない発想だ。東京ならわかりやすく「近鉄天王寺」を名乗るだろう。JRや地下鉄御堂筋線の天王寺駅が目の前にあるのだから。あべの橋駅は天王寺区ではなく阿倍野区にある？　それがどうしたというのだ。東京ならJRと地下鉄4路線が集う飯田橋駅は、千代田区・新宿区・文京区にまたがっているが、最初に開業した千代田区飯田橋に統一している。近鉄流のロジックでいくなら西武新宿駅は「東京歌舞伎町」、東武浅草駅は「東京花川戸」を名乗ることになってしまう（それはそれで風流だが…）。

上本町や近鉄難波は、名古屋あたりでは「大阪上本町」「大阪難波」と呼ばれていたが、近年、それが本名になった。阪急、阪神も「神戸三宮」が最近本名になったが、「大阪梅田」「京都河原町」「神戸新開地」「京都出町柳」「大阪淀屋橋」のように、都市名を苗字としてつけるのは関西や欧州の流儀だ。「東京渋谷」「東京新宿」「東京浅草」「東京池袋」「東京品川」「東京上野」などの言い回しは、関東私鉄の沿線ではまったく耳にする機会はない。

パリ・モンマルトル駅を訪ねた日。発車案内機を見上げたわたしは耳を疑った。どこからか「オーサカ・アヴェノヴァスィ」とのアナウンスが聞こえた気がする。欧州流の響きや、特急列車網の面的な広がりを持つ近鉄のターミナルでも、東京から来た異邦人のわたしは、それに似た感慨を覚える。

華麗なり、近鉄特急。

5世代&4カテゴリー。

沿線住民以外にはなじみに乏しい近鉄電車だが、2府3県を縦横無尽に颯爽と走る、橙と濃紺の近鉄特急を思い描く人は少なくないはずだ。

現在の近鉄特急の、車両面における元祖は初代ビスタカー①にさかのぼる。試作的要素の強い同車は、2階建て2両を含む7両編成と輸送力過多で機動力を欠いた。そこでその翌年、伊勢湾台風を機に線路の幅を広げた名古屋線への直通用に登場した量産型、ビスタカーⅡ世②は2階建て1両を含む3両編成となった。

ビスタカーⅡ世に続いて、すべて平屋建てとした4両編成のエースカー③、3両編成の新エースカー④が登場する。どんな組み合わせや、どんな路線でもオールマイティな汎用性を、トランプの切り札であるスペードのエースになぞらえたネーミングである。

また、ビスタカーの亜種として、修学旅行を中心とする団体貸切用のあおぞら号⑤も登場した。昭和30年代にはこれらビスタカー、汎用特急車、団体貸切車両の三つのカテゴリーの特急車の第1世代が出揃った。

特急ネットワークの拡充に伴って、昭和40年代に登場した第2世代の特急車はすべて汎用車だ。スナックカー⑥、当時は幅が狭い車両しか入れなかった京都・橿原線用のミニスナックカー⑦、新ミニスナックカー⑧、そして今なお現役の新スナックカー⑨、狭軌の吉野特急用16000系⑩である。

営業距離の短い16000系以外は、電子レンジなどを備えて軽食を提供したものの、営業成績は振るわず、やがてサービスは取りやめ。スナックコーナーも撤去され、スナックカーは名ばかりになってしまった。

昭和50年代の第3世代では、塗色に以前より明るいサニーオレンジを採用したサニーカー系列⑪で汎用車が充実。新しいイメージリーダーであるビスタカーⅢ世⑫も登場した。

近鉄特急の最大勢力だった新スナックカーの車体更新前の姿。汎用車こそ縦横無尽な特急ネットワークの象徴だ。

近鉄特急の世代とカテゴリー

	第1世代 昭和30年代	第2世代 昭和40年代	第3世代 昭和50年代	第4世代 平成初期	第5世代 21世紀
スペシャリティ				⑬アーバン(1988-) ⑮伊勢志摩(1994-) ⑭さくら(1990-)	⑱アーバンNext(2003-) ⑳しまかぜ(2013-)
ビスタカー	①Ⅰ世(1958-71) ②Ⅱ世(1959-79)		⑫Ⅲ世(1978-)		
汎用車	③エースカー(1961-92) ④新エース(1963-97)	⑥スナックカー(1967-2000) ⑨新スナックカー(1969-) ⑦ミニスナック(1966-89) ⑧新ミニスナック(1969-2000) ⑩16000系(1965)	⑪サニーカー(1977-) 新サニー(1980-) 新サニー(1982-) 16010系(1981-)	⑰ACE(1992-) 狭軌ACE(1996-)	⑲Ace(2010-) 狭軌Ace(2010-)
団体貸切	⑤あおぞら号(1962-89)			⑯楽(1990-)	

スペシャリティという新ジャンルを切り拓いたアーバンライナー。登場から四半世紀、更新された今も貫禄十分。

バブル期を経た第4・5世代。

バブル期は近鉄特急にとっての転換期だった。新幹線100系で2階建て車両が登場し、ビスタカーのインパクトは薄れていた。また、ビスタカーⅡ世の晴れ舞台だった名阪ノンストップ特急は新幹線にこてんぱんにやられ、2両編成で走るほどだった。そのテコ入れのため、新しい発想で、汎用性を無視して登場したフラッグシップが名阪ノンストップ特急専用のアーバンライナー⑬である。

アーバンライナーはバブル期らしく、接客設備を革新した。ビジネス特急にふさわしい落ち着いたグレートーンの客室、アーバングラデーションと名付けられた壁面のCGパターン、そしてデラックスシートが登場する。わたしはアーバンライナーを大変気に入っていた。大阪出張の際は100系から乗り継いで、難波に泊まるのを定番ルートにしていたほどだ。

このアーバンライナーの成功に気をよくした近鉄は、さくらライナー⑭、志摩スペイン村の開業を機にした伊勢志摩ライナー⑮と、第4のカテゴリーと呼ぶべきスペシャリティを送り出す。また、だいぶくたびれていた第1世代の特急車を置き換えるため、団体貸切用の楽⑯、汎用車ACE⑰も登場した。

第4世代の特急車の名称は、ことごとく駄洒落でつけられている。ACEはエースカーの置換用であるが、「Advanced Common Express」の略で「エース」とは読まない。さくらライナーは「さわやかデザイン、くつろぎ車内、らうんど展望」の略である。

榊莫山氏の書によるロゴが光る楽に至っては「Romantic journey, Artistic sophistication, Kind hospitality, Unbelievable!」の略だという。マッタク、どこから持っ

目下のプレミアムトレインは観光特急「しまかぜ」。近鉄では久々の２階建車両も組み込み、充実した接客設備が特徴。

て来たやら。そちらの方がUnbelievableだとわたしはツッコミたい。

21世紀になって第5世代の特急車が登場する。まずはアーバンライナーのグレードアップ版と呼ぶべきアーバンライナーNext⑱、今度こそ「エース」と読んでいいのにスズメバチの俗称を頂戴した汎用車Ａｃｅ⑲、極めつきのスペシャリティが「しまかぜ」⑳だ。色彩が復権した21世紀らしく、客室には華やぎが戻ってきた。

21世紀に登場した最新の汎用車Ａｃｅ。アーバンライナーNext以来の「ゆりかごシート」に、電源コンセントを装備。

２０１４年３月、「約４６０両ある近鉄特急の４割超にあたる１９８８年以前の製造分を数年かけて入れ替える方針」との新聞報道があった。廃車が進行中の新スナックカーはもとより、第3世代のサニーカー系列や、何度もリニューアルを受けているビスタカーⅢ世改メビスタＥＸも置き換え対象だろう。

入魂の第6世代特急車を期待する。なにしろわたしは今も心底悔しいのだ、ビスタカーⅡ世を体験したかったのに、東京の6歳児にとっての関西圏は、あまりにも遠かったのが。わたしはそれから約10年、中学の修学旅行にて室生口大野～名古屋間で乗った貸切サニーカーまで、「初の近鉄特急」を待たなければならなかった。

シックな緑色がよく似合う「かぎろひ」は、新スナックカーの生まれ変わり。近畿日本ツーリストを母体とするクラブツーリズムの専用チャーター車両だ。

リニューアルは時々刻々。

鉄道車両の寿命は30～50年だが、もちろん使っているうちに古びてくるし、社会情勢も変化する。したがって、多くの車両は寿命が尽きるまで、数回の更新改造工事を受ける。

ビスタカーⅢ世など、平成8年（1996）にビスタEXとしてリニューアルを受け、色調は異なるものの座席はACEと同一仕様となったが、2010年、再度のリニューアルでアーバンライナーNextと同型に座席を再び更新した。また、アーバンライナーも2003年から、Nextとほぼ同一仕様のアーバンライナーPlusへとリニューアルを受けた。

古い車両をリニューアルするのはよいが、偏屈者のわたしは、元来の車両が持っていた味わいが薄れてしまうのを残念に思う。洗練とラグジュアリーを両立したアーバンライナーの雰囲気をこよなく愛した者にとって、Plusへの更新は喪失感を伴うものだった。

また、本物の網を使った荷棚や、三角形の照明といった「昭和の近鉄特急」の雰囲気が色濃い新スナックカーも、現在稼働中の車両はすべてアーバンライナーの亜流に更新されてしまった。アーバンライナーのグレートーンは、名阪ノンストップのビジネス特急だからこそ説得力を持つ。昭和クラシックな雰囲気が生きる奈良・伊勢志摩方面や停車駅の多い特急には、彩度の高い内装の方が合うように思う。

一方、近年のさくらライナーや伊勢志摩ライナーのリニューアルは、相当気合が入っている。さくらライナーは外装も桜色になり、デラックスシートの採用や、吉野杉を使った内装、電球色の照明など、1990年代的な色遣いから飛躍を遂げた。

伊勢志摩ライナーは、6本中3本は真っ赤になり「伊勢海老ライナー」の俗称を頂戴した。デビュー時は志摩スペイン村に合わせ、真っ赤なデラックスシートなど西欧風のインテリアだったが、今度は伊勢神宮に合わせたか、ずいぶんと和風の色使いになった。何の亜流でもないこのセンスに、「近畿車輛デザイン室の力は健在なり」と感心している。

なお、スナックカー系列の一部はあおぞらⅡやかぎろひといった団体貸切用車両として余生を送っている。

わたしは古式ゆかしい新スナックカーのインテリアを残す2両編成のあおぞらⅡを貸し切り、伊勢志摩なり湯の山温泉なりに向け走らせたい。それも車内にムード音楽を流し、通路に赤絨毯を敷き、ミラーボールを吊り、きれいどころを座らせる「リアルスナックカー」として。

塗り分けを変えずに、萌黄色から桜色へと塗色を変えた、さくらライナー。

伊勢志摩ライナーのデラックスシートはスペイン風から和風へとイメチェン。

魅惑の特急ネットワーク。

私鉄の華と呼ぶべき有料特急は、関西では南海、関東では小田急・西武・東武・京成で走っている。しかし近鉄特急は、同じ有料特急でもずいぶんと趣を異にする。

まず、近鉄特急の列車には「サザン9号」や「はこね27号」といった列車名がない。アーバンライナーやしまかぜは車両自体に付けられた愛称であって、列車名ではない。たとえば難波10時40分発のしまかぜは7001列車という列車番号しかなく、実に素っ気ない。

ただ、欧州の特急などは、愛称名があったとしてもそれはあくまでもサブであると『ヨーロッパ鉄道時刻表』などをみるとわかる。列車番号ではなく列車名をメインにしている日本のスタイルは、むしろ世界的には少数派だったりする。

次に、運転系統である。たとえば南海なら本線＝サザン、空港線＝ラピート、高野線＝こうや・りんかんの3系統がすべて難波始発で出ており、運用は固定的である。他社も然り。

これに対して近鉄特急は、名阪（名古屋～大阪）・名伊（名古屋～伊勢）・阪伊（大阪～伊勢）・阪奈（大阪～奈良）・京伊（京都～伊勢）・京奈（京都～奈良）・京橿（京都～橿原神宮前）・吉野と、実に八つもの運転系統がある。かつては阪京特急や四日市から湯の山温泉へと向かう湯の山特急もあったので、これでも縮小した。さらに、名阪・名伊・阪伊の3系統には停車駅を精選した「甲特急」と、停車駅の多い「乙特急」とがある。まさに縦横無尽。近鉄特急のネットワークは直行便中心で、乗り換えの手間を省いてくれる。

近鉄以外で複数の都心側ターミナルを有し、有料特急を走らせる私鉄は池袋～秩父と新宿～川越の2系統を持つ西武のみである。しかしその西武とて、池袋～川越や新宿～秩父の特急定期便はない。

短絡線による乗り継ぎ。

この直行便を可能にするのが駅の配線である。伊勢中川・大和八木・大和西大寺・橿原神宮前と、近鉄特急には4箇所の巨大な「ジャンクション」がある。奈良・京都・橿原の3線が複雑に平面交差する西大寺と、京橿・吉野の両特急で線路の幅が異なり、乗り換えが必須の橿原神宮前は別格として、伊勢中川と大和八木の短

大和八木駅。地上の橿原線から、立体交差する大阪線を見上げる。京都ゆき特急は上下両方ののりばから発車する。

絡線（＝ショートカット）は見ものだ。

　名阪特急が通る伊勢中川の短絡線は、駅の手前（北西側）でショートカットして駅を通らずに済むようになっていて、上から見ると三角形を描いている。

　また、大阪線と橿原線とが立体交差するのが大和八木。京橿特急は地上の橿原線、名阪・阪伊両特急は高架の大阪線を突っ切るから問題ない。断然面白いのが京伊特急だ。

　京都から伊勢に向かう場合、八木の1駅手前、新ノ口の通過直後に列車は上り線を横切り、西の短絡線へ入る。そして資材置き場などがある見慣れぬ光景の単線をゆっくり進み、土手を上がって大阪線に合流し、高架ホームに入る。したがって、八木における京都ゆき特急は、伊勢からなら2階の大阪線の3・4番、橿原神宮始発なら1階の橿原線の6番と、都合三つののりばから発車することになる。同じ行先の特急にもかかわらず、のりばだけでなく、「フロア」まで違う駅など、日本中を探してもここしかないだろう。

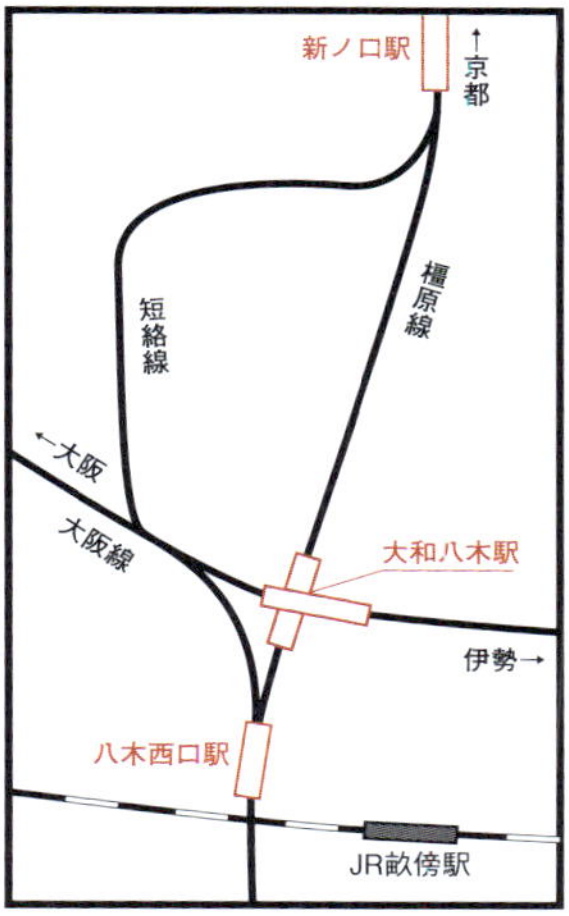

新ノ口から八木に向かう。右手に単線で分岐していく短絡線がわかる。

阪伊・京伊特急と名伊特急が有機的に相互接続するジャンクションの伊勢中川。

直行便と同じ特急料金。

このように近鉄特急には8系統もの直行便があるが、それに加えて乗り継ぎの利便性にも見せる配慮には驚くべきネットワークというほかない。名阪間なら、1時間あたり1本ずつ走る名阪甲特急と乙特急に加え、伊勢中川で阪伊・名伊両特急同士が数分の接続でスパッと乗り継げるダイヤを組む。

しかも伊勢中川は5面6線。まずは急行が到着して両側の扉を開け、次に名古屋発の鳥羽ゆき特急を降りた乗客が急行の車内を堂々と通り抜け、ホーム上のファミリーマートで買い物などしている間に鳥羽から来た上本町ゆき特急が到着するといった、絶妙なダイヤに支えられた光景が、さも当たり前のように展開する。

鮮やかなダイヤで大阪・名古屋・伊勢志摩の3方向に特急・急行・普通が発着する上に、1時間あたり4回短絡線を名阪特急が横切る様子はまったく見飽きない。

乗り継ぎへの配慮は、ダイヤだけではない。一般に特急料金は1列車につき1回かかる。たとえば、南海のラピートに関空から乗って、天下茶屋で特急こうやに乗り換えて高野山に向かうとしても、特急料金は別々にかかる。池袋から乗った西武の「ちちぶ」を所沢で降り、「小江戸」に乗り継いで川越に向かったとしても、びた一文とも特急料金は割引されない。せいぜいJRで新幹線と在来線特急を乗り継ぐ場合、在来線の料金が半額になる乗継割引制度がある程度だ。

ところが近鉄は、距離に応じて特急料金を通算する。名阪間を移動する場合、名阪特急に乗ろうが、伊勢中川で乗り継ごうが特急料金は同一である。極端な場合、名古屋〜中川〜八木〜橿原神宮前〜大阪阿部野橋と4列車を乗り継いだところで、特急料金は運賃と同様、名古屋〜あべの橋間の距離の通算分だけで構わないのだ。

直行便の経路上での乗り換えであれば直行便と同様の利便性や価格を提供する近鉄に、わたしは乗客本位の精神を見出さずにいられない。これこそ真に有機的なネットワークと呼ぶべきではないか。

目的地までに何度乗り継いでも、特急券は通し料金。鮮やかな接続ダイヤと相まって、ストレスとは無縁だ。

名古屋に現れた、リニューアルなったACE。2019年までに、汎用特急車はすべてイエローとホワイトの塗色になる。

近鉄特急の驚くべき展開。

ほとんどの特急車はそろそろ乗り納めかと思っていた２０１５年11月に近鉄本社から驚くべき報道発表があった。

なんでも、名阪特急や伊勢特急のグレードアップを検討しているのだが、登場から20年以上を経たＡＣＥを全車リニューアルとすると共に、２０１９年までに汎用特急のカラーリングを変更するとのこと。

この内訳を見ると、第3世代のサニーカーやビスタＥＸはおろか、吉野特急の１６０００系までも含まれている。まだ使うのか！嬉しいけどさ。

果たしてイエローとホワイトに塗り変わったＡＣＥリニューアル車は12月に早速デビューし、大阪・京都・奈良・名古屋・賢島と縦横無尽の活躍を始めている。

もう一つわたしを驚かせたのは、吉野特急に全車デラックスシートを装備した観光特急がデビューするとのニュースである。ちょっと待て。花見の季節以外の吉野は本当に寂寥感のある場所だぞ。しかも、看板列車のさくらライナーは２０１１年に1両をデラックスシート化するリニューアルを施したばかりではないか。

さらにこの観光特急は、通勤車６２００系からの格上げ改造という。阪急の「京とれいん」（Ｐ32）や南海の「天空」（Ｐ85）と同じ手法だ。

確かに近鉄は最近、乗客減に伴う減便を繰り返しているから通勤車はだぶつき気味だし、伊勢志摩方面を走る観光列車「つどい」の成功が背景にあるのだろう。

イメージイラストではなかなかシックな外観のこの観光特急は、公募で「青の交響曲《シンフォニー》」と名付けられ、２０１６年9月10日から運行開始という。乗らずに死ねない。

ジャンクション　ア・ラ・カルト

平面交差で奈良へ、橿原へ、車庫へ。線路がとてつもなく複雑にからみ合う大和西大寺駅。

右／西大寺にある駅ナカ「Time's Place」にある展望デッキからは大阪・京都方を望める。左／六つあるホームからは4方向と車庫へ列車が発着。理解には時間がかかる。

西大寺・八木での乗り継ぎ。

距離だけでなく、数においても路線「網」の名にふさわしい近鉄電車には、伊勢中川以西だけで16箇所ものジャンクションがあり、個性的な駅も多い。もう少し詳しく見てみよう。

大和西大寺では大阪〜奈良、京都〜奈良、京都〜橿原の3系統に加え、併設する車庫への出入りを3面5線の平面交差でさばく上に、対面接続や折り返し、待避もあって、まるで見飽きない。

発車案内器はずいぶんと前からモニター式を用いていた。パタパタ式ではあまりにも激しい電車の出入りに追従できなかったのだろうか。のりば案内をみると、1・2番のりばが「奈良 天理 大和八木 橿原神宮前 名古屋 伊勢志摩方面」、3・4番のりばが「大阪難波 尼崎 神戸三宮 丹波橋 京都 京都国際会館方面」、6番のりばが「大和八木 橿原神宮前 天理方面」とある。

相互乗り入れが進展した今では、京都の地下鉄と阪神電車が奈良県で顔を合わせる、信じられない光景も展開するようになった。「我々はどこから来たのか、我々は何者か、我々はどこに行くのか」のフレーズが脳裡をよぎる。

一方、立体交差の大和八木は西大寺と対照的で、前述の京伊特急以外ののりばは大変わかりやすい。その際に新ノ口連絡線について紹介したが、もう一つ、大阪線から南に分岐して八木西口に向かう短絡線（P157）もある。

実はこの短絡線が、もともとは本線だった。八木西口駅こそ、元祖八木駅だったのである。大正14年（1925）に大和高田〜八木間が開通し、昭和4年（1929）に大阪線が八木から東の桜井まで延長した際に、八木駅は現在地に移転。旧駅は存置して「八木西口」に改称した。

この経緯から、八木西口駅は営業上は八木駅の「構内」扱いとされており、独自の乗降客数も発表されていなければ、運賃も八木駅とまったく同じである。では八木〜八木西口はどうかと足を運んでみたら、初乗り運賃が必要だった。

新ノ口短絡線の開業前、京伊特急はまず橿原線の八木駅に停車、一旦八木西口まで入った上で折り返して八木西口短絡線から大阪線に入り、大阪線の本線上で再び折り返し、今度は大阪線の八木駅に停まるという、ややこしい運転をしていた。

現在の八木西口短絡線は団体列車や回送列車のほか、橿原線を北上し、五位堂《ごいどう》の工場に出入りする南大阪線系統の車両が通る。

橿原線のホームだが、写っている３線はいずれも狭軌。右手の小屋には台車を履き替える南大阪線用の車両が停車中。

橿原神宮前の台車交換。

大和八木から少し南、橿原神宮前は橿原線の終点で、南大阪線・吉野線の結節点でもある。わたしは西大寺や八木では気持ちが華やぐが、この駅に来ると、なんだか厳粛な感慨を覚える。理由の一つが、村野藤吾の設計による深い屋根の貫禄ある駅舎だろう。

もう一つが橿原線と南大阪・吉野線を結ぶ連絡線だ。地上にある橿原線ののりばは2面3線だが、1番のりばの隣にもう1本線路があるのに番号は振られていない。見比べると、この線路は橿原線の標準軌ではなく、南大阪・吉野線車両用の狭軌である。

たまに車両が停まっているが、定期列車が使うことはもちろんない。橿原線と南大阪・吉野線を対面接続させるためだけにあるようなこのホームは、貸切列車や、やんごとなき方々が吉野方面に向かう際にお使いになるという。

このホームに隣接した小屋には、狭軌と標準軌、双方の線路を引き込んである。先述した八木西口の短絡線を通って五位堂に向かう南大阪線系統の車両は、この小屋の中でジャッキアップして、狭軌用の台車から標準軌用の台車へと履き替えるのだ。

まるで中国とロシアやカザフスタン、フランスとスペインといっ

深い屋根の駅舎は近鉄と縁の深かった村野藤吾の設計。いそいそと乗り換えるだけでなく降りてみたい駅だ。

2階に大阪線、3階に奈良線が発着する布施駅の偉容。上本町まで複々線。

たように、線路幅の異なる国をまたぐ国際列車の国境である。なんというエキゾチシズム。

2013年のクリスマスイブの夜、わたしはベラルーシのミンスクからポーランドのワルシャワに向かう国際夜行列車に乗っていた。深夜の国境で叩き起こされ、パスポートにスタンプが押される。

その間、列車はジャッキアップされて台車交換をしていた。眠気で朦朧とするわたしの脳裡に「橿原神宮前」の5文字が浮かんだ。

不思議なジャンクション。

駅そのものの構造が面白いジャンクションは他にもある。立体構造なら、城閣よろしく大阪平野を睥睨《へいげい》する布施がその代表格だ。

平面構造なら、駅の手前で線路が分岐して「人」の字型にホームが広がる構造の駅がなんとなく好きだ。平端《ひらはた》は、日本中を見渡してもその横綱級だ。天理から最後尾に乗り、八木方面に乗り換えようと平端で降りると、ずいぶん遠くに見える橿原線のホームに驚くものだ。この駅を頂点とし、橿原線と天理線を二辺とする鋭角三角形が描かれる。

ところで、近鉄におけるスケール感の背景には、さまざまな私鉄が合併を繰り返して成立した歴史がある。南大阪線系統が狭軌を採用しているのも元来が別会社だったからだし、京都線は昭和38年（1963）まで京阪系列の「奈良電気鉄道」だった。

平端駅。遙か向こうに見えるホームとは、三角形の二辺を描く。

まず信貴生駒電鉄、その３年後に近鉄に吸収合併された歴史上の経緯から離れ小島感が強い田原本線。新王寺駅にて。

そんな長い歴史を経て、近鉄の路線図上で最も不自然な雰囲気を醸し出すことになったのが田原本《たわらもと》線だ。なにしろ両端が（王寺ではなく）新王寺と（田原本ではなく）西田原本。「離れ小島です」といわんばかりの駅名が、かつては別会社だった歴史を物語らないだろうか。

この田原本線はもともとは大和鉄道として開業し、昭和36年（1961）に信貴生駒電鉄に吸収合併され、わずか3年後の昭和39年（1964）に生駒線もろとも近鉄に合併された歴史がある。

新王寺駅はJR王寺駅の駅前広場を挟んで、生駒線の王寺駅と左右対称に対峙する。この形状だと、乗り換える際にもJRの軒先をかすめるわけで、まるでJRが両線を従えて威張っているように見えるのが味わい深い。信貴生駒電鉄は戦前に現京阪交野線との直通運転を断念しているが、生駒・田原本両線を物理的にぶち抜いての直通運転も断念した格好だ。

田原本線のもう一方、後からできた西田原本駅前にはきちんとしたロータリーがあり、100メートルほど離れた橿原線の本家・田原本駅よりも偉そうだ。その田原本は、橿原線の駅では唯一、橿原神宮前に向かう1番のりば、京都に向かう2番のりばの双方に共通して「大阪難波 尼崎 三宮方面」の表記がある。つまり、八木乗り換え大阪線、西大寺乗り換え奈良

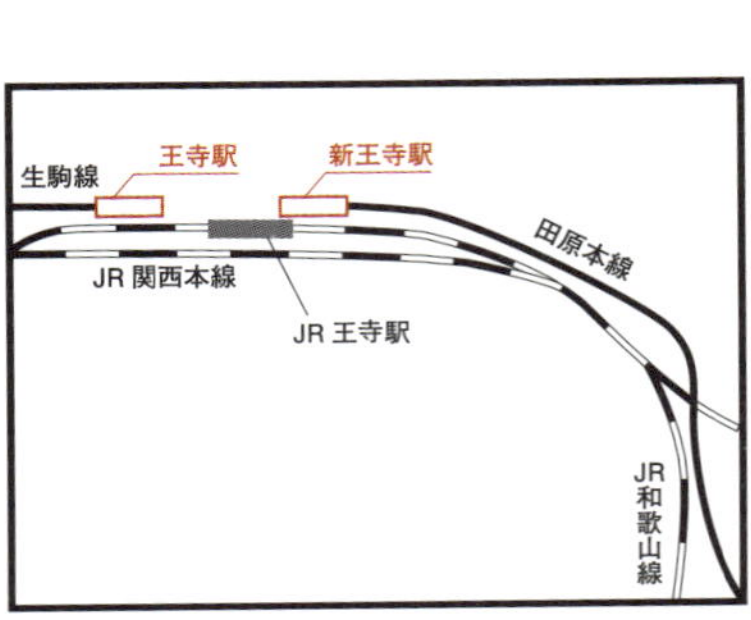

本家の田原本駅よりもゆったりとした立派な雰囲気がある西田原本駅（右）と、肩身が狭そうに間借りしている印象のある新王寺駅（左）。

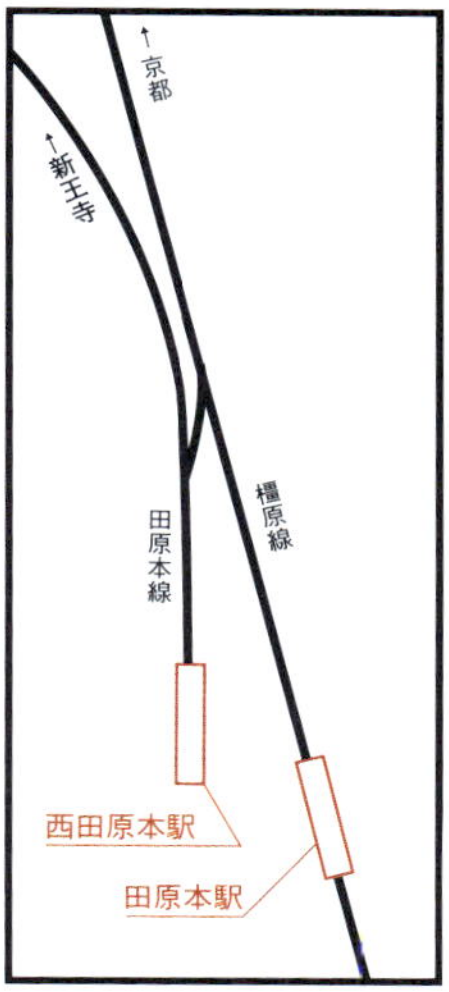

線のどちらを経由しても難波に着く時間は変わらないのだろう。

　これが笠縫《かさぬい》以南では八木方面、石見以北では西大寺方面ののりばにしか大阪・神戸方面の記述は現れない。まったく芸の細かい話だが、実は直線距離では最短の王寺経由に「大阪方面」の記述がないのは皮肉である。ま、単線で本数も少ないので当然、最も時間はかかるのだが…。

　離れ小島の田原本線の電車はどこから運び込むのか考え始めたら夜も眠れなくなりそうだが、西田原本駅の北方に、ちゃんと橿原線との連絡線がある。また、駅名こそ離れ小島で、一旦改札口を出て乗り換えるものの、運賃は通算する。

　ちなみに、近鉄にはもう一つ別駅名ながら、定期券のみ運賃が通算になる場所がある。４００メートルを隔てた大阪線の安堂と、道明寺線の柏原南口の両駅である。わたしはある夜、柏原南口から安堂まで８分をかけて歩いてみた。申し訳程度に「近鉄大阪線案内図」が掲出されていたが、乗換客は他にいなかった。

　安堂は区間準急しか止まらぬ小駅だし、道明寺線は閑散としたローカル線だ。柏原南口駅の１日あたり乗降客数は、大阪府下の近鉄の駅で最少の５６４名。乗降客数は「乗車＋降車」で算出するので、利用者数は単純にその半分の２８２名と考えてよいだろう。さて、そのうち何名が安堂〜柏原南口を乗り換える連絡定期券の持ち主なのだろうか。

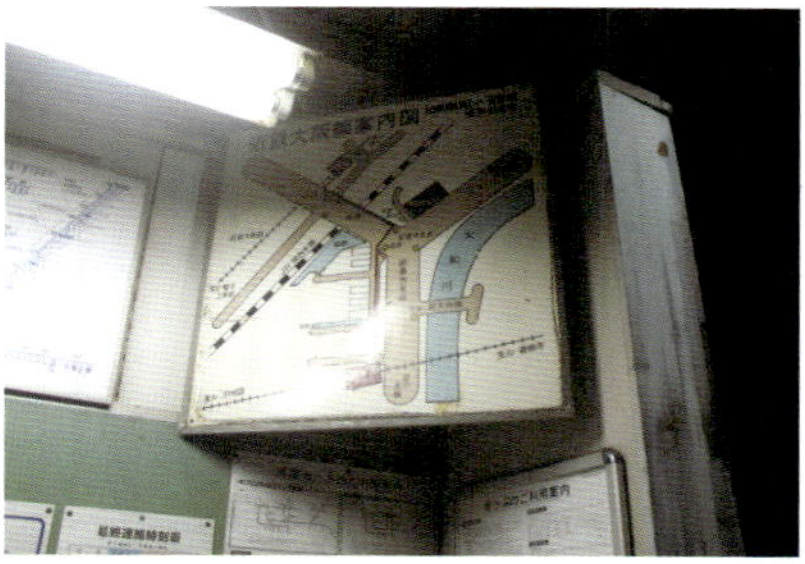

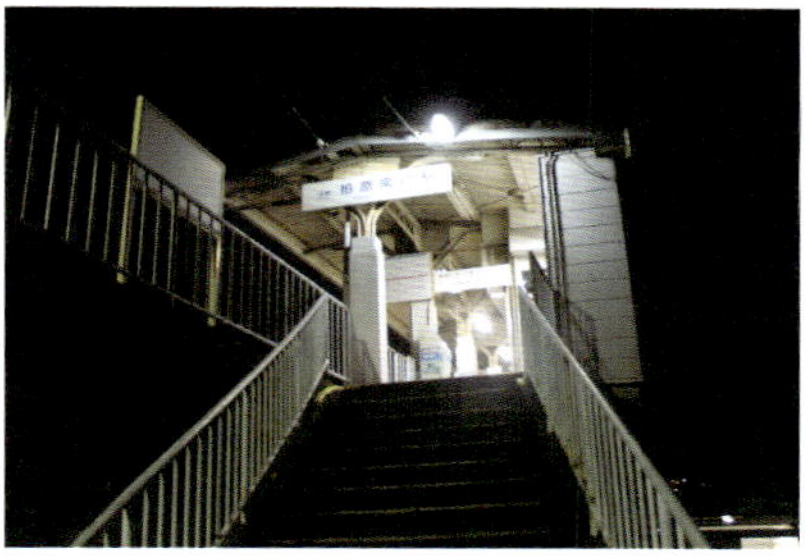

道明寺線の柏原南口は隠れた乗換駅。わたしは夜に安堂まで歩いたが、心細さ爆発だった。連絡定期券を何人が持っているのだろう。

一見、単なる車庫を併設した分岐駅に過ぎない古市。だが、見て驚くべし。この駅は、途方もない職人技の宝庫だった。

南大阪線エリアの要・古市。

その柏原南口を通る道明寺線は今や南大阪線の支線だが、実は明治31年（1898）に開業した近鉄最古の路線でもある。道明寺線はそもそもが柏原から道明寺・古市を経て河内長野に向かう南北に延びる路線で、それに接続するような格好で南大阪線ができた。そのため、現在の本線格である南大阪線には、道明寺の手前と古市の発車直後に、まるでこちらが支線であるかのような急曲線がある。もっとも、古墳や勾配を避けて建設した関係で、全体に南大阪線には曲線が多く、最高速度も時速110キロに抑えられている。

さて、この古市は南大阪線と長野線の分岐駅にして、車庫や乗務員基地を併設する南大阪線系統の中枢である。それを示すように、同じ南大阪線ながら古市〜駒ヶ谷間の輸送量は、道明寺〜古市間の約4割にまで減る。

この背景には、古市そのものの乗降客数の多さや、長野線で富田林方面へ向かう流れの方が主流である点が挙げられる。また、大和高田・橿原神宮前方面へは鶴橋方面から発着し、直線的で最高速度時速120キロで走れる大阪線の

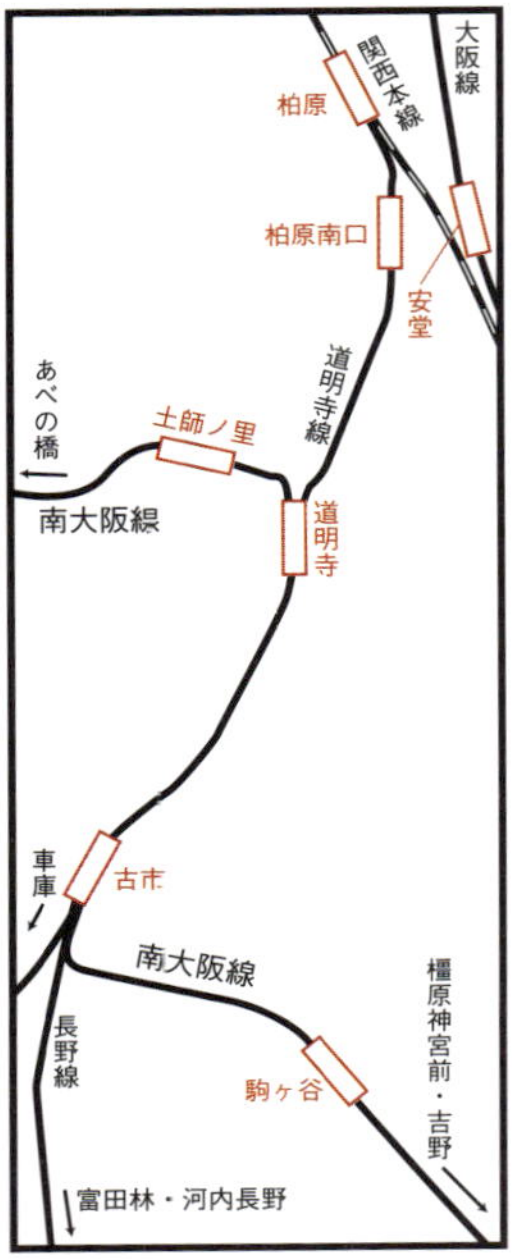

2両から8両までの停止位置目標が上下線両方に並ぶ。密かに異様な光景。

方がスムーズに着くという事情もあるだろう。

南大阪線系統は典型的な郊外路線で、乗客数の繁閑差が大きい。ガラガラの列車を走らせると電力使用量などが不経済なので、きめ細かく需給を調整している。南大阪線系統の車両には2両編成・3両編成・4両編成があるが、これらを適宜組み合わせ、最短は2両から、最長は8両で走る。乗務員用の停車位置目標表示が「2」から「8」まで七つ並んだ南大阪線の線路やホームの姿は圧巻だ。

この停止位置目標は、上りと下りどちらか一方は編成長別にいくつも用意されるが、他方は1箇所に集中するのが普通である。なぜそうなるのか？　仮に改札口が上り線の先頭側に近い場所にあるとしよう。この場合、上り線の電車は編成の長短にかかわらず、改札に近い位置で停車する。乗客の都合を考えれば当たり前だ。反対に下り線は、最後尾の車両が改札に近くなるよう、編成によって停車位置を変える必要がある。上下線の列車はほぼ並行の位置に停まるため、上りか下りどちらかに集中することになるのだ。

ところが古市の場合、上り線にも下り線にも同方向に「2」から「8」までの数字を振っている。これには下り方にある車庫が関係している。車庫への出入りのために、南大阪線の橿原神宮方面から到着した古市止まりの列車は、一旦ホームに入線した後、上り本線上を逆走して車庫に入る。逆に、車庫から出る「古市仕立」（古市始発の近鉄流の呼び方）の列車は、下り本線上を逆走してホームに入線する。本線を横切るケースはそれなりにあっても、複線でありながら堂々と本線を逆走する姿は、日本広しといえども、なかなか見られるものではない。

電車が一方通行なら、前述したように停車位置目標はどちらか一方に集中するが、古市の場合は、さまざまな編成の車両が上り・下り両線路上を行ったり来たりする。これが、古市では上下線の同方向に停止位置目標がある理由である。

古墳の狭間に光る職人技。

さて、先述の通り、古市は橿原神宮前に向かう南大阪線と、富田林・河内長野に向かう長野線との分岐点であり、輸送量が段落ちする境界でもある。そこで、古市では主に準急が1日に百数十回にわたって列車の分割・連結を行う。

このパターンが面白い。まずは下り方面、大阪阿部野橋から二つの編成の列車を併結してやってきた準急は、前方の編成が長野ゆき、後方の編成が橿原ゆきになるのが基本ではある。これとて、前も後ろも2両から5両まで組み合

芸術的ダイヤ。2番準急到着→切り離す間に1番特急到着→1番吉野ゆき特急と2番前5両河内長野ゆき準急が同時発車→2番後ろ2両橿原ゆき普通が発車。

わせに富む。

他にも前が橿原または長野ゆきとなって後ろは車庫に回送されるケースや、前が長野ゆきになるのはいいのだが、後ろが「古市仕立の橿原ゆき普通」に化けるケースもある。後ろの編成と同じ2両編成の電車もあべの橋から直通してくるし、準急も藤井寺以東は各駅に停まるにもかかわらず、わざわざこんな手間をかけるとは。

また、上りのあべの橋ゆきは「前・橿原発（南大阪線）＋後・長野発（長野線）」の連結が基本ではあるが、橿原または長野発の準急に、古市仕立の車両を増結するケースも少なくない。しかも、この増結車を編成の前につなぐか後ろにつなぐかが、てんでんばらばらなのだ。ただしこれは当然、場当たり的に行っているわけではなく、きちんとダイヤで定められている。

準急は南大阪線系統で最も需要の旺盛な列車だが、近鉄のダイヤ作成担当者は混雑状況に合わせ、パズルよろしく2両編成から4両編成を変幻自在に組み合わせてスムーズにやりくりしているのだろう。

しかも、準急が分割・連結をしている間に、2面4線を活かして、反対側のホームでは、特急の通過、急行や古市〜橿原間の普通の発着を行い、スムーズな乗り継ぎを図っているのだ。まさに職人技の設計である。

ユニークなバックの連結。

ダイヤだけではなく、連結のしかたにも職人技が光る。たとえば、古市仕立の前3両に、橿原から来た後ろ4両をつなぐあべの橋ゆき準急のケースを考えよう。通常はこういった手順が考えられる。

①前3両が7両停止位置まで入線して扉を開き、乗客を乗せる。
②後ろ4両がゆっくり入線し、前3両の手前で一旦停止する。
③後ろ4両がそろりそろりと進み連結。扉を開け、お客が乗降する（客扱い）。
④全車、扉を閉めて発車する。

ところが古市は実に手の込んだ真似をする。

①前3両が3両停止位置まで入線して扉を開き、乗客を乗せる。
②前3両は扉を閉め、7両停車位置をやや過ぎたところまで移動し、再び扉を開ける。
③前3両は再び扉を閉める。
④後ろ4両が4両停車位置まで入線して扉を開き、客扱いを行う。
⑤前3両はそろりそろりとバックで連結して扉を開く。
⑥全車、扉を閉めて発車する。

一刻も早く乗り降りできるよう、客を乗せたままバックで連結するのが古市流。

なんと手の込んだ方法だろうか。もちろんこの場合、前3両には、前後に運転士を配する必要がある。乗務員の基地を擁する古市だからこそできる技といえよう。

　ここには、乗客本位の考え方が息づいている。まず、①前2両が3両停止位置で一旦客扱いをするのは、改札へつながる階段が後方1箇所にしかないため、お客に余計な距離を歩かせまいとする配慮である。

　その上で、②で前3両は本来の停止位置である7両停車位置をやや過ぎたところまで移動するが、ここでもきちんと客扱いをして、乗客をホームで待たせない配慮を見せる。⑤のバックでの連結は圧巻である。なぜか？　④で、後ろ4両が一旦停止して前進で連結する一般的な方法では、後ろ4両の電車の乗客がさっさと降りられない。それなら客扱いがあらかた済んだ前3両をバックでつなげた方が、イラチな乗客のストレスを軽減できるのだ。

　驚くべきことに、古市ではこれだけの作業を最短約90秒でやってのける。スピーディーな分割・連結といえば、東の京急、西の近鉄だ。なるほど京急は、前の編成が到着してから、後ろの編成を連結して発車させるまでわずか70秒の職人技を見せる。しかし近鉄は、この90秒間で、2人の運転士が乗務員室を閉鎖して前面の扉を開き、幌までつないで車内を通行できるようにする点で一枚上手ではないか。

　さらに、わたしが古市を訪ねた日には雨が降っていた。この時は駅員が同行し、乗客の服を汚さないよう、運転士2人がセッティングをしている間に貫通路に着いた水滴をワイパーでぬぐっていたのだ。

　なんと鮮やかな手さばき！　なんと見事なチームワーク！　わたしは感動のあまり「ゾウを冷蔵庫に入れる方法」なるフランスのジョークを思い出していた。①扉を開ける、②ゾウを入れる、③扉を閉める。

　乗客を動かさず、電車を動かす方が、シンプルでイレギュラーな事態にも強い。わたしは賛辞を惜しまない。近鉄はプロセスをきちんと考えた結果、古市をはじめとした、数々のジャンクションにおけるあっと驚くような手法を編み出したのだろう。

乗務員室を閉鎖し、幌をつないでわずか約90秒で出発準備完了。光る職人技とチームワーク。

東へと高架でまっすぐ進んだ奈良線は、高速のまま瓢箪山で進路を変えて生駒の山に挑む。

高速峠越えを堪能せよ。

奈良線の生駒山超え。

エキゾチシズムと共に、近鉄電車の走りを味わうなら峠越えだ。奈良線の走る阪奈間には生駒山地や二上山、また大阪線が横切る大和国の東には青山峠が立ちはだかる。なるほど、関西圏の山岳路線なら50パーミルが連続する南海高野線や神戸電鉄、61パーミルの京阪京津線などがあり、せいぜい33パーミルに過ぎない近鉄の比ではない。だが近鉄の魅力は勾配の絶対値にはない。連続急勾配をえっちらおっちら上り下りするのではなく、近鉄電車は文字通り「駆け抜ける」のだ。

複線を使った高速峠越えの雄大な景色、次々と現れる勾配標、運転士のハンドルさばきなどは、JRでも中央本線や上越線、山陽本線といった、ごく限られた幹線でしか味わえない。今や新幹線の影響で、上越線も山陽本線も事実上普通列車が往来するだけの路線になった。特にアップダウンの激しい中央東線で、前面展望を味わえる車両は極めて少ない。

２０１４年に開業１００周年を迎えた近鉄奈良線は、地下から高架を経て高速で峠を越える。難波～奈良間のたかが32・8キロ、たかが40分前後に、ドラマがぎっしり詰まっている。

布施で南に大阪線が分かれると、奈良線は高架のままで、まっすぐ東に進む。だんだんと迫り上がって来た地面が線路の高さに達

大阪平野を一望する。ちょっとなかなかない車窓。18時40分のアーバンライナーで夜景にむせび泣こう。

する瓢箪山からがハイライトだ。列車は踏切を越えるとぐいっと左にカーブを切り、山肌にへばりつくようにぐいぐいと高度を上げる。眼下に広がる大阪平野。難波から20分前後で、もう別世界だ。ため息をついていると、列車は再び東に進路を変えトンネルに飛び込む。生駒から先は西大寺に向け、急勾配をそろりそろりと降りてゆく。

家路に就くとき、どれほどこの夜景に慰められるだろうかと、生駒や学園前あたりから大阪への通勤客が羨ましくなる。もっとも、そのような友人に言わせれば「出勤の時に大阪のビル群を見るとたいそう気が滅入る」そうだが…。世の中、うまく釣り合いがとれている。

黄昏時の奈良線をデートで愉しむなら、難波駅18時40分発の奈良ゆき特急がおすすめだ。本来は鶴橋から津まで停まらないのでそう簡単には乗れない、名阪甲特急用のアーバンライナーが担当するからだ。

デラックスシートを奮発し、荷棚のスイッチを入れ、ムーディーな白熱灯の照明をつけよう。ちょっといいお酒を伴に夜景を堪能すれば、奈良まではわずか37分。あとは奈良ホテルまでタクシーを飛ばし、ゆっくりとクラシックな雰囲気での食事やお酒を愉しめばよい。

わたしはこのプランを女友達に提案したところ「それはいけません。そんなことされたら、確実に12時を過ぎてしまいます」と言われてしまった。いいのやら悪いのやら。恋をするなら近鉄だ。

大阪線シンフォニー。

東京～大阪間の移動では、新幹線１００系「ひかり」とアーバンライナーの乗り継ぎがお決まりだったわたしにとって、大阪線は最もなじみ深い。とはいえ、当時は名阪間ノンストップだったので、ただひたすらアーバンライナーの走りや空間、オーディオサービスの音楽に酔いしれており、その名だけは聞き覚えはあるものの、「どこだここは?」という途中駅への注意など、ほとんど払っていなかったものだ。

難波で座席に着くなりまどろん

大阪線の峠越え。道路や山とのハーモニーを感じつつ、ダイナミックで音楽的なアップダウンを堪能しよう。

特急で通り過ぎることの多い大阪線だが、通勤車で味わう高速峠越えも乙なもの。

でしまったいつぞやの冬など、ふと気がつくと、トンネルの狭間での吹雪に息を呑んだものの、場所をろくすっぽ確認せず再び眠りに堕ちてしまった。今も大阪線に乗ると、「あれはどこだったのだろう」との気持ちが湧き上がる。忘れられず、しかも悔やみきれない車窓の思い出である。

　大阪線の楽しみも、私鉄随一の高速峠越えを存分に味わえる大和八木以東にある。前方に壁のような坂が見えたら、線路脇で「25」「33」といった文字を告げる勾配標を確認しよう。アップ→アップ→ダウン→ダウンではなく、小刻みにアップとダウンを繰り返す。そこを時速100キロ超で疾走するのだからたまらない。

　伸びやかな山々、並行する国道も完全に併走するわけではなく、こちらから見上げたり見下ろしたり。ダイナミックだがエレガントな車窓は言うなれば、線路がメロディ、国道がオブリガート、山をハーモニーとするシンフォニーだ。

　わたしはいつかアーバンライナーのオーディオサービスで聴いた、ベートーヴェンの交響曲第6番「田園」が忘れられない。展開部で何度も繰り返すモチーフの疾走感は、雄大な風景にこだまする車輪の響きだ。

峠越え用のモーターとブレーキ。

　戦前から大阪線の車両は強力なモーターを積んでいた。これは、山を下る時にも大いにモノをいう。電車のブレーキには自動車のフットブレーキと同様、圧力を加えて車輪を止める「空気ブレーキ」と、エンジンブレーキと同じでモーターに負荷をかけて回転数を下げる「発電ブレーキ」の2系統がある。空気ブレーキを多用し過ぎると、車輪にこすりつける制

都会的な響きに反して、１日１人しか乗降客のいない西青山。筆者は降りたぞ。

輪子が焦げ付きフェードしてしまうのも自動車と同じだ。

　だから電車では発電ブレーキを使うことになるが、これとてモーター出力に余裕がなければ、今度はモーターが焼け付き、お釈迦になってしまう。そこで山岳路線では、十分なキャパシティを有するモーターが必要だ。

　大阪線を走る車両の運転台をみてみよう。左手で操作するレバーが自動車のアクセルにあたるマスター・コントローラー、通称マスコン。右手のレバーがブレーキである。大阪線のマスコンは、時計の12時の位置がニュートラル。時計回しにするとアクセルＯＮだが、坂を下るときにはこれを逆回しにして、スピードが出過ぎないよう発電ブレーキを使ってモーターに負荷をかける。この「抑速ブレーキ」は、停止用ではなく、連続急勾配を安全に下るための特別装備だ。

　おすすめは最古参の２４１０系・２４３０系だ。運転台直後に座席があって、しかも仕切りの窓が大きいので、ハンドルさばきがよく見える。また、伊勢中川寄り先頭車は動力車なので、抑速ブレーキを使う時にもモーターの音が響く。

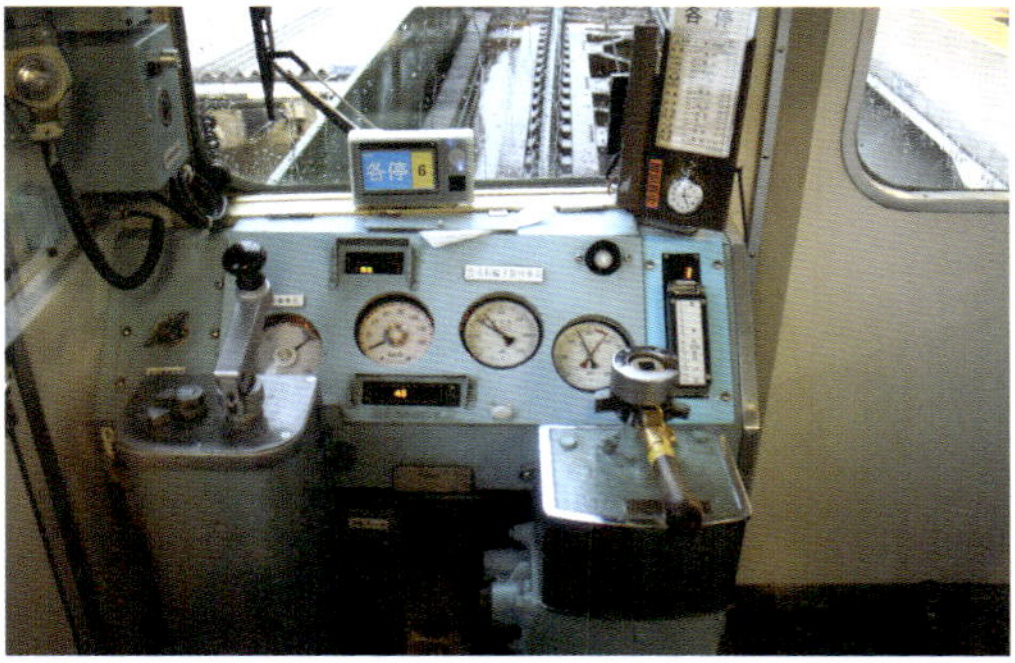
２４１０系の運転台。左手のレバーは、時計回りで加速、反時計回りで抑速ブレーキが働く。

　わたしはずっと、大阪線沿線にあってアーバンライナーが小石のように通り過ぎる、いかにも近鉄らしい緑色のテント地を張った屋根を持つ小駅に降りてみたいと思っていた。近鉄発表の１日あたり乗降客数は、伊勢石橋91人。東京人にはハイカラな響きの東青山は33人、西青山にいたっては１人である。

　33パーミルを下る近鉄電車を眺めに行く「青山デート」など愉しんでみたい。冬は早朝《つとめて》。雪の降りたるはいふべきにもあらず。霜のいと白きも、またさらでも、いと寒きに、発電ブレーキの音を響かせ、床下の抵抗器から水蒸気などあげつつ急ぎて渡る２４１０系も、いとつきづきし。

ようこそ一般車ワンダーランドへ。

3世代×3グループ。

　通勤車、近鉄で呼ぶ一般車は、基本的にはシンプルで、3世代に分けられる。

　昭和32年（1957）、南大阪線に登場した6800系「ラビットカー」を始祖とする、全体に丸っこいフォルムの第1世代。怒り肩になって、ヘッドライトの周辺にステンレス板が光る第2世代は、昭和56年（1981）のチョッパ制御車、大阪線1400系に端を発する。車内も少しデラックスになった。

　さらに、グレーとホワイトのツートンカラーに黄帯を巻く第3世代「シリーズ21」の製造は2000年から始まった。第1世代・第2世代・第3世代はこのように簡単に見分けがつく。

　車体の見分けは簡単だが、なにしろ平坦線と勾配線、幹線とローカル線、標準軌と狭軌と多彩な路線網を持つ近鉄のこと、路線の性格や運用の都合に応じた仕様が要求される。

　この路線グループは基本的に、伊勢中川をジャンクションに人の字型に分かれる大阪・名古屋・山田・鳥羽・志摩線グループが1000・2000番台、大和西大寺を運用拠点とする奈良・京都・橿原線グループが8000・9000番台、狭軌の南大阪線グループが6000番台、第三軌条集電のけいはんな線が7000番台を名乗る。

　だから車両系列を見ると、第1世代の元祖6800系は南大阪線、第2世代の元祖1400系は大阪線系統で活躍するとわかる。

　また、特殊仕様では奈良線系統で地下鉄烏丸線への乗り入れ対応車には3000番台、クロスシートを装備した車両には5000番台を当てている。つまり、一般車は3世代×3グループ＝九つのカテゴリーに分類できるとわかるだろう。

第3世代のシリーズ21。必要車両数減に伴い量産は停滞中だが、奈良・京都線でよく会う。

南大阪線系統では第１世代一般車の始祖、ラビットカーの軽快な塗装を復元した車両も活躍。

怒り肩の車体に、グレードアップした車内が特徴の第２世代。番号の振り方は複雑怪奇。

一般車の路線別在籍数（2015年4月1日現在）

	第１世代	第２世代	第３世代
奈良・京都線	8800系:8 8600系:86 8400系:45 8000系:34	1031系:16　1026系:28　1021系:20 1252系:26　1249系:6　1233系:22 9200系:4　8810系:28	9820系:60 9020系:38
特殊用途		5800系:30　3200系:42	5820系:30　3220系:18
大阪線	2800系:43 2610系:56 2410系:40 2430系:38 1810系:2	9200系:12　9000系:10　8810系:4 1400系:16　1440系:6　1437系:12 1436系: 2　1435系:2　1430系:4 1422系:12　1420系:2　1254系:2 1253系:10　1230系:4　1220系:6 1201系:20　1620系:26	9020系:2
特殊用途		5800系:12　5200系:16	5820系:12
南大阪線	6200系:38 6020系:86	6600系:8　6400系:12　6407系:12 6413系:12　6419系:6　6422系:4 6620系:28　6432系:20	6820系:4

カオスな車番の世界。

では、このルールを踏まえた上で、どの路線にどの系列が何両配属されているかを一覧表にしてみよう。

なんだこれはいったい!!

奈良線の第1世代など、8000系（1964〜）が2両編成に中間車を追加して3両または4両化したのに対し、8400系（1969〜）は当初から3・4両なので機器配置を見直したとか、8600系（1973〜）は新製時から冷房車だとか、微少な差異である。

他社では一般的にこの程度の差異なら、同一形式を量産していく中での、製造ロットごとのマイナーチェンジとして処理され、わざわざ型式番号を新たに起こしたりはしない。

たとえば京急の主力の1000系（2002〜）など、量産途中で、車体の材質をアルミからステンレスに変更したり、制御装置の方式を変更したり、車内のレイアウトを改めたりと、マイナーチェンジの域に留まらない仕様変更が多々あるが、一貫して1000系を名乗る。これに対して近鉄は、微細な仕様変更でもご丁寧に新たに型式番号を起こすのだ。

近鉄マニアは、たとえば8621号車が入線したら反射的にエアコンや天井の形、座席の肘掛や生地、車両間の仕切扉に目が行き、「ん、これは8600系だ」などと思ってから、「8621」の車番プレートを見て「よし」と確認するのだろう。また、さらなるマニアは、電算記号と呼ばれる編成管理番号を元に、「8621号の編成だ」ではなく「X71編成だ」などと思うのだろう。マニアとはほど遠いわたしには到底できぬ芸当である。

4桁のうち、1の位まで分かれ

近鉄車両を紹介する「鉄路の名優」を見ても、複雑すぎる履歴は理解しきれない。

ている第2世代に至ってはまったく理解できない。一般に車両の型式番号は、世代が新しくなると整理されていく傾向があるだが、それが当てはまらない。古い方がむしろシンプルなくらいだ。たとえば、転換クロスシート車5200系（1988〜）は、量産途中で補助電源装置を変更したから5209系（1991〜）、台車を変更したから5211系（1993〜）を名乗る。

　また、大阪・名古屋線系統と、奈良・京都・橿原線系統での仕様統一が進んで、8000・9000番台と1000番台の車両が混在しているのも余計に話をややこしくしている。第1世代では車体の下半身がぷっくらと膨らんでいるのは奈良線系統だけで、大阪線系統と南大阪線系統の車体はすとんとまっすぐ下に落ちていたが、第2世代の途中で、大阪線系統の車両もぷっくらに変わった。

大阪線の第2世代など、9200、9000、2050、8810、1500、1440系まではまあよいとして、1437、1436、1435系などは1番刻みで、もはや「系列」はおろか「型式」とさえ言えない。ただの「車番」じゃないか。マニアならたぶん、1259系と1254系と1253系がまったく別の車両とわかるのだろう。当然わたしにはわからない。

謎めく車両の履歴。

　そこで近鉄の公式ウェブサイト「鉄路の名優」に助けを求めよう。たとえば1422系（1987〜）はどうか。

　1422系は昭和62年に1252系として登場しました。昭和61年製造の京都線3200系および南大阪線6400系と同じく大型押出型材によるアルミ車体とし、大阪線では初めての車体幅2800mmの通勤車です。Mc-Tcの2両編成で6編成製造し、Mcには2基のパンタグラフとVVVFインバータ制御器、Tcにはブラシレス MGと電動空気圧縮機を備えており、その後の標準軌線通勤車の基本となる車両です。平成2年に車両管理上、1422系となりました。なお、同時期に登場した1220系は制御器メーカーが異なる点を除いて1422系と同一仕様で製造しています。

　…なんじゃこりゃ。のっけから意味がわからない。初めは1252系だったのか。それで、3200系や6400系と同じアルミ車体なのはよいが、だったら番号に関連性があってもよさそうなのに、3200、6400と来て、なぜ1252なのか。

　スペックの羅列後、「標準軌線

伸びやかな欧風の車体に、つるんとしたシュリーレン窓。1950年代の日本では、かなりモダーンだったに違いない第1世代一般車。

通勤車の基本となる車両です」ときた。そんな原点であるべき車両が、どうしてキリのいい番号ではなく1252などといかにも中途半端な番号を名乗るのか、わたしにはわからない。もう完全に異邦《エトラン》人《ゼ》である。

さらに、「車両管理上、1422系となりました」。1252を1422に改めたら管理しやすいのか!? 極めつきは「1220系は制御器メーカーが異なる点を除いて1422系と同一仕様」。制御器メーカーが違うとわざわざ系列名も変えなくてはならないのか?

もしかしたらこれは、カローラやプリウスやクラウンのように自動車に愛称名をつける日本流ではなく「560SEL」「735i」「A8 3・6」「206」のように数字だけで車両名を表す欧州流なのかもしれぬ。それにしても、である。

一般に鉄道車両は、管理や整備がしやすいように、何らかの基準に則って車両番号をつけ、極力仕様を統一するように思う。だが、近鉄の一般車は本当に理解の範疇を超えている。

たとえば地下鉄烏丸線乗り入れ用車両。第2世代に属する3200系（1986〜）は、「ク3700／モ3800／モ3200／ク3100」の4両で登場し、のち2両を挟んで「ク3700／モ3800／サ3300／モ3400／モ3200／ク3100」の6両編成にした。第3世代では3220系（2000〜）を名乗るため、3000系の番号に20をプラスすればいいと思うだろう。

しかし、3220系は「ク3720／モ3820／モ3620／サ3520／モ3220／ク3120」。中間2両で電動車と附随車が入れ替わっているのに留まらず、番号も「サ3300／モ3400」に対して「モ3620／サ3520」。わたしには理解できない。なぜに「サ3320／モ3420」、せめて「モ3420／サ3320」にしなかったのだろう。

わたしには、近鉄の一般車たちが「我々は何者か」と、無言で訴えかけているような気がしてならない。

乗り心地の秘密。

謎めいた雰囲気を持つ近鉄の一般車ではあるが、どこか大陸的な伸びやかさの理由の一つに、阪急・阪神・京阪の19メートル・3扉よりも大きな、21メートル・4扉の車体があげられる。

もう一つの理由に、全体的につるんとした、平滑なフォルムがないだろうか。窓周りに無骨な補強板のない車体、凹みが少なく枠もない一段下降窓、雨樋が高い位置にある張り上げ屋根。国鉄に10

実は車体断面やパーツを共有するのに、特急車と一般車の印象はまるで異なる。

1系電車が生まれた、昭和32年（1957）に登場した一般車第1世代の始祖「ラビットカー」（P175）は当時、目一杯モダーンで軽快な電車ではなかったか。

これらの構造は、近鉄の車両の製造を一手に引き受けるグループ会社、近畿車輌が技術提携していた、スイス・シュリーレンにあるSWS社の影響によるものである。近鉄の電車にどことなく漂う、欧州的な薫りも宜なるかな。わたしはジュネーヴに出張した際に見た、現地の旧型客車の窓の形に「おお、これは紛うことなきシュリーレン！」との感動を覚えたものである。

近鉄には、もう一つ忘れてはならないSWS社の影響がある。それが昭和29年（1954）から約35年の長きにわたって使われた「シュリーレン式台車」だ。

鉄の線路に鉄の車輪を用いる電車が、空気を充填したゴムタイヤの自動車より乗り心地に優れる理由は、①線路を敷く前に地面をならした「路盤」、②路盤と線路の間のバラスト砕石、③砕石と線路の間の枕木、④車輪と台車枠の間の「軸バネ」、⑤台車枠と車体の間の「枕バネ」、⑥車体とお尻の間の座席と、6段階ものクッションで振動を減衰しているからである。

重厚ながらスマートなフォルムのシュリーレン台車は、④の軸バネに、金属バネにオイルダンパーを組み合わせて主に上下方向の振動を減衰する。部品点数は多いがその乗り心地はまさにシルキー。1両につき16本の金属バネ＋オイルダンパーはダテではない。

電車が特段好きでもないわたしの妻でさえ、伊勢や吉野や奈良に行った際に「近鉄電車は雰囲気や乗り心地がよくて好き」と話していた。

隠れた合理主義。

どこの駅でもいい、近鉄の一般車と特急車が並んで停まっているのを見比べてみよう。第１世代の一般車と、第２・第３世代の特急車では、車両の肩のアールの形状や屋根の高さ、前照灯がまったく同じ位置にあると気づくだろうか。第２世代の一般車と、第４世代の「ＡＣＥ」、第５世代の「Ａｃｅ」でも同じことがいえる。

一般車でも特急車でも、異なる世代の編成をつなぐのは珍しくない。連結部分に車体形状の違いがあっても、両者は相似形を描いているはずだ。乗客の視点では、まるで色の異なる一般車と特急車とが同じ車両に見えるわけはない。しかし、車体の形状やヘッドライトの位置を合わせると、現場の運転士にとっては車両の違いによる運転感覚のズレを小さくできる。

車体の形状を揃えると、現場の車庫では塗装や洗車がしやすくなるだろう。車内の部品でも、たとえば近鉄独特の三角形の蛍光灯カバーも、一般車と特急車とで共通の部品を用いる。2000両近くの車両を擁する近鉄にあって、このような現場に対する合理主義に、わたしは設計の妙を見る。

しびれる関西風ディテール。

関西私鉄流コミュニケーション。

関西流の旅客案内と呼ばれるスタイルがある。当然関東流もあるが、近年は関西の各社が関東流に揃いつつあり、東京人のわたしは、関西へやってきた時の喜びがいささか減ったように感じていた。だがその中で近鉄は、今もかなりの部分で関西流を貫いている。

最たる例が列車の呼び方である。「急行 橿原神宮前ゆき」と呼ぶのが関東流。この場合、種別を形容詞、行先を名詞と呼ぶべきか。一方、関西流は「橿原神宮前ゆき急行」と逆になる。もちろん近鉄は関西流だが「橿原神宮前ゆき急行 橿原神宮前ゆきの急行」と繰り返し、2回目に格助詞「の」を挟むのが独特だ。

また、関東流の「学園前の次は生駒にとまります」ではなく、関西流の「学園前を出ると生駒までとまりません」だったり、乗客への注意喚起も関東流の「お客様にお願いします」ではなく関西流の「みなさん」である。さしずめ関東流の「Attention please」に対する「Ladies and gentlemen」が関西流といったところか。

これらは聴覚のコミュニケーションだが、視覚のコミュニケーションも興味深い。冒頭で書いたように、大阪上本町、大阪難波、大阪阿部野橋といった、都市名のついた駅名は関東にはない。これらの駅に限らず、たとえばアーバンライナーに乗ると「『大阪の』鶴橋までとまりません」などといったアナウンスが入ったりする。上本町などは大阪上本町が本名になる前から、特急には「大阪上本町ゆき」と表示されていたし、烏丸線への直通便など、今もわざわざ「京都国際会館ゆき」（駅名は「国際会館」）を名乗る。

もっとも、多くの利用者は八木・西大寺・中川・長野のよう

阪神電車との直通を機に、近鉄難波駅は大阪難波駅になった。「大阪」は小さく書き（ひらがなまで！）、放送では繰り返し時に省略するのが近鉄流。

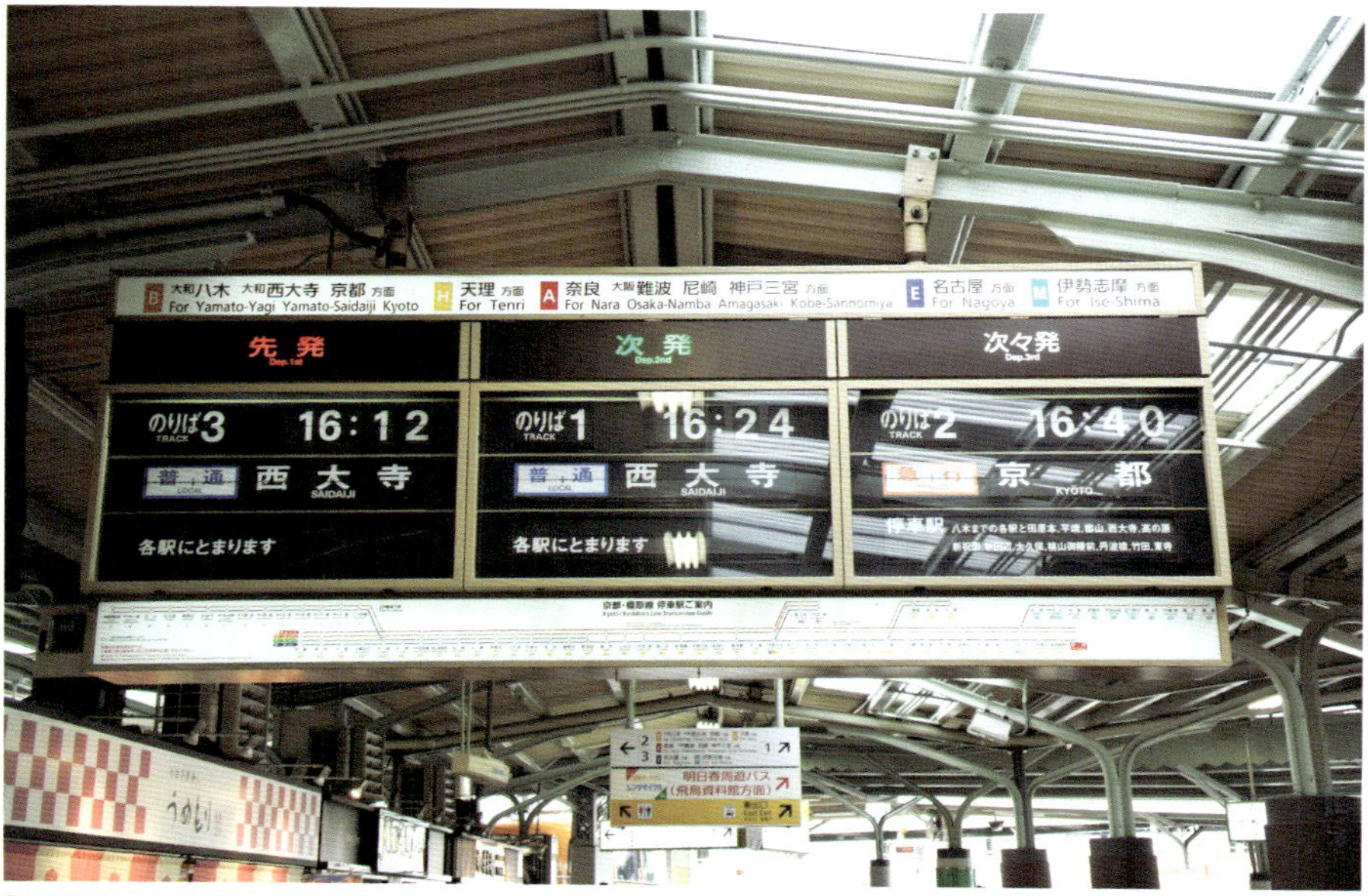

「大和」などの「苗字」を省略した、２世代前の案内表示もところどころに残る。写真は橿原神宮前。

に、苗字を省略して呼ぶ。信長、秀吉、家康といえばフルネームを示す必要もなければ、カローラ、スカイライン、ゴルフといえばメーカー名が自明であるのと似た感覚かもしれない。

　実際、近鉄自身も長いこと苗字を省略して案内していた。わたしが大和八木と言ったら、大阪人の同僚から「なんやソレ、八木のことか？」との反応が返ってきたほどである。唯一の例外が伊賀神戸だった。さすがに「神戸」を単体で「かんべ」と読ませるのには無理があったのだろうか。

　ところが、２０００年代中盤に、近鉄は本名での呼称を導入し始めた。あべの橋は大阪阿部野橋に、山本は河内山本になった。ネットでの乗換検索のときに不都合でもあったのかとわたしは邪推している。ただ、フルネームを記載する時には苗字を小さく書き、リピートして放送する時には「大和西大寺、西大寺です」のように、２回目は苗字を省略するのがお作法である。近鉄日本橋や近鉄奈良のような、会社名の苗字はアナウンスではすべて省略する。

　関東でほとんど省略するのは京成くらいで、最近付け加えるようになった京急を含めてご丁寧に表示し、放送する。これは関東人が、地名やエリア名よりも路線名や駅名を地理上の意識の中心に置いているからだろう。西武新宿と新宿は別物と合点するが、天王寺とあべの橋が事実上の同一駅とは決して理解できないのが関東人である。

駅名表記の変化。

　広大な路線網を有する近鉄では、この地名と駅名の表記法の変化が面白い。大阪の中心部や西大寺あたりでは「伊勢志摩方面」との記述がある。大和八木でも「桜

快速急行は近鉄用と阪神用で方向幕を変える。こんな仕様を合わせるとは。肝心の車体規格がばらばらなのに。

井 長谷寺 榛原 名張 伊勢中川 伊勢志摩 名古屋方面」とある。

一見納得だが、実は「伊勢志摩」なる駅は存在しない。あるのは松阪・伊勢市・宇治山田・鳥羽・賢島である。これらをまとめて「伊勢志摩」とくくってしまうところに近鉄のセンスが光る。乗客は駅ではなく地域に行きたいのだ。これが、より伊勢志摩に近い西青山だと「伊勢中川 松阪 宇治山田 賢島 津 名古屋方面」と、中身をブレイクダウンする。

逆も真なりで、大和八木の「大和高田 布施 大阪上本町 大阪難波 尼崎 神戸三宮方面」とあるのが、西青山では「名張 大和八木 大阪上本町 大阪難波 神戸（三宮）方面」となる。生活圏が違うので、「三宮＝神戸」の図式が入っていない乗客への配慮が見える。

関東圏だと杓子定規に駅名に忠実にして、「三宮方面」と書いてしまうところだろう。これが津まで行くと「伊勢中川 大阪 神戸 鳥羽 賢島方面」といったように、上本町や難波は抱き合わされて大阪になり、三宮の記述は消える。スナックカーの車内からこの表示を見たわたしは一瞬この「神戸」を「え、伊賀神戸か？」と思ってしまったが。

２０１４年、阪神電車の三宮駅は神戸三宮駅に改称した。わたしは近鉄がどんな案内をしてくるかを楽しみにしていた。なにしろ近鉄は、三宮ゆき快速急行の行先を書いた方向幕に、近鉄線上で表示する赤ベースの「快速急行」と、阪神線上で使う水色ベースの「快急」を用意するだけでなく、ご丁寧にフォントまでも近鉄流の角ゴシックから阪神流の太丸ゴシックへと2種類用意するほどの会社なのだ。パッセンジャー・インターフェイスに対する気遣いは、並ではない。

「伊勢志摩駅」はないのに「伊勢志摩方面」。一見不可解な案内表示に息づく、理知的な合理主義。

駅の時刻表と認識論。

駅に備え付けの発車時刻表にも関東流と関西流がある。時間を縦軸にとるのが関東流、横軸にとるのが関西流だ。これとて関西流は旗色が悪い。パソコンの普及によるところ大なのだろう、縦書きはつくりづらいからだ。

もちろん近鉄は今日でも関西流の時間横軸の縦書きフォーマット

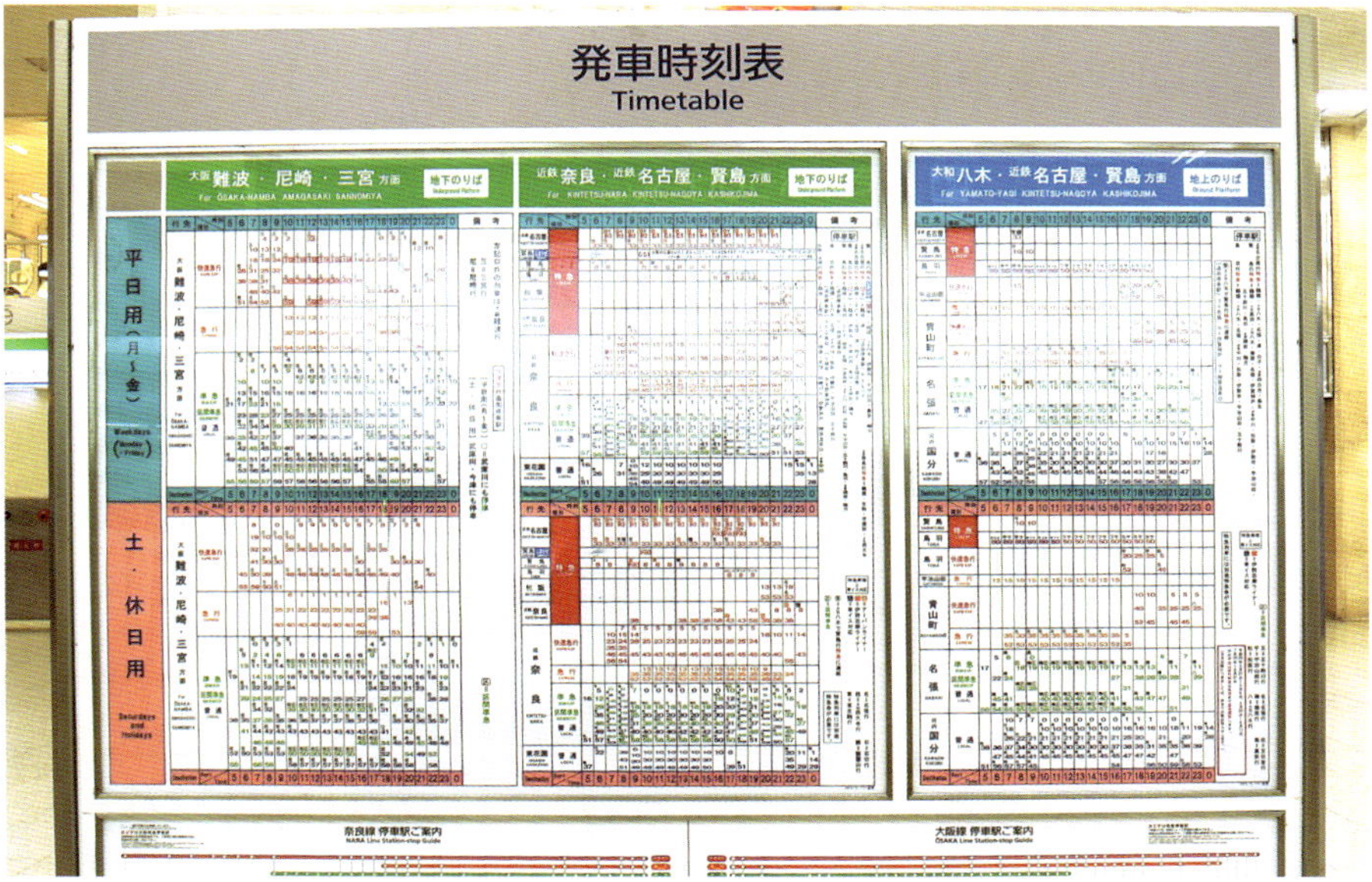

ヨコ軸に時間、縦軸にブロック化した種別と行先。やっぱり関西なら、否、特に近鉄ならこのスタイルにとどめを刺す！

を堅持する。しかも、ただX軸とY軸とを反転しただけではない。近鉄の時刻表の関西流たるゆえんは、まずは行先ごと、次に種別ごとにまとめて表示する点にある。近鉄の幹線では、郊外路線らしく速達列車ほど遠くに足を延ばす「緩急分離ダイヤ」を組んでいるから、これでいいのだ。

たとえば、鶴橋から大和八木に行くのに、八尾から延々と各駅に停まる区間準急に乗るのはマニアくらいなものだろう。もちろんわたしはごめんこうむりたい。したがって宇治山田、もしくは青山町ゆきの快速急行・急行の欄だけみればいい。実にシンプルである。

この行先や種別の組み合わせも、駅によって使いやすいように変えてゆく。鶴橋では同じ欄に記載する名張ゆきと榛原ゆきの準急は、河内国分では欄を分けて書く。

このように、関東流時刻表が、現在時刻を起点に考える演繹法的なアプローチをとるのに対し、近鉄を筆頭とする関西流時刻表は目的地を起点に考える帰納法的なアプローチをとる。もちろん関西流にも欠点はあって、たとえばあべの橋から古市に行こうとすると、吉野ゆき急行、橿原神宮前ゆき準急、河内長野ゆき準急と、三つの欄を見較べなければならない。

東京人のわたしが近鉄に乗るなら、関西流時刻表を見てエキゾチックな気分を味わずにいられない。普段愛用している「えきから時刻表」は関東流のフォーマットで書いているので、こと近鉄に乗る時に限っては違和感を覚える。

それではとばかりに近鉄の公式サイトを見ると、やはり関東流の一般的なスタイルではないか。ブルータスお前もか、と一瞬思ったが、サイドバーには「時刻表」の下に「駅掲出時刻表」がある。果たして駅を選んでみると、あの関西流時刻表がPDFファイルで開く。やっぱり近鉄はコレですよ、とわたしはほくそ笑む。

急行灯にも関西流が。

昨今の車両は、種別や行き先をLEDで表示するのがスタンダードだ。ちょっと前なら方向幕と呼ばれるフィルムを用いる。方向幕がぐるぐる回転するのを見るのは楽しい。しかも近鉄は多彩な行先を種別とセットで収録しているので見飽きない。「大阪阿部野橋」と「あべの橋」の新旧フォーマットが混在していたりもする。

方向幕を用いる前、第1世代は「方向板」と呼ばれる多彩な意匠の看板をぶら下げていた。ところが方向板は、掛け替える手間がかかるだけではなく、特に夜間の視認性に問題がある。遠くから見た場合、列車がよほど接近するまで通過するのか停まるのかわからない。また、保線係員にとってはまさに死活問題だ。

そこで多くの私鉄は正面に、ヘッドライトの他に「急行灯」「通過表示灯」と呼ばれるランプを用意する。点灯すると、遠くからでも急行列車としての視認性が高まるからである。もっとも、方向幕やLEDが発達した近年、急行灯はアクセサリー程度の意味しかなく、関東の小田急・西武・東急は急行灯を廃止してしまった。

ところが近鉄では、急行灯がばっちり生きている。しかも、特急・快速急行は両側を点灯、急行は右側、準急は左側、普通は消灯と使い分けているのだ。すべての速達列車で両側を点灯する関東流に対し、種別に応じて「ウインク」させるのは関西流だが、左右までも使い分けるのは近鉄のみである。

最近は関西私鉄にも急速に関東流が広がってきているが、相変わらず孤塁を守る近鉄電車。車内アナウンスの自動音声化などの変化もあるが、願わくばこうした関西流の案内を続け、大阪に出かける東京人の密やかなエキゾチシズムをかき立て続けてほしいとわたしは願っている。

ウインクする急行灯。準急は左、急行なら右側を点灯する。乗って確かめてみよう。

やってみよう！

手軽にエキゾチシズムに浸る
近鉄電車10の乗り方

1
上本町駅の地上ホームに佇み、ゆったりした雰囲気を味わおう。
【P146】

2
お酒やつまみを買ってスナックカーに乗り、「リアルスナックカーごっこ」をしてみよう。
【P154】

3
柏原南口駅や八木西口駅を歩き回って乗り換えよう。
【P165】

4
古市駅や大和西大寺駅にて列車捌きや増解結の職人技を見守ろう。
【P167】

5
難波発18時40分のアーバンライナーで奈良ホテルデートを愉しもう。
【P171】

6
2410・2430系の先頭にかぶりつき、大阪線のダイナミズムを堪能しよう。
【P173】

7
西青山駅や薬水《くすりみず》駅に降り立ち、しばしの寂寥感に浸ろう。
【P173】

8
複雑怪奇な通勤車を理解するために、乗った車両の番号を消し込もう。
【P174】

9
大阪難波駅で神戸三宮ゆき快速急行の変身に驚嘆しよう。
【P182】

10
他社の時刻表を関西形フォーマットに作り替えてみよう。
【P182】

【私鉄王国用語集】

近鉄電車編

【鮮魚列車】

三重県の漁港に早朝にあがった魚を奈良や大阪へ運ぶ行商人のために、宇治山田〜上本町間（下りは上本町〜松阪間）で運行される鮮魚専用列車。「伊勢志摩魚行商組合連合会」の貸切車両として昭和38年（1963）から運行を開始した。通称・鮮魚列車と呼ばれ、現在も登場時とほぼ同じダイヤで日曜・祝日を除く毎朝走っている。電車の方向幕が「鮮魚」を表示するのが実にユニーク。

【近鉄マルーン】

マルーンと言えば阪急電車というイメージが強いが、近鉄でも車両色を「近鉄マルーン」「マルーンレッド」と呼んでいる。少しくすんだ風合いの赤紫といった雰囲気。鉄道雑誌などでは「スカーレット」と呼ばれたこともあったようだが、ふさわしいネーミングだ。

【ウエロク】

上本町6丁目付近のことを指すエリア名。近鉄ユーザーを中心によく使われる。中には「ウエロクの駅」など大阪上本町駅を指していう人もいるが、「上本町6丁目駅」はないため、他地域に住む人には瞬時に伝わらない場合もあるようだ。また、20〜30代を中心に上本町のことを「ウエホン」と呼ぶ人もいて、世代間で差がみられる。

【赤福】

近鉄電車に乗ると、売店などで目にする頻度が高いのが伊勢名物のご存じ「赤福」。大阪難波駅などでも売っているのはいいのだが、「今からそっちへ行くのに…」と、旅情が殺がれる気がしないでもない。そう思いつつ、「つい買ってしまう」との声も。ちなみに筆者は、かつて大阪阿部野橋駅で売られていた冷やしあめをこよなく愛していた。駅を訪れた際には必ず飲んで、「大阪へ来たなあ」とエキゾチシズムに浸っていたものだ。

【うえほんまちハイハイタウン】

大阪上本町駅前にある商業施設。地下には飲食店が多数入り、中でも地下1階のカウンター居酒屋「天山閣ハイハイ横丁」は30メートルの日本一長いといわれるカウンターで有名。「げそ塩焼」「厚あげ」「もろきゅう」などと白で染め抜かれた臙脂色（近鉄色？）の長〜いのれんは壮観だ。「ハイハイ」というネーミングは、上町台地にあることと「ハイファッション」などの「ハイ」をかけたとの説があるが、詳細は不明。地元の人に由来を聞くと、「お客さんの頼みに『ハイハイ』と答えるから」といった、独自の解釈が多数出てくるのが楽しい。

【商店街】

近鉄沿線は商店街の密集地だ。中でも密度が高いのが布施駅周辺。駅の北側にはブランドーリふせや駅前通商店街があり、南側にはフラワーロードほんまちやプチロード広小路が延びる。さらに線路沿いにはポッポアベニュー商店街（右）が東西に横たわっており、こちらは1番館から4番館まであって、布施駅から隣の河内永和駅までつながっている。一方、近畿大学のお膝元、長瀬駅前には「まなびや通り」こと長瀬駅前商店街がある（左）。商店街の入口には、今どき学帽をかぶった詰め襟姿の学生のイラスト。「混一色は好きですか？」と壁に描かれた雀荘があったりと、古き良き学生街の雰囲気が濃厚に残る。

京阪電車

KEIHAN

京阪電気鉄道株式会社
創業：１９１０年
本社：大阪市中央区
営業キロ：91・１キロ

渋沢栄一らが明治39年（１９０６）設立。４年後に天満橋～五条間が開通した。以降、大正14年（１９２５）京津電気軌道（現京津線）、昭和４年（１９２９）琵琶湖鉄道汽船（現石山坂本線）、その翌年には傘下の新京阪鉄道を合併するなど拡大経営を続ける。昭和18年（１９４３）に阪神急行電鉄（阪急）と合併、京阪神急行電鉄に。戦後になって再分離し、昭和38年（１９６３）に淀屋橋、平成元年（１９８９）に出町柳、２００８年には中之島に延伸した。

8005
KEIHAN

滑走路のような複々線を疾走する京阪特急。土居〜滝井間

石山坂本線
坂本
松ノ馬場
穴太
滋賀里
南滋賀
近江神宮前
皇子山
別所
三井寺
浜大津
島ノ関
石場
京阪膳所
錦
膳所本町
中ノ庄
瓦ヶ浜
粟津
京阪石山
唐橋前
石山寺
出町柳
鴨東線
神宮丸太町
京津線
三条
太秦天神川へ
御陵
京阪山科
四宮
追分
大谷
上栄町
祇園四条
清水五条
七条
東福寺
鳥羽街道
伏見稲荷
深草
藤森
墨染
丹波橋
伏見桃山
京阪本線
大和田
萱島
寝屋川市
香里園
光善寺
枚方公園
枚方市
御殿山
牧野
樟葉
橋本
八幡市
淀
中書島
宮之阪
星ヶ丘
村野
郡津
交野市
河内森
私市
交野線
男山ケーブル
男山山上
宇治線
観月橋
桃山南口
六地蔵
木幡
黄檗
三室戸
宇治

玄人をも唸らせる、名匠のからくり。

複々線、通勤冷房車、エアサス、ロマンスカー、自動転換座席、急行運転、信号機…日本初・関西初・私鉄初の技術がてんこ盛り。特急車のテレビカーやダブルデッカーなど自由な発想で、「進取の気象、技術の京阪」と称される誉れ高き鉄道だ。中には「よくもそんな手の込んだ…」と言いたくなる匠の技の数々が、電車好きを唸らせる。「京阪＝渋い」とするならば、そのイメージの源泉は、電車への愛に溢れた技術にこそ見出せるだろう。

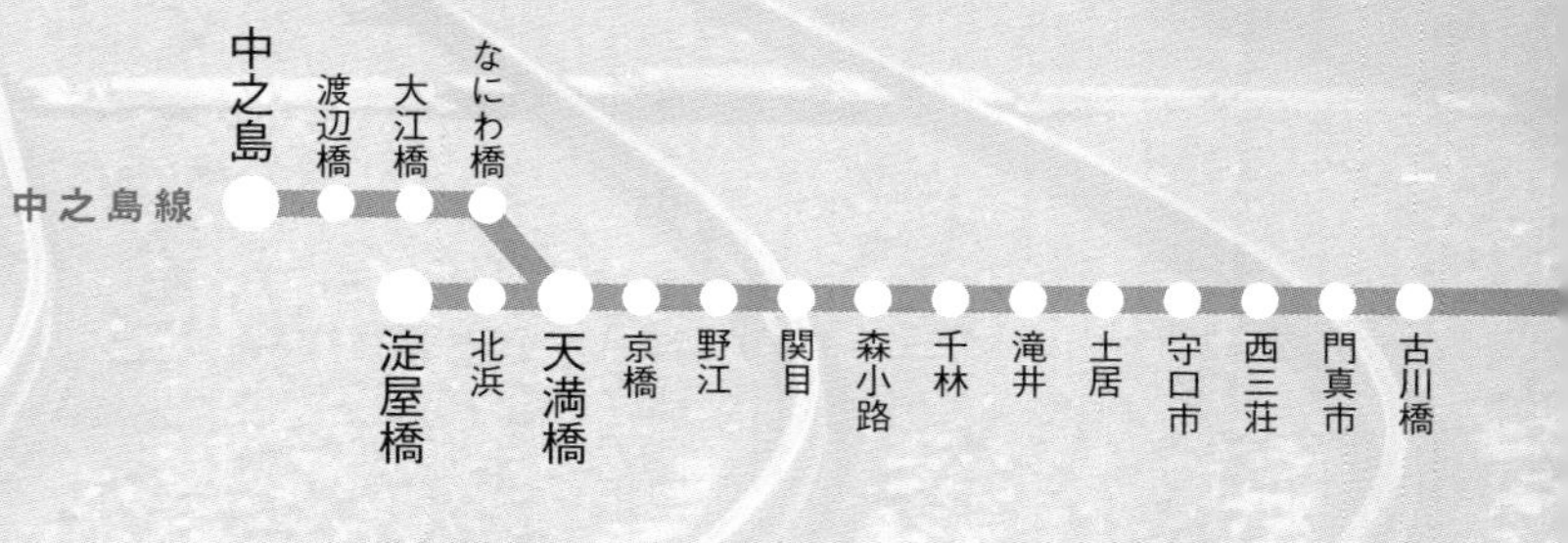

Vorsprung Durch Tecknik. ―― 技術による先進

「初モノ」大好き。

もう10年以上前だが、京阪電車を「地味で渋い」と評する雑誌記事を読んだ。なるほど20世紀の京阪電車は間違いなく、地味で渋かった。始発駅は梅田でも難波でも天王寺でもなく、淀屋橋。頭端式ターミナルでもない。プロ野球球団も経営しない。車両にも、阪急電車や近鉄特急ほどの華はない。

だが、「第4次鉄道ブーム」と呼ばれる2010年代前後、インターネットによって地方間の情報交流が進んだこともあり、地味で渋かった京阪電車ファンの熱狂は全国に伝播した。関東圏でのイベントでも、京阪電車ブースの前には常に長蛇の列ができる。地味にデビューした8000系エレガントサルーンなど、いつしか特別料金を求めない特急車の最高峰としての名声をほしいままにしている。息長く、尻上がりにその評価を高める丁寧な仕事ぶりは、人呼んで「進取の気象、技術の京阪」。誉れ高き京の名匠らしい、頑固なまでの本物志向がわたしたちを唸らせるのだ。

数々の新機軸を打ち出した「技術の京阪」は名高い。それでは、果たして100年強の歴史に、どれほどのものがあるのかあらためて整理すべく、会社要覧や社史の「年譜」をひもといてみたら…あるわあるわ、実に51項目。もちろん、社史に掲載されていない初モノも多々あるだろう。

まず運転面では日本初の急行電車、日本初の超特急が挙げられる。これらを可能にした技術インフラが線路・駅・信号・車両だ。線路面では日本初の架空電車線式地下線（新京阪）。駅設備面では日本初のホーム内蔵型ターミナルビル（新京阪）、駅冷房、不燃木材を用いた地下駅。信号・電気面では日本初の色灯三位式自動閉塞信号機、尖頭截除用蓄電池。

さらに車両面では、日本初の回生ブレーキ車両、連接車、空気バネ台車取付車両、自走式洗車機、5扉車での座席昇降装置付き車両、世界初の座席自動転換装置&カラーテレビ設置車両、改造ダブルデッカーと目白押しである。極

「川」と切っても切り離せない京阪電車。京阪間の沿線風景の風情は随一で。名匠ならではの京の薫りを乗せて走る。

左／大正４年（1915）に日本で初めて導入した色灯三位式自動閉塞信号機。右上／大正14年（1925）完成の天神橋付近の高架橋。民鉄初・関西初のコンクリート式高架線だった。右／昭和２年（1927）登場、日本初の全鋼製ロマンスカー。

めつきは、日本初となる全社でISO14001認証を取得した鉄道会社ではないだろうか。まったくもって見事というほかない。

世界初や日本初こそ譲るものの、他にも「関西初」にはコンクリート式高架橋（新京阪）、地下線（新京阪）、テレビカーがある。もう少し条件を厳しくすると「関西民鉄初」のATS設置、「戦後関西初」の通勤冷房車両、「関西大手民鉄初」の鉄軌道線全線複線化。まあ、だんだん苦しくなってくる。

しかし、これでもかとばかりに初モノは続く。日本初の全鋼製ロマンスカー、民鉄初の出入庫線の立体化、日本初の光ファイバを利用した列車モニタ、民鉄初のグッドデザイン賞受賞駅、日本初の併用軌道を走る地下鉄乗り入れ車両、民鉄初のエンコード式車内普通券発行機、関西民鉄初の沿線名所の映像のリアルタイム配信、関西民鉄初の電子開示、日本初の使用済乗車券をリサイクルして作ったお香、エトセトラ、エトセトラ。ここまでくると「だからなんだ!」と突っ込んでほしいとしか思えない。

技術面だけではない。旅客サービスや沿線開発の列挙も続く。日本初の田園都市（北大阪電気軌道）、ターミナルデパート（新京阪）、スーパーマーケット、全戸テレビ付き住宅の販売、全戸バラ園付き住宅の販売、官民一体型ニュータウン開発、広域型ショッピングセンター、遊園地としては日本初のバーコードシステム、ワンコイン・ロッカー、遊園地としては日本初のISO14001認証取得、関西民鉄初の旅客案内所、関西初のパブリックゴルフコース、プライベート・ロッカー、関西大手鉄道会社初の介護付き有料老人ホーム開設。いやはや。

右／昭和27年（1952）「スーパーマーケット」の名称を日本で初めて使用したのも京阪。右下／全戸テレビ付き住宅、全戸バラ園付き住宅の販売用パンフレット。下／「当時」東洋一の、ひらかたパークのバラ園。昭和30年頃の様子。

ナンバーワンも大好き。

この年譜には、初モノだけではなくナンバーワンも注記されている。当時日本最速列車（新京阪）、当時世界最大の尖頭截除用蓄電池、当時民鉄最長の複々線、当時日本最長のおとぎ電車、当時民鉄業界最大の社員スポーツセンター。すべて「当時」がついているあたりに「記録、それはいつも儚い。ひとつの記録は一瞬の後に破られる運命を自ら持っている…」の名フレーズを思い起こさずにいられない。

中には、「当時日本一豪華な通勤電車」「当時東洋一のバラ園」のように、いささか客観性に疑念を呈さずにいられない珍記録もあるものの、それでも京阪電車が打ち樹てた数々の金字塔には、今日他社にも水平展開されてスタンダードとなった技術が目白押しである。

「それでも人々は記録に挑む。限りない可能性とロマンをいつも追い続ける。それが人間なのである」。ああ、人間的な、あまりに人間的な京阪電車よ。まるで職人の中にある子供じみた部分のようだ。びっくり日本新記録を打ち樹てて、片っ端からムキになって列挙するとは。

しかしわたしは思う。この人間くささこそ「技術の京阪」が抱き続ける「進取の気象」に他ならない。成功の影には数限りない失敗もあるはずだ。失敗を恐れず、どのような挑戦でも許し、珍記録をも認める社内風土がなければ、萎縮した事なかれ主義、大企業病的な組織文化が待ち受けるのだ。全戸バラ園付き住宅の販売や、使用済乗車券をリサイクルして作ったお香が日本初で、何が悪い。それらの積み重ねがあってこその「技術の京阪」ではないか。

東急は系列の東急車輌（現総合車両製作所）とのタッグで省力化・電子化技術を導入、スタンダードを構築してきた。

日本三大メカマニア鉄道。

では、京阪の技術は何を志向しているのか？　それを明らかにするために、他の鉄道と比較してみよう。特に国鉄が停滞をみせていた１９８０年代前半まで、東の東急や営団地下鉄（現東京メトロ）と並んで、西の京阪電車は「日本三大メカマニア鉄道」と呼ばれていた。

東急は、「青ガエル」の異名を取った旧５０００系での超軽量化車体の導入を皮切りに、日本初のステンレスカーである「湯たんぽ」こと５２００系、日本初のオールステンレスカー旧７０００系、世界初の界磁チョッパ制御車にして日本初のワンハンドル式運転台を採用した８０００系、日本初の量産軽量ステンレスカー８０９０系、さらに最初期のＶＶＶＦ制御車９０００系と、今日では標準となった技術をいち早く導入した。

また、新線開業と同時に新車を一気に調達するために時の最新技術を導入しやすい営団地下鉄も、戦後の新性能車のはしりとなった記念すべき丸ノ内線３００形、日本初のＡＴＣやＡＴＯ長期試験を実施した日比谷線３０００系、世界初の回生ブレーキ付き電機子チョッパ制御に加えて、本格採用したアルミ車体や、左右非対称の正面形状や、インテリアにおいても他車に大きく影響を与えた千代田線６０００系、近年では永久磁石同期モーターを本格採用した千代田線１６０００系、自己操舵台車やＬＥＤヘッドライトを採用した銀座線１０００系など、技術面においても記念碑的な名車を次々と生み出している。

ところが、これらの技術は京阪電車のそれとは、一風異なるように私は感じる。ステンレスカーやアルミカーには、軽量化に加え

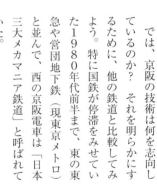

て、塗装を省略できるメリットがある。電車は4年または走行60万キロ以内に大がかりな車検を受けることになっており、工場に入場してから出場するまでには、約2週間を要する。ここで塗装工程を省略できるなら、1色あたり1日の工期を短縮できるため、車両の稼働率を高められる。また、チョッパやVVVFといった制御方式は省電力化への貢献が大きい。ワンハンドル式の運転台は、運転を簡単にする。

路線開通時に新車を大量投入するため、時の最新技術を導入しやすい営団地下鉄（現東京メトロ）。

　これらは特に1970年代以降の「機械制御から電子制御へ」のトレンドを先取りしており、間接的に運賃の値下げや乗り心地の向上に寄与するものの、いずれも「省力化」「効率化」をキーワードとした現場志向の技術開発としてよいだろう。

　一方、我らが京阪電車である。あとから詳述するが、日本最初期のカルダン駆動車として「無音電車」と呼ばれた特急1800系、初の空気バネ台車、戦後関西初の通勤冷房車2400系、座席昇降装置付きの5扉車5000系、世界初の座席自動転換装置および日本初のカラーテレビ設置車である旧3000系、日本初の改造ダブルデッカーと、電気工学よりも機械工学の要素が強く、なんだか手間のかかりそうな技術ばかりである。これらはすべて、現場の効率化よりも、乗り心地や接客設備といった乗客への効果を高めるための技術とはいえないだろうか。

アウディと京阪電車。

　同じメカマニア鉄道ながら、電子工学的で効率化を志向する東急やメトロ、機械工学的で高附加価値化を目指す京阪の違いに、わたしは1980～90年代にかけて高級車市場で起こった動きを思う。すなわち、機械工学的でクラフトマンシップあふれる西ドイツ車の牙城に、トヨタ・セルシオを筆頭とする日本車が、電子工学を通じて静粛性や高機能化といった新しい価値観を引っ提げて殴り込みをかけたのである。その影響を受け、2010年代のドイツ車は、当時と比べるとかなり電子制御が介在するようになっている。

　さて、1980年代当時、新興勢力である日本車に対して守勢に回った機械帝国・ドイツではあるが、同時に内部でも激しい競争が起こっていた。すなわちプレミアムブランドの老舗であるメルセデス・ベンツやBMWに対抗する第三極として、アウディが台頭してきたのである。その際、伝統によって一日の長があるプレミアムブランドに殴り込みをかけた新興のアウディが掲げたスローガンこそ「Vorsprung Durch Tecknik」(技術による先進)だった。

伝統的でスポーティーな後輪駆動を採用する前二者に対して、もともと前輪駆動だったアウディは1980年、4WD「クワトロシステム」を導入した。それまでの4WDは悪路走行時に切り替えるパートタイム式が主流だったのに対し、クワトロシステムはあらゆる路面状況に対応するとともに、アウトバーンの超高速域における直進安定性の向上が目的であるため、フルタイム式を採用した。また、タイヤの回転数の差異は、簡便な液体式ではなく、機構は複雑だが信頼性の高い機械式で調整する。ラリーを席巻したこのクワトロシステムによって、アウディはそれまでの4WDおよび、自社のブランドイメージを刷新した。

また、1983年に登場したアウディ100は、徹底した車体の空気抵抗の削減によって、2・3リットル直列5気筒エンジンを積みながら、高排気量の6気筒エンジンを持つメルセデスやBMWともアウトバーンで互角に勝負できるようになった。

さらに安全装備では他社が火薬の力を用いる電子制御のエアバッグを搭載する中、アウディはエンジンとハンドルやシートベルトをワイヤロープで結び、衝突時にエンジンが落下する力によってベルトを締め付けてハンドルを引き込む「プロコン・テン」なる衝撃吸収装置を開発した。物理的な力を使う機械制御の方が、シンプルで信頼性が高いとの判断である。

1994年に登場した念願のフラッグシップモデル、アウディA8ではクワトロシステムによる重量増を克服するためにオールアルミボディを採用するなど、隅々まで理詰めの設計で「理科系高級車」の異名を取った。

機械帝国ドイツ内部における新興勢力のアウディこそ、機械制御の権化であった事実は興味深い。その背景には「技術バカ」としてのあり方と、先行するメルセデスやBMWとどう差別化してクラスレスでインテリジェントな価値観を訴えるかといった、マーケティング上の判断が働いているのはいうまでもない。

技術とマーケティングの間。

では、京阪電車はなぜ技術を志向したのだろうか。もちろんこれにはれっきとした理由がある。営

中之島線開業時に登場したフルモデルチェンジ車、3000系コンフォートサルーンも、ユニークな技術を満載する。

業距離は東京メトロ１９５・１キロ、東急１０４・９キロに対して京阪は91・1キロと１００キロに満たない。車両数はメトロ２７７３両、東急１２０４両に対し、京阪は７２２両に過ぎない。１キロあたりに換算しても、メトロ14・２両、東急11・5両に対して京阪は７・９両だ。

これは京阪が特に小規模なのではない。メトロや東急が巨大なのである。また、近年こそＪＲ東日本との競合関係が強まってはいるものの、本質的には市内電車としての様相が強いメトロや東急は全車両が通勤電車である。こうすると「選んでもらう」というよりは、「効率的な大量輸送のためになんとか１両でも多く造り、有効活用する」方向に行くのは当然の判断だろう。

一方、本質的に都市間路線である京阪電車は、京阪間にてＪＲや阪急と三つ巴の激烈な競争に晒されている。特に、かつての虎の子、新京阪線改め阪急京都線は、メルセデスやＢＭＷよろしく最強のブランドイメージを誇る路線として君臨する。こちとら最も不利なルートを通る、人呼んで「京阪電気鉄道カーブ式会社」。不利を克服して「選んでもらう」ために、京阪電車がマーケティング的に選んだ道こそ、技術だったのだ。だから、京阪電車の技術は効率より効果志向との感が強い。わたしはそこに、「ホレ見い、オモロイやろ」と言わんばかりの、ある種のいちびり精神さえ感じる。

ＣＩを導入した２００８年以来、京阪グループのコーポレートスローガンは「こころまち つくろう」だが、今なお「進取の気象、技術の京阪」を自負するなれば、「技術による先進」に準ずるキャッチフレーズを掲げてもいいのではないかと、地味で渋い京阪電車を溺愛するわたしは思うのだ。

複々線エスカレーション。

京阪草創期の経営体制。

電車に乗るのが好きなわたしではあるが、東京～大阪間は、ほとんど飛行機で移動している。伊丹空港にアプローチする時の機窓はいつ見ても飽きがこない。

シートベルト着用サインが点灯すると、西進してきた飛行機は高度を下げながら奈良盆地から生駒山地を横切り、大阪平野上空で北北西へと旋回する。複雑に曲がり、絡み合う線路を見ては「川沿いを蛇行するのが関西本線」「あれが近鉄大阪線、あの光るのが高安の車庫」「あのまっすぐなのが近鉄奈良線」などと路線をアイデンティファイしていく。着陸間近なので、最近まで映像や写真に収められなかったのが残念なのだが、だからこそ100回以上も乗っておきながらいつも目を奪われてしまうのだろう。

右の窓側に座っていると、ひときわズドーンと、滑走路よろしく北北東にまっすぐ延びる線路が見える。そこをボーイング777ならぬ、屋根にエアコンをこれ見よがしに何台も載せた電車が走っている。

他ならぬその京阪電車は、明治43年（1910）4月15日に大阪・天満橋～京都・五条間で開業した。当時の経営陣は専務取締役の渡邊嘉一と、桑原政・佐分利一嗣の取締役2名によるトロイカ体制だったが、3名とも工学部出身で、各自の専門分野についてひとかどの美意識を持つ技術屋だった。つまり、阪急を率いた小林一三（P29）が元文学青年の銀行マンであったのとは対照的に、当初から「技術の京阪」だったのである。

ところがこの技術の京阪、開業初日から、車両故障や脱線が重なって京阪間に5時間を要するなど、散々な船出だった。その要因には、行楽シーズンに間に合わせようと開業を急いだために習熟が不十分だっただけでなく、重役陣3名の意地の張り合いがもたらす組織的な混乱があったとされる。技術者ではあったが、経営技術には乏しかったのである。

京阪電車は、淀川東岸の守口・枚方・八幡《やわた》・伏見といった旧来の

開業初日の様子。当初の祝賀ムードはどこへやら、トラブルの連続で京阪間に５時間を要し、新聞に酷評されたとか。

市街を経由するだけでなく、関西私鉄のご多分に漏れず軌道法に準拠したため、全線の3分の1に及ぶ併用軌道の設置を避けられなかった。いきおい、全線を通じて曲線が連続し「京阪電気鉄道カーブ式会社」などと揶揄される始末であった。

「七曲がり」から滑走路へ。

カーブ主ならぬ株主からは経費率を槍玉に挙げられたが、運転に要する電力費だけでなく、線路や車両の保守費用を高める元凶こそカーブであると、初の生え抜き役員であり後に社長を務める時の常務の太田光凞《みつひろ》は弁明している。特に現在の京橋〜守口市間は最混雑区間ながら併用軌道であり、しかも京街道そのままに「野江の七曲がり」の異名を取る難所だった。線路と道路の境すらもはっきりせず、電車は砂煙を上げて通り、その中に消えていくような風情だったという。

この費用を節減するために、大正10年（1921）、「野江の七曲がり」を解消して、直線化する計画が立ち上がる。この計画は2年後の大正12年（1923）、将来を見込んだ複々線化へとグレードアップし、昭和2年（1927）から工事がスタートした。道路でいうところの片側2車線である。ところがこの工事を始めてみる

一部併用軌道時代の野江〜森小路間。左側に水田が見える通り、とても地上を走れる場所ではなかった。

完成間もない蒲生～守口間の高架複々線。昭和8年（1933）の年末に営業を開始した。

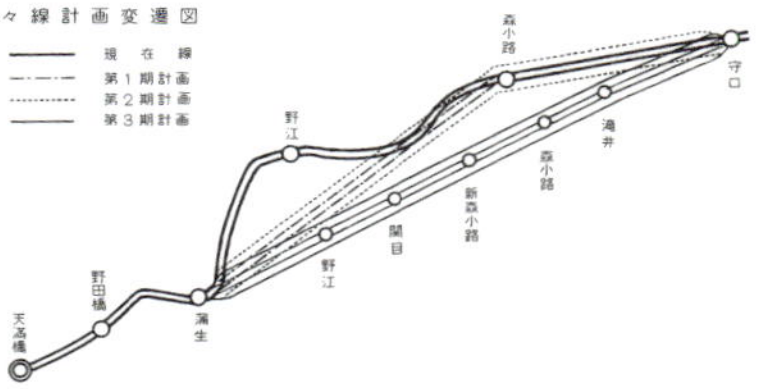

複々線計画の推移。「七曲がり」解消計画は直線化→複々線化→高架化と工費もろともエスカレートしたが、今日もフル機能している。（『鉄路五十年』より）

と、買収した土地はほとんどが水田だったため、水はけが悪い。工事だけでなく、メンテナンスも難しければ、複々線上に踏切があるのも感心しないとのことで、計画は再びグレードアップされ、高架化工事を含むものとなった。

　かくして昭和８年（１９３３）、当時最長の４・２キロに及ぶ高架複々線は開通し、「七曲がり」は「滑走路」へと面目を一新する。京阪間は63分から55分へと劇的に短縮された。恐るべし、技術の京阪。だが、当然ながら予算も当初の２・３６倍へとエスカレートしていた。果たしてトータルコストの節減につながったか否かは…定かではない。

　それでも当時の資料を元に計算してみると、１９３０年代に新京阪線を合算した鉄軌道事業の収益性は、１９２０年代のそれを明らかに上回っているし、固定資産から収益を生み出す力も改善された。資料は明示していないが、この収益性指標は本業の利益を示す営業利益ベースかと推察する。自己資本比率が急落しているので、金利負担の増大が考えられるからだ。

　「七曲がり」の痕跡を探しに、わたしは千林で電車を降り、商店街のアーケードを歩いてみた。中ほどに「千林商店街 発祥の地」とのプレートが埋め込まれている。旧森小路駅の跡だそうだ。砂煙を上げて電車が走っていたとはまったく思えないような、路地への入口だった。

「七曲がり」時代の森小路駅跡を示す記念碑。今は電車が走っていたとはまるで想像できない路地だった。

天満橋～寝屋川信号所間12.1km！　関西私鉄最長の方向別複々線では、ダイナミックな追い抜き風景が展開する。

12・1キロのダイナミズム。

　京阪電車は「七曲がり」の解消以降、昭和44年（1969）に京橋駅を移転・高架化して片町駅を廃止した上で、翌年に天満橋～蒲生信号所間を複々線化する。昭和47年（1972）からは土居～寝屋川信号所間の高架複々線化に着工した。既に住宅が密集していたので、さすがに曲線は解消できなかったが、それでも昭和55年（1980）、当時としては私鉄最長の複々線は完成した。

　それまで京都市内や大阪市内でちょこちょこっと乗る程度だった京阪電車にわたしが初めて本格的に乗ったのは、大学生だった1993年のことである。天満橋～寝屋川信号所間、12・1キロ。今でこそ距離は東武伊勢崎線《スカイツリーライン》に抜かれ、小田急や西武、東急もほぼ完成した複々線を有効活用しているが、関東の私鉄各社が「特定都市鉄道整備促進特別措置法」で積み立てた財源を元にせっせと工事をしていた当時にあっては、いつ果てるとも知れぬ私鉄最長の、しかも「方向別」の複々線の荘厳さに目を見張った。

　方向別複々線は、同じ方向へ向かう列車同士が隣り合って走るため、例えば普通から急行への乗り換えが同じホームでできるなど乗客にとっての利点が多い。東京圏のJRにも複々線は多々あるが、多くは快速と各駅停車を分離する「線路別複々線」で、相互接続は考慮していない。方向別複々線には山手線・京浜東北線の田端～田町間があるが、これとて相互接続を考慮しているわけではない。唯一それが機能していた東武伊勢崎線も、東京の西側に住んでいたわたしには縁が薄かった。

　もちろん関西圏にも複々線は多々ある。横綱として君臨するJR西日本の草津～西明石間だけで

普通と準急・急行の瞬時の接続や、区間急行の緩行線への転線など、複々線区間で中核的な役割を果たす守口市駅。

なく、阪急は梅田～十三間の三複線、南海は難波～住ノ江間、近鉄は大阪上本町～布施間、阪神は大物～尼崎間。しかし、私鉄はほとんどが線路別であり、方向別複々線は南海の岸里玉出～住ノ江間に過ぎない。それとてわずか2・8キロでは短すぎて、あまり有効に機能しているとはいえない。

一方、複々線を熟知する京阪電車は12・1キロをフル活用している。走行中の区間急行を特急が追い抜く。守口市に同時に到着した急行と普通が対面接続をして、乗客があみだくじよろしく乗り継いだ後、同時に発車する。待避や接続待ちがないので普通もきびきびと走れる。単に線路容量を増やすだけではない、これが複々線か、これが「技術の京阪」か。

複々線完成の翌年、わたしは小学校4年生だった。枚方から転校してきたクラスメイトが、「土居～寝屋川信号所間複々線開通記念乗車券」を見せてくれた。セル画を重ね合わせるつくりは、強く印象に残っている。それまで写真でしか見たことのなかった関西私鉄の息吹を、初めてリアルに感じた気がした。

12年後、大学生になったわたしはその現場を訪ね、複々線に関する概念を一新させられる。さらにその20年後、京阪電車全面協力によるディナーショー「京阪電車を味わう夕べ」に出演する機会に恵まれた。わたしは京阪電車の広報室から思い出の記念きっぷを借りて、会場に展示させてもらった。

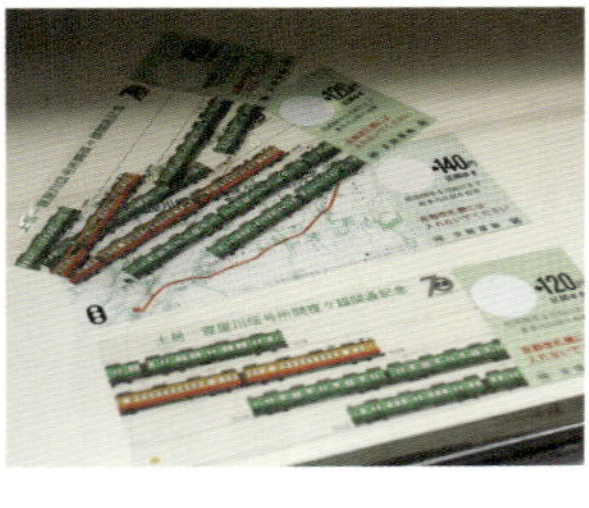

構造も建築もユニークな宇治は、私鉄初のグッドデザイン賞受賞駅。あのラピートの若林広幸氏の作品。

駅も味わい深し。

　複々線の東端は車庫への引き込み線が分岐する寝屋川信号所であるが、実感としては萱島《かやしま》駅までだろう。その萱島駅の大阪行きホームを、屋根もろとも巨木が貫いている。樹齢700年にのぼるクスノキである。高架複々線化工事のさなか、萱島神社から土地を買収した京阪電車は、このクスノキを切り倒す予定だったらしい。

　ところが、地元住民から御神木であるクスノキの保存運動が起こった。建設費は増加したが、京阪電車はこのクスノキを残した。工事完成から30年以上を経過する今も、コンコースから屋根を突き抜けるクスノキは、ホームに芳香や緑を注いでいる。

　この判断が功を奏したか、昭和58年（1983）には大阪市から都市景観建築賞の奨励賞、1989年には「大阪みどりの百選」に認定された。それだけではなく、京阪電車自体にもエポックだったのであろう、この高架複々線の建設記録を『クスノキは残った』と題して刊行した。当初、切り倒そうとしたのは…言いっこなし、なのだろう。

残ったクスノキは、萱島神社だけでなく、萱島駅そのもののシンボルにもなった。

　受賞駅といえば宇治である。1996年に私鉄の駅としては初めてグッドデザイン賞に認定された。駅前広場の設置などに伴って、宇治駅のホームは1995年に、180メートルセットバックした。また、JRの奈良線が駅舎とホームを結ぶ地下通路と直交し、駅舎をかすめるように走っている。したがって、駅前広場から京阪電車の姿は全く見えず、駅舎からにゅっと顔を出すのは同じ緑色でもJRの電車である。そのJRの宇治駅は、900メートルほど離れた橋の向こうにあるからややこしい。

　瓦屋根や採光用の丸窓を備えた京阪の宇治駅舎には、動物的とも無機質ともつかぬ、恐ろしくハイカラな雰囲気があるが、この設計者こそ、あの「ラピート」を設計した若林広幸氏というから納得がいく。特に以前はトンネルの中のようなオレンジ色の照明が特徴的

三条＝第三の男。祇園四条＝四季。清水五条＝みどりご。七条＝紫式部。これで「公共の色彩賞」を受賞した各駅。

だったが、現在は一般的な白色の照明に変わってしまった。

　また、京都の七条〜出町柳間の地下線は、1992年に「公共の色彩賞」を受賞している。昭和62年（1987）に地下化した三条、祇園四条、清水五条、七条の4駅は、それぞれ橙、黄、緑、紫がテーマカラーである。電気抵抗のカラーコードに倣ったのだ。中学の物理で習った「黒い礼服、茶を一杯、赤いニンジン、第三の男（橙）、四季（黄）、みどりご、青二才のロクデナシ、紫式部、ハイヤー（灰）、ホワイトクリスマス」の語呂合わせをご記憶の読者もおいでだろう。

　三条で地下鉄に乗り換えることが多いわたしは、では鴨東線《おうとう》はどうなっていたやらと思って、あらためて神宮丸太町と出町柳の両駅に出かけてみた。一も二もない、青と黄緑だった。

大津線の駅いろいろ。

大津線（京津線《けいしん》と石山坂本線《いしやまさかもと》の総称）にも、名匠らしい駅が多い。たとえば浜大津駅のホームには、リサイクルゴム製のタイルを敷き詰めている。降り立ったら、優しい歩き心地を確かめてみよう。わたしはかつて牛乳瓶を2回ほど落としてみたが、もちろん割れなかった。空気含有量が多いそうで、かつてあった売店のおばちゃんによると「夏は涼しく、冬は暖かい」とのこと。雨の日の水はけも良い。また、切り抜き加工で京津線と石山坂本線の乗車位置や車いすスペース、琵琶湖の模様を描いていたりするあたり、いかにも京阪らしいサービス精神である。

　他にも浜大津駅には、ペットボトルをリサイクルした木目調のベンチやゴミ箱、雨水だけで育ち、一定以上の長さに育たない万年草

さりげない工夫を凝らしたガジェットが光る大津線の各駅。浜大津のリサイクルゴム（右）は皇子山や石山にも。

による軌道緑化などを見本市よろしく導入している。これら現場発の「ちょっとした工夫」は、島ノ関駅やその後リニューアルした京阪石山駅、皇子山《おうじやま》駅にも水平展開している。直射日光を浴びる夏の線路は60℃にも達するが、軌道緑化には視覚的な潤いだけではなく、レールの伸びを抑える効果もある。

その他、京津線に多々ある急曲線では、実にこれは「技術の京阪」らしい現場力が光る。車輪のきしり音を和らげるため、電車の通過直前に線路の脇からスプリンクラーで水を撒いているのだ。しかも霧吹き状であるのは、実験の結果、最も効果があったからだという。電車が顔を出す直前に立ち上る水煙は、あたかも奈落から役者が迫り上がるときのスモークのようだ。

このように京阪電車では、トップと現場の双方が知恵を絞って技術を磨いている。ただし、技術を磨くには、まず「あんなことといいな、できたらいいな」との隠れた課題の認識やブレイクスルー的な発想力がなければならない。いわばニーズ志向である。反面、シーズとしての技術があれば、隠れた課題を認識する感性や、問題解決にあたって「ウチのこの技術が使えるんとちゃう?」と考えるヒントも増える。ニーズとシーズ、発想と技術。「技術の京阪」に「進取の気象」の枕詞が付くのは、両者が相乗効果のスパイラルを描くがゆえなのだろう。

わたしはその象徴が大谷駅ではないかと思っている。駅は本来、勾配10パーミル以内の場所に設けるものとされているが、国土交通省の特認を得た大谷駅は40パーミルの勾配上にある。というのは、京都市営地下鉄東西線への乗り入れを機に、京津線列車は15メートル車の2両編成から16・5メートル車の4両編成へと長さが2・2倍に延びることになったのだが、旧大谷駅にはホームを延ばす余地がなかったからである。

では、大谷駅のホーム上のベンチを見てみよう。座面の水平を保つため、明らかに左右で脚の長さが違う。まるでグレン・グールドの椅子ではないか。もちろん、ベンチの脚を詰めるのに大した技術力など要らない。ただ、水平な場所では使い物にならないであろうこのベンチは、どうやったらお客さんに喜んでもらえるかを考えた結果だろう。発想が生んだ必然の異形。

効率よりも効果を重視する京阪の技術には、どこかいちびった楽しさや、優しさがある。大谷駅のベンチに腰掛け電車を待っていると、眉をしかめる母の横、甥っ子にちゃらっぽこな与太話を吹き込む叔父さんの、得意げな表情を思い出す。

ターミナルに匠の技あり。

昔日の三条、天満橋。

　壮麗なターミナルは関西私鉄のアイデンティティであるので、本書の各章で触れてきたが、京阪電車のそれについて美辞麗句を並べるのはどうやらちょっと難しそうである。なにしろ頭端駅らしい頭端駅は3面2線の石山寺しかない。もっとも京阪電車は、東に向かうのが「上り列車」としているので、石山寺を始発駅中の始発駅といっても理論上は差し支えないものの、現実にはいささか無理がある。

　とはいえ、かつては京阪電車も大規模なターミナルを備えていた。京都の三条は京阪本線5面4線、京津線3面2線。京阪本線の1番線と京津線の6番線がつながっていたり、改札口や京津線から急行が入る3番のりばに行きやすいように特急の入る2番のりばに踏切があったりと、狭隘な土地になんとか7両編成を入れるために無茶な設計をしていたものだ（P211参照）。

　修学旅行で京都を訪ねた1986年、自由行動時間で同じ班のメンバーがタクシーで移動する中、わたしは頼み込んで単独行動をさせてもらい、東山三条〜〈京津線〉〜三条〜〈特急テレビカー〉〜四条〜〈形式失念〉〜五条と京阪電車に乗りまくった。これがわたしにとっての関西私鉄初体験であると同時に、最後の三条地上駅体験となった。

始発駅でなくなった天満橋だが、複々線区間の起点であり、今や中之島線への分岐点だ。

　大阪方面はというと、高麗橋に行くはずが暫定的なターミナルとして開業とした天満橋は、開業当初の変則的な4面4線から、のちに変則的な7面6線となった。天満橋は昭和38年（1963）、三条は昭和62年（1987）に地下化され、現在は中間駅になってしまったが、両駅とも2面4線が往時の矜持《きょうじ》を物語るようだ。

鴨川沿いの風情や京津線が懐かしい地上時代のターミナル、三条駅。地下に潜ってまもなく30年が経とうとしている。

地上時代の天満橋駅の最後の日々の姿。淀屋橋延長のシンボル、特急車1900系の看板が輝く。跡地はOMMビルに。

狭い敷地ながら、切欠ホームと縦列駐車で１面４線を実現した淀屋橋駅。列車が中之島へと分散されて余裕も生じた。

淀屋橋の「鰻の寝床」料理。

「もともと地上に道はない。歩く人が多くなれば、それが道になるのだ」と魯迅は述べた。だが、もともと地上には川がある。だから水運が発達し、川沿いに都市が展開する。その都市をスムーズにつなぐために道ができ、鉄道ができる。だから淀川沿いに旧来の集落を縫った京阪電車は「カーブ式会社」だし、「橋」のつく駅名がやたらと多い。また、線路と川に挟まれた駅にはスペースの余裕がない。

　地上時代の三条駅も狭いスペースをなんとかやりくりしていたが、現在の起終点である京都の出町柳と大阪の淀屋橋・中之島は、いずれも地下駅ながら横方向の余裕に乏しく、島式ホーム1面で列車をさばく。萱島や枚方・樟葉《くずは》での折り返し便があるから出町柳はそれでいいかもしれないが、大阪方は大変である。

　そこで淀屋橋は、島式1面ながら逆L字型の切欠ホームとして、1面3線とする。さらに片側は縦列駐車にして、4列車を収容できるようにした。押してダメなら引いてみなとばかりに、ヨコに展開できなければタテに展開してしまうあたり、名匠の面目躍如ではないか。

　だが、わたしたちはあまり淀屋

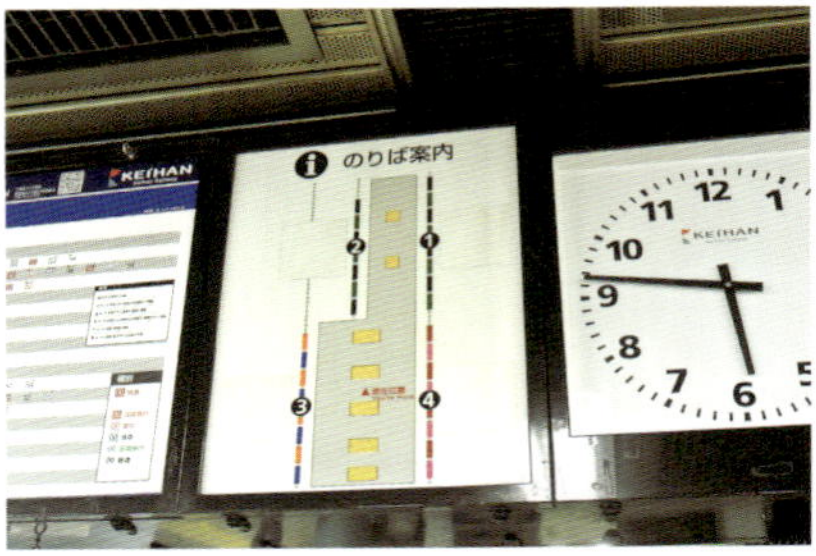

１番のりばへのアクセス方法を知らせる掲示。確かに縦列駐車など、慣れない乗客は思いつかない。

阪急河原町駅にも、あまり使っていないが切欠ホームが。もしかして新京阪時代からのアイデア？

橋駅の狭さを実感していない。それは、京阪特急が駅間距離わずか500メートルの淀屋橋～北浜間ですれ違うように組まれたダイヤの妙にある。ホームが空くのは、わずか2分間。乗客は狭いホームに立って到着を待つのでなく、車内で着席してゆったりと発車を待てるようにした配慮である。まったく、鰻の寝床のような駅の構造をうまく料理したものだ。

かつて特急は淀屋橋駅の1番のりばを通過して、4番のりばに発着するものと決まっていた。特急が扉を開けて客待ちをしている間に、その手前の1番のりばに普通が縦列駐車で発着するという、まさに縦に長い淀屋橋駅のフル活用を行っていた。現在は、普通は天満橋から中之島線系統に振り分けられ、1番のりばを使う機会はほとんどなくなった。特急は10分間隔になって、3番のりばにも発着する。

この「鰻の寝床」スタイルは、縦列駐車こそないが2008年に開業した中之島駅にも波及した。もっとも中之島線は開業後に減便したので、早くも切欠ホームの3番のりばへの定期便の発着はなくなってしまった。

ところで、同様の構造は淀屋橋と同じ昭和38年（1963）に開業した、阪急京都線の河原町駅にもみられる。しかも、こちらもかつては「縦列駐車」をしていたという。大宮～河原町間は阪急電車の手で開業したが、そもそも新京阪鉄道の時代から河原町延伸計画はあった。関西初の地下線である西院～京阪京都（現・大宮）間の開業は、京阪電車と新京阪鉄道が合併した昭和6年（1931）のことだが、その先2駅2・0キロは、恐慌や戦争で30年以上も棚上げになっていたのである。

だからわたしは邪推している。河原町駅の京阪的な、あまりに京阪的な配線は、もしかしたら（新）京阪時代に引かれた図面に則っているのではないかと。

整列乗車と自動座席転換装置

関西私鉄に限らず、多くの始発駅では整列乗車が定着している。特に頭端駅なら、まず①降車ホーム側の扉を開けて到着客を降ろしてから、②一旦扉を閉め、③あらためて乗車ホーム側の扉を開ける。東京圏を中心にそれができない駅では、乗客を降ろしてからわざわざ目の前で一旦扉を閉め、公平な着席機会を担保する。もちろん島式ホーム1面しかない淀屋橋・中之島・出町柳も後者である。

ただし、京阪電車はもう一手間をかける。一旦扉を閉めてから、数メートル電車を動かした上で扉を開ける。だから、出口に向かう

停車位置をずらす発想で、座席の転換だけでなく、乗降動線の交錯防止や、徹底した整列乗車も実現する。

到着客と、整列している出発客の動線が交錯しないので、よりスムーズに整列乗車ができる。わたしたちがそれほど淀屋橋駅の狭さを意識せずに済むのは、こういったダイヤを含めた工夫の賜物なのである。名匠は伊達ではない。

この数メートルの移動の間に、8000系エレガントサルーンや3000系コンフォートサルーンは、座席の向きを自動で変える。圧縮空気の力で「えいっ」とばかりに背もたれを反対側へと投げる自動座席転換装置は、旧3000系特急車が世界で初めて導入した。

たまに中途半端な位置で浮いた背もたれを目にする。誤って車内に残った乗客に怪我をさせぬよう、パワーを最小限に抑えてあるからである。だから慣性の法則を活用しながら、ブレーキを入れるタイミングでスイッチを押さなければいけない。したがって、ジャストミートできないと不細工なことになる。車掌にさえも匠の技を要求するのが京阪電車である。

京阪流整列乗車の源流。

わたしはこの整列位置まで電車を動かす「京阪流整列乗車」を、淀屋橋の狭さや自動座席転換装置が導き出した必然であると思っていた。ところが、別の仮説が湧き上がった。

天満橋駅を降り、土佐堀通をOMMビル沿いに歩くと、テレビ大阪の手前に京阪東口なる交差点やバス停がある。かつては大阪市電の停留所もあった。現在の京阪電車の東口である天満橋交差点からはずいぶん遠い。これは、かつてはOMMビルの位置にあった地上時代の旧駅の東口である。

旧天満橋駅は確かに頭端式だった。だが、その7面6線は変則的で、事実上の4面6線といっても差し支えなかった。ホームは中腹で東西に分断され、東側を降車専用、西側を乗車専用としていたのだ。乗車客と下車客は、ホームだけでなく、まるで空港や中国の鉄道のように、動線や改札に至るまで一方通行で厳然と区別されていたのである。開業当初の変則的な4面4線も然り。東側にすべての列車が到着する降車ホームがあった。

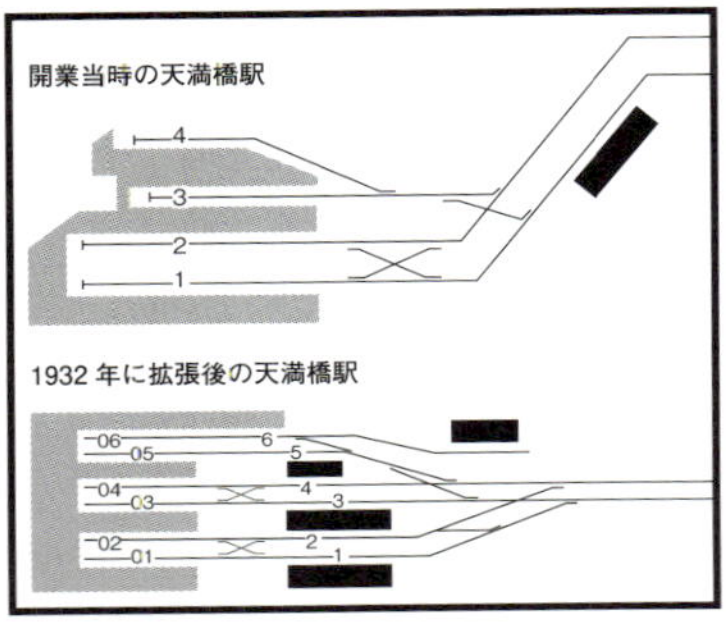

乗降分離が徹底していた、地上時代の天満橋駅見取図。東口で降りて正面から乗る。

だから、かつての京阪電車の乗客は京阪東口電停から市電に乗り換えて淀屋橋や梅田、あるいは上六やあべの橋に向かい、帰りは天満橋電停で京阪電車に乗り換えていたのだろう。こう考えると、地上時代の三条駅2番のりばにあった踏切にも合点がゆく。なにも3番のりばに向かう乗客の利便だけを考えたわけではなく、2番のりばに発着する列車は踏切手前で乗客を降ろしてから、どん詰まりまで進んで扉を開けていたのではないだろうか。

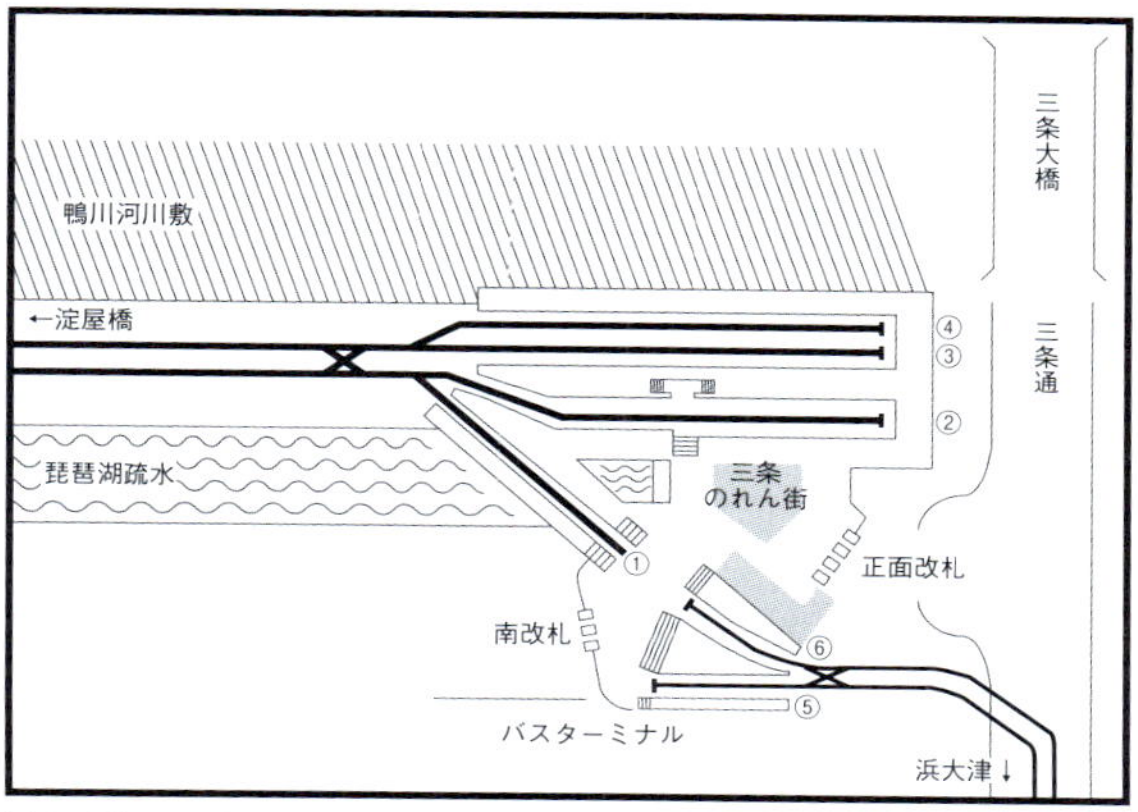

地上時代の三条駅。２番のりばのど真ん中に踏切が。

　このような列車を動かしての乗降分離は、新京阪線の旧天神橋駅や、京阪電車が出資していた阪和電気鉄道の阪和天王寺駅でも行っていたようだ。実際、JR天王寺駅の地上の阪和線のりばは現在も頭端式で残るが、列車に比べて格段にホームが長い。中腹にある跨線橋の位置にはかつて通路があり、前後で列車を入れ替えて乗降分離をしていたときく。現在の京阪電車は19メートル車8両編成なので、さすがに数メートルしか動かないものの、電車を入れ替えての京阪流整列乗車には、実は100年以上のノウハウが詰まっているのではないか。

　オランダのアムステルダム中央駅では、ホームを前後で○番線A／Bに分けて縦列駐車をしているだけでなく、その途中にポイントまで設けている。同駅をモデルとしたのは東京駅だけではなく、京阪電車も然りではないかとの考えがよぎった。

京阪東口交差点。かつて乗客はここで市電に乗り換えて、市内各地へと散っていった。

偏愛的特急史。

状況打開策としての京阪特急。

　前述の太田光凞（Ｐ１９９）率いる戦前の京阪電車は、「京阪王国」と呼ばれるほどの拡大路線を突っ走っていた。京津電気軌道や琵琶湖鉄道汽船の買収による大津への進出はもとより、のちに南海電車の一部となる和歌山の路面電車を経営したり、阪和電気鉄道や現在は近鉄京都線となった奈良電気鉄道にもに出資したり。極めつきが阪神vs阪急の競争を横目で見て、企業防衛のために社運をかけて建設した新京阪鉄道である。ところが技術の粋を集めた新京阪鉄道は、開業直後から経営が立ちゆかなくなり（Ｐ34）、収益部門だった和歌山の路面電車を手放してまで自社に合併した。

　昭和18年（１９４３）に京阪電車と阪神急行電鉄は国策により合併して「京阪神急行電鉄」となる。だが戦後に再分離する際、手塩にかけた新京阪線は阪急側に残り、競合路線として生みの親に立ちはだかった。

　そこで京阪電車は、分離独立から8ヶ月を経た昭和25年（１９５０）7月1日、戦前の流線型１０００型を整備して、朝に大阪ゆき、夜に京都ゆきそれぞれ2本の京阪特急の運転を始める。好調な滑り出しを見せた特急は、翌年から3年にわたって60分間隔、30分間隔、20分間隔と増発された。

　これに合わせて、座席に国鉄の二等車＝グリーン車のスタンダードである臙脂色の生地を採用し、黄・赤の塗装やハトマークをはじめて身につけた特急車１７００系を製造した。最高水準の技術で建設した阪急京都線に、「カーブ式会社」たる京阪電車が挑むために選んだ道は、やはり技術による乗客満足だった。１７００系の台車は3社が競作して、4種類に及んだ。ぜんぶで18両しかないのに。

　この間、京阪の技術者は戦時中に停滞していた技術を学ぶためにアメリカを訪ねていた。そこで得た知見を基に、早くも昭和28年（１９５３）から29年にかけて2代目特急車の１８００系を製造し、天満橋～三条間を48分から42分30秒へと短縮した。

当時流行した流線型を採り入れた1000型は戦前の華。阪急京都線に対抗するため再整備して京阪特急へと投入した。

地上時代の天満橋駅を発車する1800系。京阪特急を象徴する黄赤のツートンカラーとハトマークが誇らしい。

見た目は1700系とほとんど変わらないが、車体と駆動方式を高性能化した無音電車1800系を大型化した1810系。

淀屋橋開業から中之島線の開業まで息長く活躍した1900系。格下げ改造を受けたが、晩年に特急色が復元された。

街頭テレビに人が群がった時代である。テレビカーは当然、人気の的だった。

この1800系、見た目は1700系とほとんど変わらない。しかし、全金属車体を採用し、同じ長さ17・7メートルながら、重さを41・0トンから33・0トンへと大きく軽量化した。また、足回りは旧来の「ヴーン」と唸る吊りかけ駆動方式から、「ヒューン」と軽やかに加速するカルダン駆動方式を採用。バネ下重量の軽減と相まって騒音や振動を大幅に低減し、「無音電車」の異名をとった。台車は2社から5種類を採用した。12両しか造っていないのに。接客面では、関西でのテレビ放送開始を機に、テレビカーを設けて評判を呼んだ。力道山を映す街頭テレビに人々が熱狂した時代である。

昭和31年（1956）には国鉄が電化して、京阪間の競合関係はいよいよ三つ巴の様相を呈する。そこで同年から昭和33年にかけ、京阪電車は3代目特急車1810系を19両製造した。車体を18・7メートルへと延長した1800系の改良型だが、うち1両に日本初の空気バネを採用して乗り心地を改善した点は特筆すべきである。後期ロットは当初からすべて空気バネ台車を装着して落成し、残る前期ロットも2両を残して空気バネ台車に換装した。

さらに昭和38年（1963）に、天満橋～淀屋橋間開業のシンボルとして4代目特急車1900系が登場した。スッキリと垢抜けた車体となった1900系は、当然のごとく全車空気バネ台車を装備した上に、座席には国鉄の2等車改メ1等車（＝グリーン車）と同等の段織りモケットを採用した。

料金不要特急の最高峰。

蒲生信号所～天満橋間が複々線化して、それまで20分おきだった京阪特急を15分おきに増強した昭和46年（1971）、5代目の特急車3000系が登場した。カー、クーラー、カラーテレビが「新・三種の神器」ともてはやされた時代、まさにカラーテレビと冷房を装備したほか、車体は一段とスタイリッシュになり、世界初の座席自動転換装置も装備した。

京都側で三条～出町柳間の鴨東線が開業した1989年、特急の必要車両数も増えるため、これを補うために6代目の特急車8000系が、「エレガン都エクスプレス」を名乗って登場した。これが大好評を博す。先代の3000系も7両編成化するために中間に8000系を製造して中間に挟んだが、そこに乗客が集中したり、8000系が来るのを待ったりする乗客が多かったりしたために、急遽特急は全列車8000系で揃えることにした。さすがはバブル時代である。

ずらりと並んだ細窓など、京女らしい優美さを放つ旧3000系。カラーテレビや冷房、自動座席転換装置も装備した。

ところが、予備車両の見直しや、さまざまな事情によって奇跡的に３０００系は１本が生き残った。この３０００系は足回りや接客設備を８０００系と同水準にするリニューアルを行っただけでなく、なんと既存車両の改造によるダブルデッカー化を行った。

このダブルデッカー化は、お偉いさんに「これからは着席通勤の時代や。改造してダブルデッカーにできるか?」と聞かれた当時の車両係長が、「真ん中を切って２階建てを接合すれば、『理論上は』できます」と答えたところ、思いがけずゴーサインが出てしまったものである。前代未聞の改造ダブルデッカーは、それまでの京阪特急の伝統に則り、ＪＲのグリーン車の水準を意識した接客設備を用意した。床のカーペットや、日本橋で調達してきたという読書灯がそれである。

続けて、８０００系にも新造したダブルデッカーを組み込んで８両編成とした。しかし、停車駅の増加に伴い、その後の優等車両は１９９７年に３扉セミクロスシートで登場した通勤車９０００系や、２００８年の中之島線開業に伴って登場した３扉クロスシートの新３０００系コンフォートサルーンとなり、２扉転換クロスシートの特急車は現れていない。

また、「エレガントサルーン」を名乗ることになった８０００系

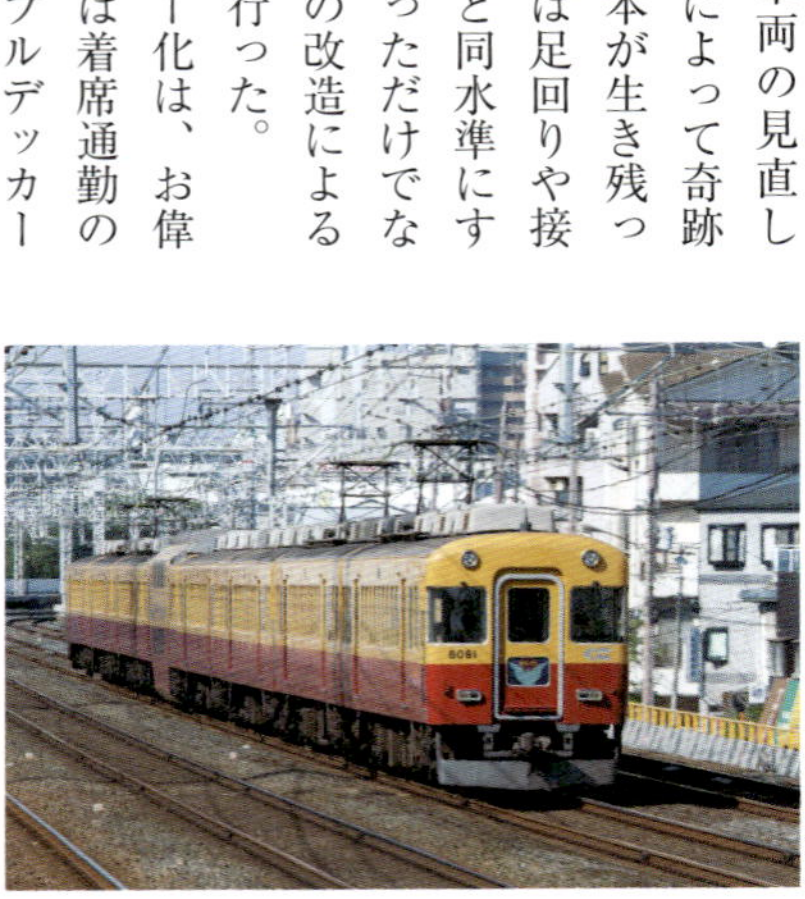

全廃かと思いきや、1編成が生き残った3000系は改造ダブルデッカーを組み込んだ。

出町柳開業とともにデビューした8000系は、特別料金不要の特急車の最高峰として君臨する平成のフラッグシップ。

にもリニューアルを施したが、伝統のテレビカーは取りやめとなり、車端部は1900系以前のようにロングシートに改められた。ただし、料金不要の特急車としては最高峰の設備を提供するとの方針に代わりはなく、贅沢なハイバック式の座席を用意している。

8000系の素晴らしさは筆舌に尽くしがたい。ダブルデッカーの階上席・階下席にはそれぞれ個性があるし、先頭車両では前面展望が味わえる。クロスシートはもちろん、車端部のハイバッククロングシートも独特だ。いろいろな座席を乗り較べるのも悪くない。わたしは落ち着いた雰囲気でクロスシートに身体を預けてモーターの音を味わうため、2号車または7号車に乗ることが多い。

2017年から8000系の6号車は、横3列の指定席「京阪特急プレミアムカー」となる。また、バリエーションが増えることになった。それよりまだ8000系使うのかよ。

ダブルデッカー組み込み、塗装変更で「エレガントサルーン」を名乗り、リニューアル、プレミアムカーへの改造など、8000系は今なお進化を続けている。

デジタル動態保存されたKUZUHA-MALLの旧３０００系（右）や、男山ケーブル（左）で旧京阪特急色と再会できる。

花の命は短い？ 長い？

京阪特急は表定時速57・０キロ。同じ京阪間を走る準急の表定時速が36・１キロだから、仮に１日あたり15時間を走り抜くとしても、車両の走行距離には３１５キロの差がつく。これが週・月・年と蓄積されていけば当然、車両の傷みを早める結果となる。だから８０００系エレガントサルーンが、登場から四半世紀の長きにわたってフラッグシップの座にいるのはただごとではない。

先代の旧３０００系が主役を張ったのは昭和46年（１９７１）から18年間。８０００系に置き換えられて全車引退かと思いきや、奇跡的に生き残った１本は第一線で活躍していたのは先述した通り。40年以上にわたって特急車運用に就くのはもっとただ事ではない。京阪電車の保守技術がいかに優秀かがわかる。

記憶に新しい２０１３年の引退フィーバーを経て、先頭車は登場時の姿に復元の上、「くずはモールSANZEN-HIROBA」にて世界初の「デジタル動態保存」された。現在、特急車を含む全車両が中之島線開業以来の新塗色をまとうが、黄赤の旧塗色が懐かしくなった場合、他にも訪ねる価値のある場所がある。ダブルデッカーは、台車を狭軌用に交換した上で、１００３０系「ダブルデッカーエキスプレス」として先に富山地方鉄道にお輿入れした仲間と一緒に走っている。

また、男山ケーブルは内装も更新前のダブルデッカーに準じるが、実は５０００系も驚く５扉車。車内には石清水八幡宮のお守りがある。他の全車両に装備されているとはいえ、さすがに成田山ではなかった。

８０００系の先々代、１９００系が主役だった期間は昭和38年（１９６３）から46年（１９７１）と10年にも満たない。これは特急運用の過酷さというより、冷房付きの後継車旧３０００系があまりにも好評だった結果である。もっとも、その旧３０００系も８０００系が好評だったために置き換えられたのだから、歴史は繰り返すものだ。

１９００系は、昭和47年（１９７２）から全車がロングシートの通勤車に改造された。その後、昭和60年（１９８５）に冷房化を含む更新工事を受けた後、２００８年の中之島線開業まで息長く活躍した。その前の１８１０系から編入された車両など、登場は昭和31年（１９５６）だから、半世紀以上も現役だったことになる。

１９００系と引き替えに、１８１０系は19両中、空気バネ台車を履いた17両が１９００系に編入された。金属バネ台車のままで残った２両と２代目特急車１８００系

寝屋川車庫の新1800系電話ボックス（右）や、最新13000系（左）が引き継いだ2600系のパンタグラフに愛を感じる。

や初代の1700系は、後の1900系と同様、通勤車に改造され、戦前製の車両を置き換えるなど、体質改善に貢献した。1800系が特急で走ったのはちょうど10年、1700系は1810系の登場時に特急の座を降りていたので5年ほどに過ぎない。そう考えると元来、花の命は短いのだ。

　その後の1700系・1800系は、昭和58年（1983）に架線電圧が600ボルトから1500ボルトに上がるのと引き替えに一生を終えた。ただ、1800系の機器類は、同時に廃車された旧600系の車体と組み合わせた新1800系に引き継がれた。新1800系は金属バネ台車で、冷房化もされていなかったことから1989年に廃車されているが、その先頭部は寝屋川車両工場の一角で電話ボックスとなり、余生を送っている。これも京阪電車の技術力や、車両への愛情を示している。

更新・改造・代替新造オンパレード！

　1900系以前の特急車は、主役を降りてからも通勤車として長く活躍した。目下最新の通勤車13000系や21世紀になって登場した10000系は、廃車にした2600系などの「遺品」ともいうべきパンタグラフを再利用している。特急車8000系とて、まだまだ走れるものの接客設備の差から判断して役目を終えることになった旧3000系の走行機器を再利用している。

　このように、電車には物理的な寿命だけでなく社会的な寿命もある。また、接客設備と車体・走行機器の寿命が同時に来るとも限らない。だが、京阪電車は基本的に物持ちがいい。その背景には、そもそもがものを大切にする精神風土もあるのだろう。ISO14001は伊達ではない。

　それを裏付けるのが、日常的な保守はもとより、ダイナミックな更新・改造技術の蓄積である。たとえば、運転開始当時の京阪特急で重責を担った戦前の華である流線型1000型は、昭和43年（1968）、輸送力増強のために足回りはほぼそのままに車体を載せ替え、近代的な外見の通勤車700系として生まれ変わった。

　架線電圧の昇圧や冷房化に対応できないこの700系は昭和52年（1977）に書類上は廃車になるが、新製した足回りと700系の車体を組み合わせて冷房通勤車1000系が誕生した。したがって現在も全車が活躍している1000系のルーツをたどると、戦前の流線型1000型に行き着くのだ。

　同様に2600系も書類上は新車でありながら、「スーパーカー」こと2000系の車体や機器を流用して架線電圧の昇圧に対応し、

石山坂本線700形709号のたどった道

明治43年（1910）3月	1形19号として竣工。
明治44年（1910）9月	八幡～橋本間で3号と正面衝突事故（3号は廃車）。
明治45年（1910）3月	19号修理完了。復帰時に52号改番。
大正14年（1925）7月	半鋼製車体・急行用の100形164号に改造。
昭和2年　（1927）9月	PR形総括制御器に変更、連結運転に対応。
昭和4年　（1929）4月	PR形総括制御器つき車両を200形に改番。202号になる。
昭和29年（1954）3月	京津線に転出。
昭和43年（1968）2月	202号廃車。
昭和43年（1968）7月	202号の機器を流用して260形281号竣工（代替新造）。
昭和56年（1981）6月	高性能化改造、500形505号に改番。
平成5年　（1993）5月	505号廃車。500号の車体を流用して709号竣工（代替新造）。
平成9年　（1997）10月	京津線から撤退、石山坂本線専用に。

冷房をも搭載した車両である。だから書類上は2200系や2400系よりも新しいはずなのに、2000系由来のクラシックな幌吊りや骸骨形の尾灯・標識灯、リアル網棚などが残る。

この更新・改造・代替新造の究極が、前述した旧3000系の前代未聞のダブルデッカー化改造であり、あるいは石山坂本線を走る700形の709号である。

後者は一見何ということはない車両だが、改名4回、輪廻転生2回。ルーツをたどれば、なんと京阪電車の開業時に30両を製造した1形の19号に行き着くのだ。前身である350形や500形から顔を造り替えられた700形の車体を見ても古くささは感じない。これは京阪線1000系や2400系とて同様で、更新工事の際にぐっと現代的でスマートな表情になっている。

これについて1996年12月号の『鉄道ピクトリアル』に「車両のリニューアル工事の方針と実例」なる記事が載っており、「顔の変更は客室広さを犠牲にすることなく乗務員室を広くとるため、先頭部を延長したことの結果であり、決して担当者の趣味で行ったものではない」との記述がある。

だいぶ昔の話になるが、京阪電車の元重役と一献を交える機会を持った。その紳士は何代かの車両部長の名を挙げてから、こういい放った。

「アイツらみんな俺の部下なんですけどね。いってやったんですよ。『お前ら、趣味で電車造るな！』って」

Watch your step!

弾力は比較にならないはずなのに、ゴムタイヤでアスファルト上を走る自動車よりも、電車は鉄の車輪で鉄のレールの上を滑らかに

20世紀に鉄道会社が採用した主な台車の種類

- 軸箱守がある
  - ペデスタル式：阪神・京急・東急・京王・西武・相鉄・名鉄・西鉄
- 軸箱守がない
  - ミンデン式
    - 標準ミンデン式：阪急・東武・京成
    - Sミンデン式：阪急・南海・阪神・東武・京成・東京メトロ・名鉄
  - リンク式
    - アルストムリンク式：小田急
  - 積層ゴム式
    - シェブロンゴム式：東京メトロ・南海（ズームカー）
  - 円筒案内式
    - 湿式(シュリーレン)：近鉄
    - 乾式：京急

走る。それはまず凹凸のある地面を慣らした上で①土を盛って路盤を築き、②その上にバラストと呼ばれる砂利を敷き、③枕木を置いて、線路側のクッションにする。

一方、車両側には④座席のクッションに加え、⑤車体と台車を結ぶサスペンション（枕バネ）と、⑥台車と車輪を結ぶサスペンション（軸バネ）とがある。つまり、6段階のクッションで地面からの衝撃や振動を吸収しているわけだ。

乗り心地の7割は線路で決まるといわれるが、こう考えると台車は乗り心地に大きな役割を果たしているのがわかる。人間で言えば履き物のようなものだ。「カーブ式会社」である京阪電車は、乗り心地や曲線通過性能を追求し、かねてから台車にはひとかどの情熱を傾けてきた。前述のように1700系では3社から4種類の台車を提供させたり、1810系で日本初の空気バネ台車を採用したりしたのはその好例である。軸バネにエアサスを用いたため特異な外観をもつこの初代空気バネ台車は、現在も寝屋川車庫で保存してある。

その後の空気バネ台車は枕バネにエアサスを用いるようになったが、軸バネの形状が台車の特性や個性を物語るようになった。軸バネの形状によって線路との相性も異なれば、メンテナンスの手間や、その時に用いる治具も異なる。履き物の例を持ち出すなら、紐のある革靴、スリッポン、ハイヒール、スニーカー、サンダル、下駄といったように。

それぞれの方式のメカニズムに関する説明は省くが、どんな軸バネ形状の台車を履くかは、鉄道によってある程度まで分かれる。標準化が進んだ近年は各社とも簡素な「軸梁式」と「モノリンク式」に収斂しつつあるが、それこそ90

寝屋川車庫で保存する日本初の空気バネ台車。軸バネがエアサスの凝った造り。

年代までの台車なら、見ただけでどの鉄道の車両かがだいたいわかったものだ。

では、乗り心地や曲線通過性能を追求して多種多様な台車を用いてきた京阪電車は、どのような結論を出したのだろうか。

なんだこれはいったい！　寡聞にしてわたしは電動車と附随車とで台車の形がまるで異なる鉄道など聞いたことがない。2600系に至っては、全131両が17種類に及ぶ台車を履いている。「1両1形式」と揶揄されるゆえんである。当然、編成の中でまるで異なる台車を履くケースが多々ある。革靴とスニーカーとハイヒールとビーチサンダルを履いて、ジェンカを踊るようなものだ。

同じようにさまざまな台車を履いていた1900系や少数派だった旧3000系が引退したり、2600系自体も廃車が進んだりと、今日の京阪電車の台車はさすがにだいぶシンプルになってきた。それでも好事家は、「7両」の表示に胸をときめかせ、期待通りに2600系が入ってくるとつい目を動かして、台車や、2000系時代から引き継ぐ車体のバリエーションを目で追ってしまうのである。そんな場所を見なくても大丈夫なのに。ちゃんと出町柳まで行ってくれるのだから。

京阪電車の系列別電動車・附随車の台車

	電動車	附随車
1000	エコノミカル	側梁緩衝ゴム
2200	エコノミカル	側梁緩衝ゴム
2400	エコノミカル	側梁緩衝ゴム
2600	エコノミカル　Sミンデン エコノミカル　円筒案内 軸梁	アルストリンク 側梁緩衝ゴム 円筒案内
3000	軸梁	モノリンク
5000	エコノミカル　円筒案内	側梁緩衝ゴム
6000	円筒案内　軸梁	Sミンデン
7000	軸梁	Sミンデン
7200	軸梁	Sミンデン
8000	軸梁	Sミンデン　軸梁
9000	軸梁	Sミンデン
10000	軸梁	Sミンデン　軸梁
13000	軸梁	モノリンク
600	側梁緩衝ゴム	―
700	側梁緩衝ゴム	―
800	モノリンク	―

古今からくり電車。

クラシックタイプへの復元やダブルデッカー抜きでのラストランなど、趣向を凝らした旧３０００系の引退。

いちびったファンサービス。

　京阪電車はファンサービスに熱心だ。それも何をどうしたらいいか、泣きのツボを心得ている。

　たとえば旧３０００系特急車の引退に際しては、クラシックタイプへと復元した。このクラシックタイプ化にあたっては、単なる車番やハトマークの復元だけではなく、幌枠や貫通路の位置まで調整したという。最後はダブルデッカーを抜いて7両編成での姿を再現した。淀屋橋開業と同時に登場し、中之島線の開業と同時に引退した１９００系もまた然りで、特急色の復活はもとより、最終運行に際しては擬似的に幌枠や幌吊り、二段窓を再現した。

　これからツブそうというクルマにけっこうな費用をかけて死に化粧を施してやるなど、「京阪の技術屋さんはよほど車両がお好きなんだろうなあ」と思わざるを得ない。車両だけではなく、たとえば中之島線開業前日の天満橋行き最終列車は、わざわざ「天満橋」の黄色い方向板を掲出して運転した。実にいちびっている。企画屋さんもそうとう電車がお好きなのだろう。

　大津線も負けてはいない。石山坂本線を走る数々のラッピング電車はもちろんだが、夏の風物詩になっている「ビール電車」に初めて乗ったわたしは呆れてしまった。単にビール瓶を持ち込むのではなく、車いすスペースを活用して生ビールのサーバーを置いてある。冬の「おでんでんしゃ」に至っては、その車いすスペースに電熱器を置き、座席の下から配線を直結して電源をとっていた。まったくもって大バカである。乗客にも大バカがいて、その初めての「おでんでんしゃ」にスルメを持ち込み、電熱器で焼いた。その車両はファブリーズ数本を空にしても、３日ほど通常運用のために出庫できなかったという。いやはや。

　だが、これらのいちびったファンサービスを１９８０年代に流行った「遊びゴコロ」の一言で片付けてしまうには、ちと早い。いずれも技術的見地に則っていなければできないではないか。

5000系の5000系たる瞬間。ラッシュ用ドアを締め切り、格納された座席を降ろす。現在は車庫でしかみられない。

朝の切り札、5000系。

「もっとも京阪らしい車両はどれか」と尋ねられたら、わたしは迷わずに「5000系」と答えるだろう。数々の制約条件下でラッシュを緩和するとの至上命題に基づいて、昭和45年（1970）に登場した車両である。

240%、242%、240%、250%、240%。昭和40年代前半の野江～京橋間において最も混雑する1時間の平均混雑率である。おおよそ人間的な数字ではない。昭和44年（1969）に投入した関西戦後初の通勤冷房車2400系は、当時の深草車庫への入線が不可能な7両ぶち抜きの固定編成で登場して、中間の運転台スペースを客室に充てるだけでなく、座席を短くして床面積を稼ぐなど涙ぐましい工夫をしたものの、焼け石に水。天満橋～野江間の高架複々線化が完工した翌年には1時間あたりの列車本数を33本から39本へと増強し、混雑率は223%に下がったが、これとて尋常ではない。

昇降座席のかけ心地は、決して遜色がない。しかもラッシュ時以外は座席数が最多。

この背景には制約条件としての架線電圧があった。京阪線が600ボルトから1500ボルトに昇圧したのは、大手私鉄の幹線でもっとも遅い昭和58年（1983）。京都市電との平面交差が昭和53年（1978）まで残っていたためである。

電圧が低いと電流の量が増えるので、600ボルトのままでは架

デビューから45年以上を経た今も先進性が光るラッシュのエース5000系。

線を流れる電流量は限界に達していた。だから列車の増発はおろか、８両編成化もスピードアップもできないままだった。昭和44年（１９６９）に京阪電車は昇圧に向けた長期計画を策定するが、電気設備や車両の大改修が必要で、結局14年を要した。また、前述した守口～寝屋川間の高架複々線計画もスタートしたばかりで、完成まではそれから10年を要することになる。

　このインフラ整備を待つ猶予は残されていないとばかりに、京阪電車は奇策を打った。それが５０００系だった。床面積を大きくとって収容力を確保するとともに、扉を片側5箇所として、特に普通列車の乗降時間を短縮し、遅延を防ぐ。これだけでも大胆な発想であるが、ラッシュ時以外は２箇所の扉を締め切って、通常の座席とかけ心地に遜色のない補助席が上から降りてくる。この時の座席定員は、２４００系どころかどの通勤車よりも多い。まさにからくり仕掛けである。

　果たして５０００系の投入により、それまで60秒を要していた１駅あたりの乗降時間は40秒で済むようになった。普通列車には覿面《てきめん》の効果である。昭和46年（１９７１）から寝屋川信号所までの複々線が完成する昭和55年（１９８０）にかけて、７両編成７本を量産したが、その間の野江～京橋間における同条件の混雑率は２０６％、２１７％、２２０％、２２４％、２２０％、２１１％、２００％、１９９％、１８６％、１８６％と目に見えて下がった。

　５０００系の登場から20年後の１９９０年代、首都圏の各地でも混雑緩和のために多扉車を導入したが、その大部分は威力を存分に発揮したとはいえず、今日ではホームドアの導入とも相まって改造されたり、廃車されたりしてしまった。しかし、元祖多扉車である５０００系は、昇圧や複々線の延長が実現した今日でも朝ラッシュ時に集中投入され、5扉の威力を発揮している。

　以前のダイヤには、京橋駅の３・４番のりばに同時に発着する、双方とも５０００系の淀屋橋ゆき準急と天満橋ゆき普通があった。５箇所×７両×２列車で都合70箇所の扉が乗客を一斉に吐き出す光景は、圧巻の一言に尽きた。

5箇所×7両＝35箇所の扉が一斉に乗客を送り出す。

昇降座席に加えて、エロティックなまでに時計仕掛けな回転グリルと跳ね上げ式吊り手の元祖も5000系。

集大成にしてフロンティア。

5000系は確かに異端車である。いうなればラッシュの徒花に過ぎない。だが、5000系は一つの集大成でもある。

5000系に続いて、通勤車では昭和52年（1977）に1000系、翌年に2600系がデビューするが、これらはそれぞれ700系や2000系の車体を流用して昇圧に対応させた系列であり、純粋な新車ではない。以降、通勤車のフルモデルチェンジは、昇圧前夜の昭和58年（1983）に登場して、あまりの変貌ぶりに「塗色以外は京阪電車ではない」と驚かれた6000系まで待つことになる。

その点、5000系の車体は、オデコに丸目2灯のヘッドライト、正面中央の貫通扉といった、2000系スーパーカー以来の意匠の流れを汲む。座席端部の肘掛けも仕切り板ではなく、優雅な曲線を描くパイプのままだ。わたしは京阪電車に乗ると、車端部の仕切扉の戸袋窓に、いかにも京の職人らしいデリカシーを感じる。油で汚れやすい機構部を見せぬよう、曇りガラスにしてあるのだ。妻面《つまめん》の窓を廃止した6000系以降には、この処理は見られない。

5000系が初採用した機構もある。まずは機構が簡単で応答性のいい電気指令式《デジタル》ブレーキ。また、2000系列は軽量化を図るために鋼板を薄くする代わりに卵形にして強度を持たせたが、機構の複雑な5000系は重量増を嫌ってアルミ車体にした結果、従来車に比べて1両あたり4トンの軽量化を実現した。しかも、きちんと塗装している。これらは6000系以降における標準を築いた。

接客面では、冷房や送風がまんべんなく行き渡るような「回転グリル」が特筆できる。4箇所ある吹き出し口の羽の角度を微妙に変えてあるのがにくい。天井に張り付いた社紋付きのグリルがねっとりと回る様はメカニカルであり、エロティックでさえある。この回転グリルは2200系・1900系・2600系・1000系の冷房化に際しても導入された。京阪電車の夏の風物詩である。

わたしは初めて京阪電車に乗った時に、扉周辺の吊革に目を奪われた。通常、扉の前には短い吊革を用意するが、京阪の場合は手すりから一旦水平に伸びたバーの先に吊革がぶら下がっている。もしやと思って触ってみると、このバーは仕込んだバネによって一般の吊革と遜色ない高さで摑めるようにしてある。座席昇降装置や回転グリルと併せて特許を取ったこの「はね上げ吊り手」も5000系に端を発し、その後の新造車両や更新・改造時に採用された。

名匠と呼ぶにふさわしい機械仕

掛けが満載の5000系は、通勤車の集大成でありながら、6000系以降の新世代に向けた結節点でもあるのだ。しかし、わたしだけだろうか、これほどまでに考え抜かれているにもかかわらず、どことなくおかしみを感じてしまうのは。

4両編成が堂々と路面を往き、交差点を右折する驚愕の光景。

電子制御の極北、京津線800系。

さしもの名匠・京阪電車も「機械制御から電子制御へ」の時代の流れには抗えない。だが、名匠はやはり名匠だった。電子制御の時代における「技術の京阪」の象徴が、1997年に登場した京津線の800系だとわたしは思う。

800系はハイテクミニ地下鉄の東西線と、登山電車・路面電車といった「劇場路線」である京津線を安全快適に走行できるよう、特殊装備の満艦飾で登場した。たとえば、ただでさえ小型車である上に、一般の車両より200ミリも床が低く、スペースに余裕がない。にもかかわらず、京阪と地下鉄双方のATS、ATCとATOや無線といった保安機器を搭載する。通常、床下機器は検査場のピットに合わせて両側に一列に並ぶように配置するが、弱電用の電源装置はスペースの都合上、「四畳半」と呼ばれる平べったい形状にせざるを得なくなった。当然、整備性は犠牲になる。

また、従来の車両よりも1・5メートル長くなったので、そのままでは大谷駅付近の直角カーブで車端部がぶつかってしまう。だから、車端部は斜めに切ってある。

フリーストップカーテン。
いかにも名匠らしい気配り。

通常は連結面のサイドに垂らす車両間の電線も、急曲線で床をこすったり切れたりしないよう、無理に連結器の真下を通した。

大きな窓と高い天井が織りなす開放感こそ、京阪電車の室内空間である。装備が多いからといっても、ここは譲れない。したがって厚さわずか３００ミリのエアコンを採用したが、これとて屋根を掘り下げた上に、側面に水抜きの穴を開けたので、１００ミリしか車体からはみ出していない。京津線の併用軌道区間は10月になると大津祭りの曳山が通るので、架線を高い位置に設けている。

一方、東西線は小断面トンネルなので車体近くを架線が通る。だから作動範囲が大きく、設置面積が小さな特殊シングルアームパンタグラフを採用し、これも屋根を掘って設置した。特殊仕様・限界設計のカタマリというほかない。

性能面も強烈である。南海高野線をも上回る京津線の最急勾配は61パーミル（！）。しかも、もしもの時のために、立ち往生した満員電車を2台ある制御装置が1台やられた状態で押し上げる余裕が必要なのだ。だから、南海のズームカーや阪神のジェットカーと同じオールMを採用、とんでもないパワーを手にした。追分～大谷間では、それまでは抜かれていた併走する国道のクルマをぶち抜く光景に、当然のように車両担当者は溜飲を下げたという。いちびりである。

過剰なまでにハイテク装備を満載した電子制御の権化と言うべき８００系にも、名匠のデリカシーは息づいている。京阪独自のワイヤーを用いたフリーストップ式のロールカーテン。いかにも「京都の電車」らしい艶消しの化粧板。ロングシートの座面と背もたれの間の金属板には人数分に区切ったパンチ穴が空いており、冬はそこから暖気が上がる。

京阪電車の清掃を担当している業者によれば、金属部分の磨き出しには特に力を入れているそうで、床と壁が直角に交わる部分などでは、三角の金属板を設けてゴミがたまりにくいようにしてあるという。こういう細かい工夫もどこか微笑ましい。

だが、何よりも京阪電車を名匠たらしめているものは、技術面で人事を尽くして、最終的には天命を待つ謙虚さだろう。なにしろスーパーハイテクトレインの８００系でさえも、きちんと全車に成田山のお守りを装備しているのだから。

それでも名匠が信じるのは、
成田山の交通安全御守なのだ。

やってみよう！

京阪電車の「名匠」ぶりを愛でる10のアプローチ。

1

「野江の七曲がり」の跡を歩いてみよう。

【P199】

2

天満橋〜寝屋川市間の方向別複々線のスケール感を味わおう。

【P201】

3

萱島・宇治・大谷・光善寺・坂本など個性的な駅で降りてみよう。

【P203】

4

淀屋橋駅や出町柳駅の京阪流整列乗車に並んでみよう。

【P208】

5

8000系エレガントサルーンでお気に入りの座席を見つけよう。

【P217】

6

くずはモールや男山ケーブルへ古の名車たちを表敬訪問しに行こう。

【P218】

7

台車を見比べ、乗り比べよう。

【P220】

8

5000系と800系を乗り継ぎ、「匠」を感じながら大津に向かおう。

【P224】

9

あなた自身の独自技術はないか洗い出してみよう。

10

自助努力をした上で、最後は成田山にすがろう。

【P228】

【私鉄王国用語集】

京阪電車編

【おけいはん】

2000年より続く京阪電車の広告イメージキャラクター。「おけいはん」というあだ名で呼ばれる女性が主人公となり、人物や家族の設定が決まったストーリー展開式になっているのが特徴。車内吊り広告や駅の構内、関連施設のポスターやパンフレットに登場するほか、テレビCMをはじめ雑誌などでの露出も多く、まさに京阪の顔となる。現在の「出町柳けい子」で6代目。名はすべて「けい子」だが、姓は初代から淀屋・京橋・森小路・樟葉・中之島と京阪の駅名になっている。これらの駅はおけいはん輩出駅として、沿線ではちょっとした自慢らしい。京阪の広告にはパンチの効いたシリーズものが多く、岡田准一の「園長」シリーズは2016年で3年目を迎えた。

【フランクフルト】

どの電鉄にもおなじみの名物はあるが、京阪の場合はフランクフルト。京橋駅のホーム上の売店で買える。1本120円という値段もあって、中高生にも大人気。缶ビールのアテにしているサラリーマンも見かける。昭和50年頃から販売しているそうで、朝日新聞（大阪本社版）「勝手に関西遺産」にも掲載された名店。沿線住民によれば、「電車の乗り換えの間にさっと食べられる」のが人気の秘密のようだ。

【秀吉】

京橋駅構内（2階）にある駅そば店の名前。チェーン化・画一化が急速に進んでいる駅そば界にあって、ファンを泣かせるインディペンデントな店の一つ。ちなみに、読み方は「ひできち」である。

【向谷《むかいや》 実《みのる》】

各社によって個性が分かれる電車の発着を知らせるメロディ。実は京阪電車のメロディは駅によって違うのをご存じだろうか。路線内の18駅において、上り・下りや列車種別に応じて4つのコンセプトのメロディを制作。しかも、コンセプトごとに順につなげていくと、1つの曲になるというのも驚き。作曲者はフュージョン音楽バンド「カシオペア」のキーボード担当の向谷実氏。鉄道好きであることを公言し、九州新幹線の発車メロディも制作している。

【月刊島民】

2008年10月の中之島線開業を機に創刊したフリーマガジン。中之島周辺の歴史や文化などの街ネタに特化した、情報誌とは一線を画す硬派な（?）誌面作りが人気。沿線住民をはじめとした大阪の人たちの知的好奇心をくすぐっている。さらに『月刊島民』を告知媒体として「ナカノシマ大学」という講演会などを企画するプロジェクトを主催。本書の母体となったのも、筆者によるナカノシマ大学でのトークだった。「中之島だけでネタが続くのか?」の読者の心配をよそに、2016年11月号ではいよいよ通算100号を迎えることになる。

附録

関西私鉄 戦後車両史

1950–2015

京阪 2000 系

阪神 3011 形

1950's

- 1950 年　朝鮮戦争勃発
- 1951 年　サンフランシスコ平和条約調印
- 1955 年　神武景気
- 1958 年　特急こだま号運転開始

初期高性能車が思い描いた夢。

国策で合併していた私鉄を再構築して現在の5社にほぼまとまった1950年代。戦災で負ったダメージの応急処置後、各社は輸送力増強のため、本格的な新車の整備にかかる。戦時中に停滞した車両技術は欧米に倣い、特にヴーンと重い音を立てて加速する従来の「つりかけ駆動」に対して、モーターを小形化でき、バネ下重量を軽減し、振動を劇的に改善する「カルダン駆動」を採用した。

これにより私鉄電車は、機関車が牽引する国鉄の列車に対して、機動力だけでなく、速度や快適性でもひけを取らなくなった。各社には希求力としてのイメージリーダーも必要だったため、平和の歓びや復興への希望を乗せた特急電車が走り始めた。

平和を象徴するハトのマークや鮮烈な赤黄をまとう京阪特急テレビカー、2階建て車両を連結しシートラジオを装備した近鉄特急ビスタカー。「世界最高性能」を掲げ、戦後初の新車として阪神が満を持して放った3011形は時速110キロのノンストップ特急で活躍した。ヒゲ塗装の南海の新車1001系、通称「ヒゲ新」は、四国・淡路への最短ルートで陽を浴びた。

通勤車も高性能化する。ほとんど全ての路線が競合関係にある関西私鉄の通勤車は、戦時中には考えられぬほどカラフルに装い、南海ズームカー、近鉄ラビットカー、阪神ジェットカー、京阪スーパーカーと、誇り高く名乗っては華を競った。いずれも全金属製の軽量車体にカルダン駆動・全電動車方式を組み合わせ、もちろん従来車とは比べものにならないばかりでなく、多くは今日の車両をも凌ぐ加減速性能を誇る高性能車たちであり、ダイヤの隙間を縫ってストップ&ゴーを繰り返す姿は「汽車」ではない「電車」の本領発揮というほかない。

高性能車で統一すれば、速度を底上げでき、競合路線に対する競争力を確保できる。車両効率が上がるので増発や、反対に車両数の削減もできる。初期高性能車が描いた未来像は、まさにユートピアだった。

	阪急	南海	阪神	近鉄	京阪
50					
51					●1700 初の新製特急車 黄赤塗装・ハトマーク
52					
53					●1800 I 「無音電車」
54	1000 I 試作	ヒゲ新	● 3011 ノンストップ特急 19m2扉 クロス		
55				800 中型片開2扉	車体大型化 空気バネ 本格採用
56	1010 量産 1100 1200				●1810 通勤増結用 両開扉 緑濃淡塗装
57	1300 I 1600 (1200〜1600: 1000系列車体+機器流用)		元祖第1世代(大型両開4扉) 3扉ロング 初代赤胴	大型両開3扉 1460 ラビットカー	1650 260 機器流用 大津近代化開始
58		丸ズーム 全電動車・高加減速	3301・3501 アマガエル 試作	●ビスタI世 元祖近鉄特急 試作 大型4扉 第1世代	
59		1521 機器流用	5101・5201 量産 含シルバー	1470 ●ビスタII世 量産 名阪直通	スーパーカー 普通・区急用 回生ブレーキ

各社初のカルダン駆動車(53〜55)

凡例	阪急	南海	阪神	近鉄	京阪
	●特急車	●特急車	●特急車	●特急車	●特急車
	京都線	南海線	急行系	大阪線	京阪線
	宝塚線	高野線	ジェットカー	京都線	大津線
	神戸線	ズームカー		南大阪線	

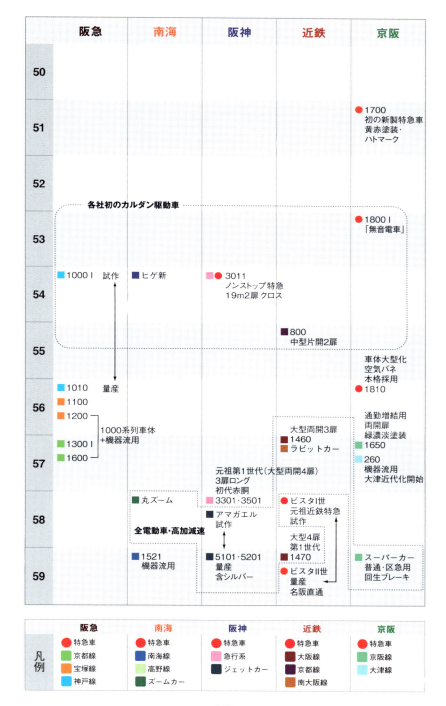

近鉄スナックカー

南海7000系

1960's

- 1960年　国民所得倍増計画策定
- 1964年　東京五輪開催、東海道新幹線開業
- 1966年　いざなぎ景気
- 1969年　東名高速道路全通

輸送力増強へ、現実路線への転換。

高度経済成長真っ盛り。いわゆる団塊の世代が高校に進学し、就職した1960年代。激増する通勤需要、殺人的ラッシュ。列車を増発しようにも、複々線化といった抜本的対策は間に合わず、ATS（自動列車停車装置）なども整備されていない。線路容量は逼迫し、増発の余地はない。

性能面で文句の付けようはない初期高性能車は、全電動車のため製造時だけでなく、保守のコストもかかる。そもそも路面電車がルーツの路線は電圧600ボルトでは電気容量も限界で、これ以上列車を増やしたら変電所が吹っ飛んでしまい、元も子もない。

編成を長くするほか道はない。初期高性能車のロマンは諦めざるを得ない。開発された大出力モーターを活かし、附随車をぶら下げ、加減速性能を犠牲にしてでも輸送力を増強する。

こうして近鉄・阪神・京阪は附随車を組み込んだ経済車を急行用車両に仕立て上げた。一度加速さえしてしまえば、高速性能へはあまり影響しない。

技術的には先進的だった回生ブレーキから、安定性能や製造費低廉化を求めて「枯れた」技術である発電ブレーキへと一旦逆戻りしたのも特徴的である。一両でも多く作れ、一人でも多く運べ。積み残しや列車の遅れは防げるはずだ。

所得水準の向上に伴い、特急車は黎明期から開花期へと移る。三木鶏郎作曲のCMソングがお茶の間を賑わせた。「♪なーんなーん南海電車」の特急こうや号には欧州ムード満点のデラックスズームカーが走る。大阪側ターミナルの不利を克服し、豪華な座席や空気バネ、テレビを装備する「♪淀屋橋から三条へ」の京阪特急。迎え撃つ阪急京都線は京都・河原町へと足を延ばし、特急車2800系を投入した。

京阪が淀屋橋延長に社運をかけている隙を突き、近鉄は京阪グループの奈良電を買収、京都線とする。車両限界が小さい京都・橿原線を走れるミニスナックカーや、吉野特急も登場して「♪そら来た2階の電車」近鉄特急網は一気に充実した。

	阪急	南海	阪神	近鉄	京阪
60	2000 2300 阪急スタイルの始祖 定速制御+回生ブレーキ 「人工頭脳電車」				
61		DXズーム	昇圧対応 3601·3701 5231 昇圧対応	汎用 エース 900 試作大型 1480	機器流用 600 80 京津線普通 高加減速 定速制御 回生ブレーキ 低床
	量産主眼に附随車組込				
62	2100	6001 オールステンレス ↕	裾絞り· 発電ブレーキ省略 経済車		
63	2021 複電圧 保守困難	鋼製 7001	R車	汎用 新エース 6000 空気バネ	1900 淀屋橋の象徴
64	2800 3000 3100 複電圧·安定性重視 発電ブレーキ		5151 単車走行可	8000　量産	2200 急行用 発電ブレーキ
65				1600	300 機器流用
66			増結用R車	2400 ミニスナック 京伊 汎用 スナック	350 機器流用 石坂線専用
67	3300 堺筋線直通対応 空気バネ		5261 1500v専用		
68	5000 1500v専用 空気バネ		5311 単車走行可	汎用 新スナック 2410 6020 送風機·空気バネ	700 機器流用
69		両開扉·1段下降窓 角ズーム 7101		8400 新ミニスナック 京伊	2400 7両固定 床面積拡大 戦後関西初 通勤冷房車

	阪急	南海	阪神	近鉄	京阪
凡例	特急車 京都線 宝塚線 神戸線	特急車 南海線 高野線 ズームカー	特急車 急行系 ジェットカー	特急車 大阪線 奈良・京都線 南大阪線	特急車 京阪線 大津線

京阪 3000 系 I

阪急 6300 系

1970's

- 1970 年　大阪万博
- 1972 年　沖縄返還
- 1973 年　オイルショック
- 1978 年　日中平和友好条約調印

冷房化と省エネ化と。

大阪万博を経て、カー・クーラー・カラーテレビの3Cが新・三種の神器と呼ばれた時代は、通勤電車にも冷房車が登場した。新製冷房車に加え、比較的新しい1960年代の車両も冷房改造の対象となる。また、編成が長大化し、運転系統も複雑化してきたため、従来の方向板の交換が手間になってきたため、視認性にも優れる「方向幕」の設置も進んだ。こうして消費電力が増加の一方をたどる最中、日本は石油ショックに襲われる。

そこで従来の抵抗制御と発電ブレーキの組み合わせに代え、減速時に生じる電気を架線に戻し、他の列車が使えるようにする「回生ブレーキ」を安定して使えるよう、半導体技術を活かして高速で電流をオン・オフする「チョッパ制御」が花開いた。

ブレーキの技術革新は、モーターの減速だけでなく、圧縮空気の力で物理的に車輪を止める系統にも起こる。空気圧を指示していた従来のアナログ式に代わり、電気的に止める力そのものの指示を出すデジタル式が主流になった。ブレーキハンドルは空気弁に直結するのではなく、電気的なスイッチとしての意味しか持たなくなったため運転台はスッキリし、関東のワンハンドル式に対し、関西ではツインレバー式が主流になった。機械制御から、電子制御へのシフトの始まりである。

通勤車と有料特急の中間的存在である、特別料金を要求しない京阪特急や阪急の京都線特急にも冷房付の新車が登場する。阪急に6300系、京阪には旧3000系。長く第一線で活躍した名車である。

一方、さすがに国鉄も手をこまぬいてはおらず、1970年に新快速が運転を始めた。はじめは一般的な近郊形電車、次に山陽新幹線の岡山開業でお役御免となった急行形電車。1979年には全国に画一的な車両を投入してきた国鉄の慣習を破った特別仕様車、117系シティライナーを投入する。

阪急、京阪、国鉄。シックなノンストップ列車が三つ巴で華を競う京阪間は、全国の鉄道好きから羨望を集めた。

	阪急	南海	阪神	近鉄	京阪
70	5200 試作冷房	6101	7001·7101 日本初 電機子チョッパ 回生ブレーキなし	2600 試作	5000 5扉 アルミ車体 デジタルブレーキ
71	5100 量産冷房			2430 2680 機器流用 4扉クロス 急行用	3000 I 界磁位相制御 回生ブレーキ
72	5300 デジタルブレーキ	冷房化主眼の新製冷房車（量産中に冷房車に変更は除く）		2610 量産 2800 920 京都線 機器流用	
73		6200 第2世代ステンレス車体 方向幕・腰ライト 角張った意匠		8600	
74	電機子チョッパ試作	8000 I	3801·3901 抵抗制御 勾配対応 発電·抑速ブレーキ	6200	
75	2200 6300 6000 第2世代車体 方向幕·Hマーク デジタルブレーキ ワンハンドル				
76					
77			5001 II	サニー 車体流用 昇圧対応 方向幕·冷房設置	1000 カルダン駆動化 抵抗制御 発電ブレーキ
78				ビスタIII	2600 界磁位相制御 回生ブレーキ
79					500 車体流用 カルダン駆動化 発電ブレーキ

凡例

阪急	南海	阪神	近鉄	京阪
特急車	特急車	特急車	特急車	特急車
京都線	南海線	急行系	大阪線	京阪線
宝塚線	高野線	ジェットカー	奈良・京都線	大津線
神戸線	ズームカー		南大阪線	

近鉄 5200 系

南海サザン

1980's

- 1983 年　東京ディズニーランド開園
- 1987 年　ＪＲ誕生
- 1988 年　青函トンネル開業
- 1989 年　昭和天皇崩御、消費税スタート

接客設備の爛熟と黒船来航。

高度経済成長が終わり、後半はバブル期の１９８０年代。複々線化や架線電圧の昇圧、ＡＴＳの整備など、輸送力増強に向けた改良工事もあらかた完了した。吊りかけ駆動の旧型車も姿を消そうとしており、鉄道技術の進歩もひと息つこうとしていた。

「ワンランク上」がキーワードだった時代にあって、鉄道車両は新幹線１００系のように接客設備を充実させる。ひとつの頂点が、近鉄がイチから設計したアーバンライナーである。重厚長大から軽薄短小へと時代は移り変わり、よそゆきの乗り物だった特急車もだいぶ身近になった。1編成しかないため冬は運休していた南海のデラックスズームカー「こうや号」の後継車、３００００系は2本を製造して列車を増発した。ヒゲ新による「四国号」はゴージャスとカジュアルを両立した「サザン」になった。

通勤車も「量」から「質」を問われる時代になった。新聞紙上では例年、鉄道ごとの冷房化率が報道される。冷房車なら、以前のように視覚による涼にこだわる必要がないので、暖色系でまとめた内装が普及した。関西私鉄各社は、新しい酒は新しい革袋にとばかりに、初期高性能車からのキャラクターを引き継ぎつつ、より現代的にヴァージョンアップした、第2世代と呼ぶべき車体を用意した。近鉄は青山峠を越える急行に、従来の狭苦しい4扉クロスシート車に代えて、3扉ながら転換クロスシートを装備した５２００系を投入した。

だが、バブルを謳歌していた私鉄王国・関西に黒船が来航する。昭和62年（１９８７）に誕生したＪＲ西日本である。関西私鉄の雄・阪急に宣戦布告するかのように、東海道・山陽・福知山線はＪＲ京都・神戸・宝塚線を名乗る。他のＪＲ各社が民営化後の新車第一弾に、イメージリーダーとなる特急車を用意したのに対し、ＪＲ西日本は近鉄５２００系のお株を奪う3扉クロスシート車・２２１系アメニティライナーを仕立て、新快速や、大和路線を名乗る関西本線の「大和路快速」に送り出したのだ。

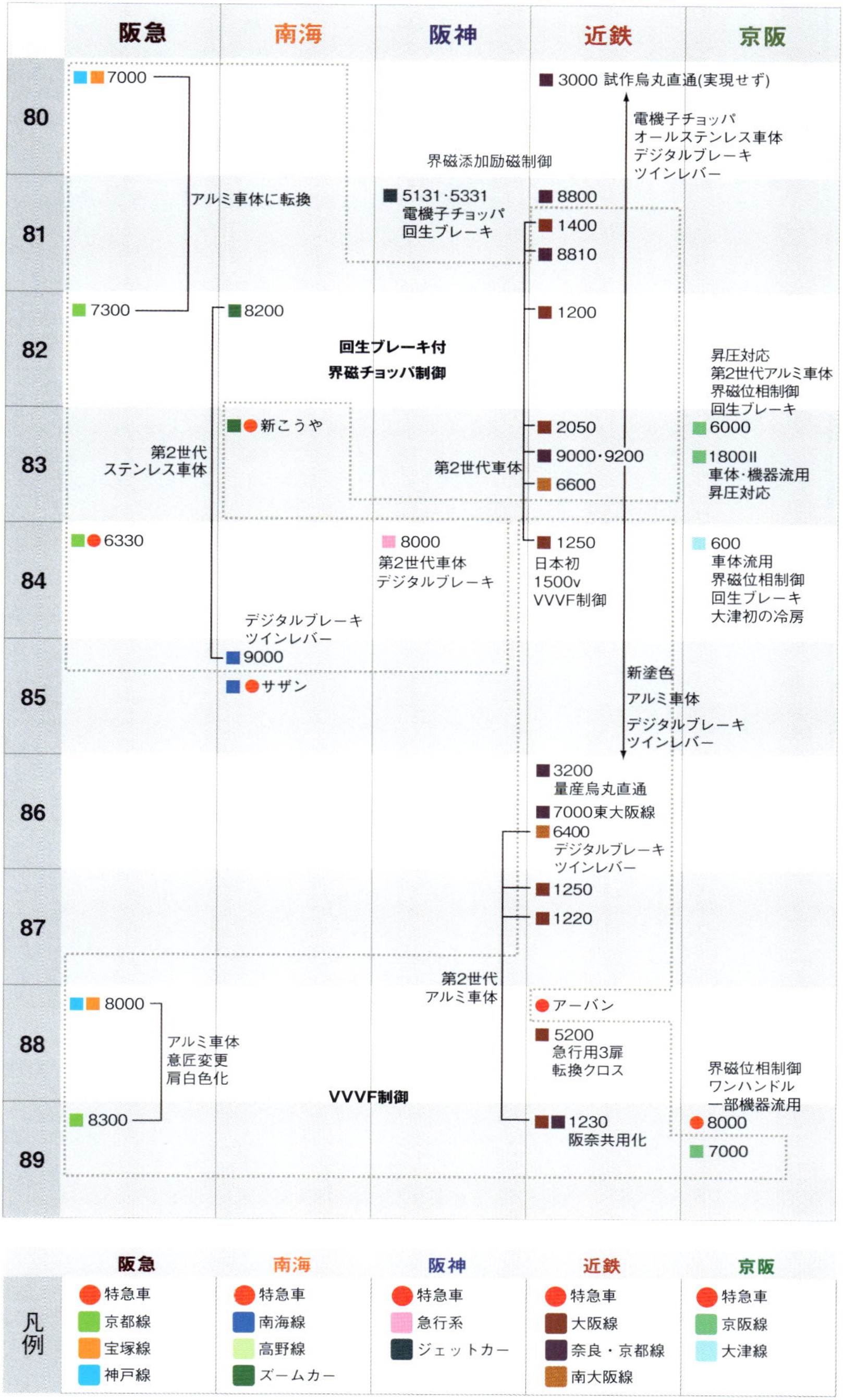
阪急
南海
阪神
近鉄
京阪
80
81
82
83
84
85
86
87
88
89
7000
アルミ車体に転換
7300
第2世代
ステンレス車体
6330
8000
アルミ車体
意匠変更
肩白色化
8300
8200
新こうや
デジタルブレーキ
ツインレバー
9000
サザン
界磁添加励磁制御
5131·5331
電機子チョッパ
回生ブレーキ
回生ブレーキ付
界磁チョッパ制御
第2世代車体
8000
第2世代車体
デジタルブレーキ
第2世代
アルミ車体
VVVF制御
3000 試作烏丸直通(実現せず)
電機子チョッパ
オールステンレス車体
デジタルブレーキ
ツインレバー
8800
1400
8810
1200
2050
9000·9200
6600
1250
日本初
1500v
VVVF制御
新塗色
アルミ車体
デジタルブレーキ
ツインレバー
3200
量産烏丸直通
7000東大阪線
6400
デジタルブレーキ
ツインレバー
1250
1220
アーバン
5200
急行用3扉
転換クロス
1230
阪奈共用化
昇圧対応
第2世代アルミ車体
界磁位相制御
回生ブレーキ
6000
1800II
車体・機器流用
昇圧対応
600
車体流用
界磁位相制御
回生ブレーキ
大津初の冷房
界磁位相制御
ワンハンドル
一部機器流用
8000
7000
凡例
阪急
特急車
京都線
宝塚線
神戸線
南海
特急車
南海線
高野線
ズームカー
阪神
特急車
急行系
ジェットカー
近鉄
特急車
大阪線
奈良・京都線
南大阪線
京阪
特急車
京阪線
大津線

ＪＲ 223系

南海ラピート

1990's

- 1990年　東西ドイツ統一
- 1991年　湾岸戦争勃発、バブル経済崩壊
- 1995年　阪神・淡路大震災、地下鉄サリン事件
- 1997年　消費税が５％に

技術革新と関西私鉄の転換期。

直流モーターに較べパワフル、メンテナンスフリー、省エネと三拍子揃った交流モーターへのシフトは、長らく技術者の夢だった。パワーエレクトロニクスが進展し、直流電源を任意（Variable）の電圧（Voltage）と周波数（Frequency）をもつ交流電源へと変換するインバータが開発された。

萌芽期である１９８０年代後半は、加減速が多く、量産効果も高い通勤車でまだまだ高価だったＶＶＶＦ制御装置を導入していたのに対し、機械制御から電子制御への流れが決定的になった１９９０年代には特急車も「ヒューー、ウィーン、ウィーン」と音を立てて加速するようになった。南海ではラピート。近鉄ではアーバンライナー、さくらライナーと接客設備面で同一世代に属するＡＣＥや伊勢志摩ライナーは、ＶＶＶＦ制御だけでなく、軽量で簡素なボルスタレス台車も採用した。

通勤車では車体の素材に革命が起こる。従来の鋼鉄に較べて、軽量で錆びないので保守が軽減できるステンレスやアルミが一般化した。それでも阪急・近鉄・京阪では、アルミカーにも塗装を施した。質を追求する関西私鉄の面目躍如である。

ただ、不況に陥った日本にあって、新幹線「のぞみ」が東京との時間距離を短縮したこともあり、関西経済の地盤沈下は激しかった。併せて、ターミナル主義の私鉄に対して「アーバンネットワーク」のコンセプトを掲げ、奈良や和歌山から環状線経由で梅田・大阪駅への直行便を走らせたり、尼崎を結節点にＪＲ京都線・東西線～学研都市線と、ＪＲ宝塚・神戸線とが相互接続するＸ字型のネットワークを提供したりと、インフラを活かしたシームレスなサービスで攻勢をかけるＪＲ西日本に対し、私鉄各社は防戦一方だった。

１９９５年に起こった阪神・淡路大震災を機に、その差は歴然となった。真っ先に阪神間を全通させたＪＲは、競合路線の選択肢がない状態で、新快速に時速１３０キロ運転が可能な２２３系を先行投入。自慢のネットワークを活かし、「速さ」や「便利さ」を強く印象づけたのだった。

	阪急	南海	阪神	近鉄	京阪
90	軽量ステンレス	2000 GTO-VVVF制御 特記なき通勤車はアルミ車体 特急車は鋼製車体		さくら 1430	
91		新塗色 デジタルブレーキ ツインレバー		1020	
92		1000 りんかん		ACE ボルスタレス台車 デジタルブレーキ	700 昇圧対応 機器流用 デジタルブレーキ
93				1436 1026 ボルスタレス台車	
94		ラピート	第2世代鋼製車体 新塗色	伊勢志摩	
95	8200 ラッシュ増結用		5500		7200 第2世代車体 完成形
96			9000 震災復旧用 軽量ステンレス	吉野 ACE L/Cカー	ラッシュ特急 セミクロス
97				5800	9000 800 京津線·東西線 IGBT-VVVF制御 セミクロス 鋼製車体
98					
99		こうや			

	阪急	南海	阪神	近鉄	京阪
凡例	特急車 京都線 宝塚線 神戸線	特急車 南海線 高野線 ズームカー	特急車 急行系 ジェットカー	特急車 大阪線 奈良・京都線 南大阪線	特急車 京阪線 大津線

2000's〜2010's

阪神 5700 系

阪急 1000 系

標準化とバリアフリー、そして関西私鉄は。

　激化する社会情勢の変化や技術革新に対し、電車の寿命は約35年とは非効率ではないか、と巨人・JR東日本は問いかけた。出口の見えぬ不況下、国内市場は縮小し、輸出市場に目を向けた車両メーカーは、シーメンス、アルストム、ボンバルディアといったグローバル企業との競争下に置かれる。そこで鉄道車両は、国交省のガイドラインに則った標準化が進み、ステンレス車ではJR東日本のE231／233系に準ずるタイプと日本車輌のブロック工法車体、アルミ車は日立「A-Train」の3類型に収斂した。

　経営面では正義であるこの流れはしかし、車両の没個性化をも招く。関東各社の金太郎飴的な車両に、趣味者の多くは眉をひそめた。

　乗客減に喘ぐ関西私鉄は、もはや輸送力を増強はしない。あおりを受け、車両を一手に引き受けた関連会社、阪急のアルナ工機と阪神の武庫川車輌は解散してしまった。近畿車輛も今やJR西日本が大株主だ。皮肉にも優秀な保守技術に支えられ、50年選手が大手を振って走る。趣味的には楽しいが、大手私鉄を捕まえてノスタルジアを語るのも淋しい話だ。ただ、鉄道ブームの中、「乗る楽しさ」を表すスペシャリティに改造し、新たな附加価値を創った南海「天空」（P84）や阪急「京とれいん」（P32）、近鉄「青の交響曲《シンフォニー》」（P159）もある。

　2000年に交通バリアフリー法が施行され、現代の新車は軒並み「人に優しい」を掲げ、ドアチャイムや液晶モニターなどを装備する。傲慢を承知で書けば、わたしにとってこれらはノイズでしかない。LEDのきつい白色光と相まって、車内はすっかり落ち着かない空間になってしまった。

　さて、2014年。2021系で苦汁をなめて以来、新技術の採用に慎重だった阪急は、2代目1000系でいち早く永久磁石モーター（PMSM）を採用した。本質的価値観として「静粛性」のコンセプトを打ち出した同車に、わたしは久々に胸を躍らせている。関西私鉄の雄が、新たな高級の指標を提案したのだから。

	阪急	南海	阪神	近鉄	京阪
00				第3世代 ■3220 烏丸直通 「シリーズ21」 ■■5820 L/Cカー 新塗色 ■■9020·9820 デジタルブレーキ ■6820	
01			■9300 新塗色 セミクロスシート		
02					■10000 支線用
03	■●9300			●アーバンNext	
04	日立A-Train規格（9300〜9000）			■7020 けいはんな線用	
05		■2300 転換クロス			
06	■■9000				
07			■1000 ステンレス車体 近鉄直通用		
08		■8000 II E231系タイプ			■●3000 II 中之島線 快速急行用 コンフォート サルーン 3列転換クロス 第3世代車体
09				●Ace	
10			■5550		
11		■●サザンプレミアム ステンレス車体			
12					■13000
13	■■1000 II	PMSM		●しまかぜ	
14	■1300 II				
15		■8300	■5700		

凡例	阪急	南海	阪神	近鉄	京阪
	●特急車	●特急車	●特急車	●特急車	●特急車
	■京都線	■南海線	■急行系	■大阪線	■京阪線
	■宝塚線	■高野線	■ジェットカー	■奈良・京都線	■大津線
	■神戸線	■ズームカー		■南大阪線	

おわりに　―私鉄王国に還る日まで

東京在住、かつ人よりちょっと電車に乗るのが好きな程度で、特段のマニアでもないわたしが、縁あって140Bが編集する京阪電車中之島線のPR誌『月刊島民 中之島』に執筆する機会を得たのが2008年のこと。

2011年にはやはり140Bが編集をしていた『大阪人』の特集「鉄道王国・大阪」のメイン企画で執筆をすることになりました。東京人なのに。ここで私鉄5社をキーワードで分析したところ、なぜか空前絶後の重版がかかるほどの評判になりました。

本書の母体となったこの『大阪人』の好評を受け、2012年からは『月刊島民』の関連企画である「ナカノシマ大学」でも、「すごいぞ! 鉄道王国・大阪」の講師として7度にわたって登壇しました。経営コンサルタントとしての乾いた視点と偏愛に基づき、関西私鉄各社を好きなように斬りまくる講義ですが、豊富な知識と厳しい目を持つマニアさんや、地元の方から「なんや。つまらんな」と思われぬよう、毎回身体を張って取材を重ねました。

その結果、毎回満員のお客様に迎えられ、笑いに厳しいはずの大阪の方からもたくさんの拍手を賜り、大変有難く存じております。特に2014年に一連のシリーズを終え、2015年6月に行った「すごいぞ! 鉄道王国・大阪2015」で「皆様、帰ってまいりました!」とご挨拶した時の歓声をわたしは、決して忘れはしないでしょう。

『大阪人』から本書の上梓に至るまでの5年間に、もちろん関西私鉄では続々と新しい動きがありました。車両の世代交代をはじめ、ダイヤ改正や駅・車両のリニューアルなど、執筆後のフォローアップは困難を極めました。また、わたし自身は東京在住であるだけでなく、マニアではないので鉄道写真を撮る趣味も技術もなく、特に昔の話を原稿にする時にはどのようなビジュアルを使えばいいかも悩みました。

ですから、本書を通じて私鉄王国・関西の魅力を満喫いただけたのなら、それはわたし一人の力ではなく、惜しみないお力添えをしてくださった方々のおかげに他なりません。

独自の流し撮り技術で、素晴らしい走行写真を提供してくださった十数年来の悪友、ＭａｓａＡＳＡＮＯさん。『月刊島民』とナカノシマ大学のファンであるというだけで、ややこしい「指定」のある写真を献身的に撮影してくださった浜田智則さん。「大阪の鉄道の歴史を少しでも知っていただければ…」との想いで、わたしも「なんじゃこりゃ?」と驚くような貴重な写真を提供してくださった石本隆一さん、清水祥史さん、砂原剛さん、吉里浩一さん。その他の方々。

名門デザイン事務所、Ｋ２への勤務時代から本書に関わり、判型の再考や度重なるデザイン変更にも笑顔で対応してくださったブックデザイナーの中村健さん。そして、自らも鉄道ファンであり、『大阪人』におけるイラストの転載を快諾してくださった、Ｋ２の長友啓典さん。

技術者として、また関西人として愛に満ちた助言を賜った、十数年来の盟友である岡秀敏さんと、その悪友である馬場方人さん。

それから。わたしが関西私鉄に本格的にのめり込んだきっかけは、京阪電車が気になり始めた21世紀初頭のことでした。その頃に何往復も京阪特急をご一緒し、80形を保存した時にも苦楽を共にした盟友は、本書を校正している2月28日に突如、世を去りました。わたしはこの本を、妹尾友希子さんに捧げたく存じます。

その彼女と楽しんだ京阪電車こそ、『月刊島民』やナカノシマ大学のスポンサーです。ライバル関係にある他社にまで遠慮なくふれ、しかも自社を容赦なく料理したナカノシマ大学や本書を容認してくださる度量は感動ものであります。

１４０Ｂで編集を担当する大迫力さんとは10年近い付き合いになりますが、その半分以上の年月を使って、何度も激論とお酒と冗談を交わしながら、難産だった本書のブラッシュアップに尽力してくださいました。

もちろん、やりたい放題の宿六を陰でサポートしてくれる妻・亜希には、いつものことながらどう感謝していいかわからずにおります。

わたしは本業の経営コンサルティングで「ＡＭＡＺＩＮＧ　ＦＯＲＭＵＬＡ」のスローガンを掲げていますが、こういった方々の力があったからこそ、ＡＭＡＺＩＮＧな本を仕上げられたと思っております。本当にありがとうございました。

本書には、一つだけ悔いが残っています。阪神の新型ジェットカー・５７００系に乗っての取材ができぬままに出版せざるを得なかった点です。

編集が佳境に入った今年の1月、わたしは末期の大腸ガンと診断されました。ガンは各所に転移していましたが、中でも肝臓へのダメージは深刻で、余命1ヶ月を宣告されました。満足な校正ができず、日の目を見ぬままに本書の原稿が葬り去られるのではないかとの危機感を抱いた１４０Ｂの皆様は、全力で出版にこぎ着けてくださいました。

その後の緊急入院でわたしはなんとか一命を取り留めましたが、未だ手術ができるほどの恢復はしておらず、現在は抗ガン剤治療を続けています。肝臓がヤられているので感染症が怖くて、あれほど好きだった電車にも乗れず、もっぱらタクシーで移動する日々です。否、身体だけではなく、精神的にも電車に乗る自信を失った自分に気づき、愕然としています。

しかし、わたしには夢があります。再び立ち上がり、残り約60都市に迫った地下鉄世界征服を完了させること。まさに「乗らずに死ねるか！」です。

もう一つ。本書の舞台である私鉄王国・関西のどこかで再び講壇に立ち、あなたを含む満場のお客様をお迎えして、ご一緒に電車の愉しみを味わうこと。その時、わたしは「皆様、還ってまいりました！」とご挨拶を申し上げます。

そう、わたしはまた還ってまいります。愛してやまない私鉄王国へと。必ず。

２０１６年２月23日 東京の自宅にて

黒田一樹

参考文献

各鉄道事業者発行物

社史、社内報、会社要覧、新車パンフレット、広報誌類、ホームページほか

雑誌

『鉄道ファン』（交友社）各号
『鉄道ピクトリアル』（電気車研究会）各号
『電気車の科学』（電気車研究会）各号
『鉄道ジャーナル』（鉄道ジャーナル社）各号
『関西の鉄道』（関西鉄道研究会）各号
『とれいん』（エリエイ）各号

書籍

『大阪独案内』（海事報社・1924年）
『西本現代風景』（大阪毎日新聞社・1931年）
皆川達夫『バロック音楽』（講談社現代新書・1972年）
加藤郁乎編『吉田一穂詩集』（岩波文庫・2004年）
ジェー・アール・アール『私鉄車両編成表』（交通新聞社・2015年）
高田寛『私鉄の車両5 阪急』（保育社・1985年）
阪急電鉄・諸河久『日本の私鉄 阪急』（保育社カラーブックス・1998年）
阪急電鉄・諸河久『日本の私鉄7 阪急』（保育社カラーブックス・1990年）
高橋正雄・諸河久『日本の私鉄7 阪急』（保育社カラーブックス・1980年）
吉川文夫・広田尚敬『20世紀なつかしの東京・大阪の電車』（山と渓谷社・2000年）
中村英夫『鉄道信号・保安システムがわかる本』（オーム社・2013年）
吉武勇『鉄道の運転保安設備 付 輸送計画実務の手引き』（日本鉄道運転協会・2006年）
松葉堅一「温故知新 シュリーレン台車の導入から現在までの変遷」（『近畿車輛技報』第11号所収・近畿車輛・2004年）
沖中忠順『京阪特急―鳩マークの電車が結んだ京都・大阪間の50年』（JTBパブリッシング・2007年）
藤井信夫編『車両発達史シリーズ1 京阪電気鉄道』（関西鉄道研究会・1991年）
青野邦明『私鉄の車両15 京阪電気鉄道』（ネコ・パブリッシング・2002年）
宮脇俊三・原田勝正『日本鉄道名所（6）勾配・曲線の旅 北陸線 関西線 紀勢線』（小学館・1987年）

本書は2012～2015年にナカノシマ大学「すごいぞ！鉄道王国・大阪」として行われた講座の内容を再構成し、大幅に加筆・修正を行いました。

すごいぞ！私鉄王国・関西

2016年5月3日　初版発行
2016年8月31日　4刷発行

著　黒田一樹
発行人　中島　淳
発行所　株式会社140B（イチヨンマルビー）
〒530-0004
大阪市北区堂島浜2-1-29 古河大阪ビル4階
電話　06（4799）1340
振替　00990-5-299267
http://www.140b.jp

ブックデザイン　中村 健
イラスト　長友啓典
路線図　齋藤直己（P16-17）
写真　Masa ASANO
浜田智則

写真・資料提供（登場順）
大阪市立中央図書館（P22右、P35、P105、P107右下）
絵葉書資料館（P22左、P23）
青山大介（P30、31）
石本隆一（P34上、P76～80）
清水祥史（P34下、P79、P98、P151、P232左）
本渡 章（P36）
砂原 剛（P74）
尼崎市立地域研究史料館（P106、P107上・左下、P232右）
阪神電気鉄道株式会社（P120上）
吉里浩一（P120下）
京阪電気鉄道株式会社（P192、P193、P199～201、P207、P213～216上）

印刷・製本　株式会社シナノパブリッシングプレス